# ŒUVRES COMPLÈTES

## DE

# RACAN

Paris. Imprimé par GUIRAUDET et JOUAUST, 338, rue S.-Honoré,
avec les caractères elzeviriens de P. JANNET.

# ŒUVRES
COMPLÈTES
# DE RACAN

NOUVELLE ÉDITION

revue et annotée

PAR M. TENANT DE LATOUR

*Avec une Notice biographique et littéraire*

PAR M. ANTOINE DE LATOUR

TOME II

A PARIS
Chez P. JANNET, Libraire

MDCCCLVII.

# LES PSEAUMES

DE MESSIRE

HONORAT DE BUEIL, CHEVALIER

SEIGNEUR

DE RACAN

## AVIS.

Dès le temps de sa première jeunesse, c'est-à-dire dès qu'il eut abordé la poésie, Racan, par une impulsion ou par une autre, s'occupa de faire des vers en imitation des Psaumes, concurremment avec ses vers de pastorale et d'amour. Peu d'années après la publication des Bergeries, en 1631, il donna séparément les sept Psaumes pénitentiaux, qui étoient un peu plus près du sens, mais moins achevés dans les détails, que ceux qui ont suivi. En 1651 il en publia un certain nombre d'autres, sous le titre conseillé par Conrart, au nom de l'Académie : Odes sacrées dont le sujet est pris des psaumes de David, et qui sont accommodées au temps présent. Enfin, après avoir complété le Psautier, il l'adressa, comme il l'avoit fait des psaumes séparés, à l'Académie françoise, en exprimant le désir que ces poésies fussent appelées tout simplement les Psaumes de Racan, ne les estimant pas, disoit-il, dignes de porter le nom du roi prophète, et c'est ainsi, en effet, qu'elles furent nommées au faux titre de la publication la plus complète et la plus arrêtée de ses Psaumes, faite en 1660[1]. C'est que notre poète, modestie à part, sentoit bien qu'il étoit évident, comme il l'avoit, au surplus, déjà déclaré lui-même, que non seulement son travail n'étoit pas une traduction proprement dite de la Vulgate, mais qu'il n'étoit pas même la reproduction un peu suivie du françois des traducteurs en prose qui l'avoient précédé. Il prend généralement, au début, quelque chose de l'idée première, ensuite celles des pensées ou des images qui l'ont frappé de loin en loin, et, comme il le dit dans son ancien titre, il accommode le tout aux choses du temps, ou plutôt à la marche rapide, au cours de ses propres idées. Ce n'est peut-être pas là tout à fait de la paraphrase : c'est quelquefois plus, c'est d'autres fois moins.

Cela dit, et justice faite de ce mauvais système de traduction, il faut bien se garder de considérer l'œuvre de Racan comme une de ces productions de la même époque où beaucoup de talent de versification a été dépensé sans aucun profit pour la poésie.

« Racan, disent les Mémoires de Trévoux (mars 1712), dans ses Odes sacrées sur les Psaumes, a surpassé tous ceux qui l'ont suivi, et, s'il avoit autant de feu que de régularité, autant d'élévation que de douceur, David auroit en lui un digne interprète. »

« L'on ne peut nier, disoit plus tard l'abbé Goujet, allant plus loin que les journalistes de Trevoux, qu'il n'y ait, surtout dans ses Psaumes, beaucoup d'éloquence sublime. »

Nous pourrions étendre encore les citations, mais

---

[1]. Nous avons dû revoir soigneusement sur le texte original de cette excellente édition celui de Coustelier, assez souvent altéré dans les Psaumes.

nous devons, dans ce moment, notre attention particulière à un point de détail qui ne manque pas d'intérêt.

Dans le tome II du journal l'Amateur de livres, publié en 1849 par M. Jannet, l'on trouve un article intitulé : Documents relatifs à un poëte françois du XVIIe siècle : ce poète, c'est Racan. L'auteur de ce morceau, qui signe seulement avec trois étoiles, ce que nous regrettons beaucoup, car nous aimerions à lui faire ici honneur de son travail, a eu sous les yeux un exemplaire du Psautier de 1660 donné par Racan au noviciat des Jésuites… Ce volume, dit-il, contient des corrections manuscrites faites sur des bandes de papier préalablement collées sur le texte annulé. « Le soin qu'on a mis, poursuit l'auteur de l'article, à opérer les raccords, autorise à penser qu'ils ont été faits avant l'ex dono, et l'on peut en conclure que, s'ils ne sont pas de la main même de Racan, ils ont eu lieu d'après ses prescriptions, ainsi que l'addition d'une strophe entière à la fin du Psaume 112. » — Suit une série de corrections que nous reproduisons comme variantes dans les notes de ce volume, et qui mettront les lecteurs, nous le croyons du moins, en mesure de se convaincre, comme nous restons convaincu nous-même, qu'elles n'ont pu être faites que par Racan.

Du reste, l'on comprendra aisément qu'un pareil livre, quel que puisse être son mérite d'ailleurs, est peu susceptible de commentaires ou même de simples annotations. Il peut bien donner lieu à quelques observations générales, rien ne saurait jamais en être entièrement affranchi, mais il ne nous offrira que très rarement des sujets de remarques spéciales, d'allusions plus ou moins personnelles, enfin de rapprochemens littéraires particuliers, tels que nous les ont souvent fournis les autres ouvrages de Racan.

TENANT DE LATOUR.

## LETTRE [1]

## DE MONSIEUR DE RACAN

A Messieurs de l'Académie françoise.

ESSIEURS,

Si j'avois desiré de la faveur au jugement que l'on fera de mes ouvrages, je les aurois adressez à quelqu'une de ces grandes puissances qui disposent de nos biens et de nos vies, de qui les volontez font nos loix, et l'exemple les regles de nostre langage, et qui peuvent aussi facilement faire enteriner des graces dans l'Académie pour les fautes de grammaire et de rhetorique, comme

---

1. Cette lettre accompagnoit le premier envoi de psaumes que Racan fit à l'Académie françoise. Il la mit en tête de sa publication de 1651, ainsi que la réponse de Conrart. Pellisson lui reproche de n'avoir demandé ni à l'Académie, ni à son secrétaire, la permission de publier cette dernière pièce, qui, pourtant, dit-il, *ne fait aucun tort ni à l'un ni à l'autre.*

ils font dans les Parlemens pour les crimes d'Estat.

Mais, Messieurs, reconnoissant que toutes mes actions, aussi bien que mes paroles, sont plus dignes de blasme que de louange, et qu'il me sera plus utile d'estre corrigé qu'excusé, j'ay creu que je ne pouvois mieux addresser les vers que j'entreprends sur les Pseaumes de David qu'à ceux qui par leur merite se sont acquis le pouvoir d'en juger souverainement, et qui n'ignorent rien de toutes les choses qui sont agreables dans le grand monde que l'art de la flatterie.

Je vous confesse, Messieurs, que je m'étois si peu satisfait en cet exercice, que j'avois resolu de ne plus servir les Muses que pour le conseil; mais M. l'abbé de Raimefort, de qui la clarté du jugement penetre en toutes les belles sciences, et qui aprés avoir passé la plus grande partie de sa vie dans les tempestes du monde, est venu prendre terre en nostre voisinage, m'a redonné le courage que j'avois perdu, et m'a fait croire que j'avois assez de force en mon élocution pour soustenir la langueur de ma vieillesse. Et en effet, Messieurs, je suis desormais comme ces vieilles beautez qui, ayant perdu toutes les graces de la nature et de la jeunesse, sont reduites à payer dans les compagnies de la gravité de leur mine et de l'agréement de leurs paroles.

Cette connoissance que j'ay de mes deffauts m'a fait choisir cette façon d'écrire sur les Pseaumes de David, où je trouve la matiere que la sterilité de mon esprit ne me peut maintenant produire, et un sujet pieux plus convenable à mon age que les passions de l'amour, pour qui ma jeunesse s'est trop estenduë au delà de ses bornes. Si j'eusse sceu plûtost ce que j'ay appris depuis quinze jours, que M. l'evesque de Grace les a tous faits, je ne m'y fusse jamais embarqué. Cette nouvelle m'a pensé faire regagner le port dés la rade et supprimer ce peu que j'en avois fait, et j'ay encore esté bien plus refroidy de m'y engager plus avant quand je les ay veus si achevez, qu'il ne s'y peut rien adjouster pour les rendre parfaits, selon le dessein qu'il a pris de ne quitter jamais le sens de David; et toutefois, comme il y a plusieurs degrez de perfection, si vous me donnez la permission d'en juger, je vous diray avec ma franchise ordinaire que je crois que ceux où il s'est égayé dans la paraphrase seront aussi agreables aux ignorans, dont je suis du nombre, qui ne les peuvent voir qu'en françois, que ceux où il s'est restraint dans les regles estroites de la version seront admirez des gens de lettres. Ce raisonnement que j'ay fait sur la lecture de ces excellentes paraphrases, et ce qu'il a dit dans sa préface, qu'il ne les a entrepris que pour les mettre en la place des chansons profanes qui servent d'entretien à la jeunesse de la Cour, m'a fait chercher les moyens de contribuer ce que je puis à cette pieuse intention, et je n'en ay point jugé de meilleur pour les rendre agreables aux dames et aux personnes polies du beau monde, que de les accommoder le plus que je pourray au temps present.

C'est pourquoy, Messieurs, si vous y rencontrez quelques fautes en la géographie ou en la chronologie, je vous demande cette grace de ne les point reprendre en detail, que vous n'ayez jugé en general de mon dessein, qui est d'expliquer les matieres et les pensées de David par les choses les plus connues et les plus familieres du siecle et du païs où nous sommes, afin qu'elles fassent une plus forte impression dans les esprits de la Cour; et si quelquefois je m'y suis licentié d'en écrire les vices, je veux croire que ceux qui en sont entachez auront assez de prudence pour n'en pas témoigner leurs ressentimens, de crainte de faire éclatter les deffauts qu'ils nous veulent tenir cachez. Vous pourrez juger de mon dessein si vous prenez la peine de lire le treiziéme, *Dixit insipiens*, et le dix-neuviéme, *Exaudiat*. Ce sont ceux par où j'ai commencé depuis que j'ay pris cette resolution. Pour le premier, vous y verrez avec estonnement qu'au lieu de rendre le sens d'un Pseaume de David, j'ay fait, sans y penser, une satyre contre les vices du siecle; et pour l'*Exaudiat*, je l'ay accommodé entierement à la personne du Roy et de son regne, jusques à y avoir décrit l'artillerie, au lieu des chariots armez de faulx, dont David semble vouloir parler au verset qui commence *Hi in curribus*.

Mes amis me conseilloient de les prendre de suite et de ne me pas tant éloigner du sens de David comme je fais. En toute autre chose leurs conseils me sont des commandemens à quoy je ne desobeïs jamais; mais en ces ouvrages, que je n'ay entrepris que pour me divertir, j'ay creu que je pouvois me donner cette liberté de commencer par ceux qui me sont les plus agreables, où je crois le mieux reüssir, et ne me point gesner dans les regles estroites de la simple version, ny mesme de la paraphrase. L'exemple

d'un des plus polis esprits du dernier siecle me
doit servir de leçon à éviter cette contrainte, encore qu'il m'ait autant devancé en ses autres
ouvrages comme au temps qu'il m'a precedé;
neantmoins, pour avoir plus affecté en celui-cy
la qualité de bon traducteur que de bon poëte,
il est tombé en de si deplorables deffaillances,
que ceux même qui louent sa fidelité ont pitié de
sa langueur. Tous les sceptres de la terre joints
à celui de David n'auroient jamais eu le pouvoir
de me soumettre à une si lâche servitude ; je
me contenteray donc seulement de rendre ces
Pseaumes un peu plus connoissables dans mes
vers, que ces tableaux des premiers peintres,
qui ne l'estoient que par le tiltre. Encore que je
n'aye aucune connoissance des langues estrangeres, je ne laisse pas de juger la difficulté qu'il
y a de traduire des poëtes mot à mot ; les ornements qu'avoit cette saincte poësie, en son siecle
et en sa langue, sont trop éloignez du nostre et
de nostre idiome pour les y pouvoir conserver
en leurs graces. Il n'y a point de beautez à
l'espreuve des rides d'une si extrême vieillesse.
Cette grande différence de mœurs et de façon
de vivre qu'il y a euë entre la cour de David et
celle de nos rois y a bien autant apporté de
changement que celle des paroles. Peut-estre
que les versets qui nous semblent foibles, et que
les esprits délicats du grand monde ont peine à
souffrir, estoient ceux dont les courtisans de ce
temps-là faisoient leurs délices, et la créance que
j'ay que ce seront les plus remarquez me fera
faire effort d'en rendre du moins les mots, si je
n'en puis rendre le sens. Si on avoit peint la
maîtresse de Philippe II avec deux bons yeux,

et le grand duc de Guise sans balafre, quelque approchans du naturel qu'ils fussent au reste, on auroit peine à les reconnoître dans leur portrait. Ceux qui sçavent ce que c'est de faire des vers ne me donneront pas moins de loüanges, si je puis marcher asseurément en ces mauvais pas que les autres évitent de peur d'y broncher, que si j'avois soustenu par mes paroles les royales pensées de ce grand prophète. Par tout ailleurs je me donneray quelquefois la liberté d'adjouster pour l'ornement ou pour lier les versets; et quand je n'en pourray entendre le sens dans messieurs de Bourges, Laval et Guilbert, je crois avoir aussi-tost fait d'y en faire un tout neuf que de consulter les gens de lettres, qui, n'ayant pour la pluspart l'intelligence de l'hebreu, ne l'entendent guere mieux dans leur latin que moy dans mon françois.

Voilà, Messieurs, le compte que j'ay à vous rendre sur le sujet de ce peu de Pseaumes que je vous envoye, et que vous considererez seulement comme un échantillon pour juger si je dois poursuivre ce travail; et si vous trouvez à propos que j'y donne le reste de ma vie, vous m'obligerez d'y mettre le tiltre de Meditation, Imitation ou Exposition. Je vous confesse ingenuëment que je n'en suis pas capable, et que, n'ayant aucune connoissance des langues estrangères, je ne puis sçavoir de quelle distance je me suis éloigné du sens de David. Je ne l'ay pris le plus souvent que dans Laval et Guilbert, qui les ayant déjà paraphrasez, je les ai encore paraphrasez sur eux, et les eusse intitulez Paraphrase des Paraphrases, si je n'eusse point apprehendé d'avoir reprimande en vostre Compagnie de cette nouveauté. C'est pourquoy, Messieurs, si vous avez quelque commiseration de l'ignorance de vostre confrere, vous ferez une grande charité si vous prenez la peine de mettre l'intitulation de vostre main sur chacun de ces Pseaumes; cela augmentera les obligations que je vous ay de l'honneur que vous me faites de m'advoüer pour,

Messieurs,

Votre très-humble et très-obéissant confrere et serviteur,

RACAN.

---

RESPONSE

DE MESSIEURS DE L'ACADEMIE.

*Par M. de Conrart*

Secretaire de la Compagnie.

ONSIEUR,

L'Academie a receu avec l'estime et la satisfaction qui est deuë à tout ce qui vient de vous la lettre qu'il vous a pleu de luy écrire et les Pseaumes dont elle étoit accompagnée. Elle a reconnu dans vostre prose et dans vos vers ce beau tour et ce caractère de douceur et d'agréement qui ont toujours esté admirez dans vos ouvrages, et m'a ordonné de vous remercier en son nom de la communication que vous luy avez donné de vostre dessein. Elle ne l'aprouve pas seulement, mais elle vous exhorte d'en haster l'execution, puisque vous n'en pouvez prendre un plus noble, qui vous acquiere plus de gloire, ny qui soit plus utile à tous ceux qui ont de l'amour pour la piété et pour les graces de nostre langue ; son opinion est que vous y devez d'autant moins perdre de temps que le travail en sera long et penible, et qu'il merite que vous ne le laissiez pas imparfait. Et quant à vostre incertitude pour le choix d'un titre convenable à l'intention que vous avez d'accommoder le sens de David aux mœurs et aux coûtumes de notre siècle, la Compagnie, après avoir examiné tous ceux que vous luy proposez dans vostre lettre, a estimé que vous ferez mieux d'en donner un general à tous les Pseaumes, qu'un particulier à chacun. Elle croit que vous les pourrez mettre de cette sorte : *Odes sacrées dont le sujet est pris des Pseaumes de David, et qui sont accommodées au temps present*, et que vous devez rendre compte dans votre preface des raisons qui vous ont porté à faire cette application et à vous donner plus de liberté qu'on n'en prend ordinairement dans les paraphrases. C'est l'avis qu'elle vous peut donner sur ce sujet ; car elle n'a pas creu que vous le desiriez pour le détail de vos vers, qui ont plus de besoin d'admiration que de censure, et à qui vostre bon goust et le conseil de quelqu'un de vos amis peuvent donner les derniers traits, si vous jugez qu'il y en ait quelques-uns à adjouster. Pour mon regard, Monsieur, je ne dois pas finir cette lettre sans vous temoigner la joye que j'ay que cette occasion se soit presentée de vous rendre ce petit service et de vous protester que, si mon bonheur m'en offroit de vous estre utile en des choses plus importantes, je m'efforcerois d'en profiter. Je ne parle point de l'esperance que j'ay du succès de vostre entreprise; car, aprés ce que je vous viens de dire de la part de la Compagnie, dont j'ai l'honneur d'expliquer les sentimens, il ne me reste qu'à y souscrire. J'adjousteray donc seulement icy qu'il y a longtemps qu'elle n'a donné d'approbation si entiere à aucun ouvrage qu'elle a fait à ce commencement du vostre, et qu'elle a pour vostre personne et pour les productions de vostre esprit une estime et une affection toute particuliere. Faites-moy aussy la grace de croire que, bien que je sois le moindre membre d'un corps dont vous faites une des plus dignes parties, je n'ay pas moins de veneration pour vostre vertu que ceux de qui le merite a plus de proportion avec le vostre, et que je suis avec autant de passion que personne du monde,

Monsieur,

Votre tres-humble et tres-obéissant serviteur,

CONRART.

Si je croyois que Monsieur l'Abbé de Remefort n'eust pas oublié mon nom, je vous demanderois la permission de l'asseurer icy que j'ay toujours beaucoup de respect pour luy, et que je suis son très-humble serviteur.

# Lettre[1]

## DE MONSIEUR DE RACAN

A Messieurs de l'Academie françoise.

ESSIEURS,

Me voici au bout de ma carriere; j'ay enfin achevé le Pseautier de la sorte que vous me l'avez ordonné quand je vous en presentay les premices, et n'en ay changé que le titre. Je desire que desormais ils ne soient appellez que *les Pseaumes de Racan*, ne les estimant pas dignes de porter le nom de ce grand Roy prophete, puisque mon ignorance et la bassesse de mon esprit me rendent incapable d'en exprimer les hautes pensées. J'ay choisi d'abord ceux qui m'estoient les plus agreables, et où j'ay crû le mieux réüssir; et comme je les ay tous faits en diverses humeurs et en divers temps, on y remarquera de si gran-

---

1. Cette lettre, écrite par Racan pour faire hommage à l'Académie du Psautier complet, servit d'épître dédicatoire à l'édition de 1660, comme la précédente en avoit servi à la publication partielle de 1651.

des inegalitez et differences de stile, que la posterité aura peine à croire qu'ils soient d'un même auteur, non plus que ceux où j'en ay pris le modele. Je vous confesse, Messieurs, que j'ay souffert de grandes mortifications en les achevant, du plaisir que j'avois pris à les commencer. S'ils sont bien reçus du public, ils en auront l'obligation à mes deux bons amis, M. l'abbé de Remefort et M. Nublé. Le premier m'a donné le courage de les entreprendre, et l'autre les a sauvez de ma colere et en a pris le soin lorsque j'estois sur le point de les abandonner et d'en desavoüer la plus grande partie, comme enfans mal nez, qui n'ont jamais donné que de l'ennuy à leur pere; et peut-estre qu'en la mauvaise humeur où ils m'avoient mis, je les eusse tous condamnez au feu, et les innocens eussent pati pour les coupables. La perte n'en eust pas esté grande pour le public, et je m'en fusse aisément consolé : la gloire de la terre est peu de chose à l'égard de celle du Ciel, et c'est le seul lieu où j'espere que l'eternité sera la recompense de mes œuvres. Que si elles sont agreables à Dieu, je veux croire, pour ma satisfaction, qu'elles le seront à tous ses bons serviteurs, dont vous estes du nombre, et que, si vous n'approuvez generalement mon travail, du moins vous approuverez mon intention, et me conserverez le reste de ma vie la qualité,

Messieurs,

De vostre très-humble et très-obéissant serviteur et confrere,

RACAN.

## ODE AU ROY,

Dont les cinq premieres stances sont imitées du Pseaume 128,

*Sæpe expugnaverunt.*

Si l'on ecrit aveque foy,
Heureuse et malheureuse France,
L'estat divers de ta souffrance
Dans le bas âge de ton roy,
Pourra-t-on lire en ton histoire
Tes infortuues et ta gloire
Sans joye et sans etonnement,
En voyant qu'aveque nos craintes,
D'un general embrasement
Toutes les flames sont esteintes?

Quand le soc fendoit nos sillons,
Nos plaines tristes et desertes,
Au lieu d'espis, estoient couvertes
D'escadrons et de bataillons;
La saison où les cieux propices
Rendent les fleurs et les delices
En naissant trouvoit son tombeau,
Et les jumeaux, dans ces allarmes,
Ne ramenoient le renouveau
Que pour renouveler nos larmes.

Mais celuy qui retient le frein
Des vents, ministres des tempestes,
Touché de nos justes requestes,
Nous redonna le temps serein;
Sa bonté, toûjours pitoyable
Aux pleurs d'un peuple miserable
Par l'oppression des mechans,
Nous rendit nos moissons fertiles

Et de l'abondance des champs
Remit la pompe dans nos villes.

   Telles qu'en un vieil bastiment
Dans la mousse naissent des herbes,
Dessus ces ruines superbes
Qui s'elevoient au firmament;
La chaleur, comme la froidure,
Ternit l'eclat de leur verdure,
En ce lieu si proche des cieux,
Et dans leurs tiges mal nourries,
Aux mois les plus delicieux,
Meurent avant qu'estre fleuries.

   Telle fut au cœur de l'Estat
La temerité des rebelles,
Qui par des factions nouvelles
Choquoient le juste potentat;
Ils vouloient sur son thrône mesme
Abattre son pouvoir supresme,
Par un attentat sans pareil;
Mais ces renaissantes espines
Ne purent, si près du soleil,
Prendre de profondes racines.

   Tu vis de ton sort inhumain
Moderer le courroux funeste
Si-tost qu'avec l'huile celeste
Ton roy prit la foudre en sa main;
Après mainte insigne victoire,
La Seine, aussi bien que la Loire,
Quand les mutins furent soumis,
Vit écouler de son rivage
Sur les champs de tes ennemis
Les flots qu'épanchoit cet orage.

   Digne present de l'Eternel,
Grand roy que sa toute-puissance,

Dans les miseres de la France,
Accorde à son vœu solemnel ;
Ce feu que tu vois dans mon ame,
Conserver sa vivante flame,
Des glaces de soixante hyvers,
A ton nom consacre mes veilles,
Et va faire à mes derniers vers
Chanter tes premieres merveilles.

Bien que mon esprit, abattu
Du travail et de la vieillesse,
Ne produise, dans sa foiblesse,
Qu'une languissante vertu,
Je veux, malgré l'âge et l'envie,
En ce dernier jour de ma vie,
Qui panche deja vers le soir,
Laisser à la France des marques
D'avoir veû sur son thrône assoir
Les trois plus grands de ses monarques.

Quand Henry de ses longs malheurs
L'eut par sa valeur delivrée,
Mon Apollon sous sa livrée
A produit ses premières fleurs ;
Ton père, qui, toujours auguste,
Prit dans la paix le nom de juste,
Et dans la guerre de vainqueur,
A veû dans l'eté de mon âge
Eclatter toute la vigueur
De ma force et de mon courage.

Je l'ay suivi dans les combats,
J'ay veû foudroyer les rebelles,
J'ay veû tomber leurs citadelles
Sous la pesanteur de son bras,
J'ay veû forcer les avenuës
Des Alpes qui percent les nuës,
Et leurs sommets imperieux

## AU ROY.

S'humilier devant la foudre
De qui l'eclat victorieux
Avoit mis La Rochelle en poudre.

Mais dans ces siecles malheureux,
Où la discorde dechaisnée
Vit son audace refrenée
Par ces deux princes genereux,
Sous quelque superbe trophée
Que l'on ait sa rage estouffée,
En vit-on jamais de pareils
A ceux de ton sage ministre,
Qui triompha par ses conseils
De nostre fortune sinistre?

Arras, que l'on croyoit perdu,
Est, par l'attaque vigoureuse
De mainte phalange nombreuse,
Glorieusement defendu.
La Sambre, sous tes loix captive,
Voit planter par de-là sa rive
Nos frontieres et nos lauriers,
Et voit sous des forests de piques
De nos formidables guerriers
Gemir les campagnes belgiques.

Ce mont affreux de toutes parts,
Ce mont où l'art et la nature
Avoient dans une roche dure
Taillé d'invincibles remparts,
Ce mont qui bravoit les orages
Depuis la naissance des âges,
Ce mont d'abysmes revestu,
Cet orgueilleux fils de la terre
N'avoit jamais esté battu
D'un si redoutable tonnerre.

Tu le rangeas à son devoir.

Les aigles qui portent ta foudre
D'un regard reduisent en poudre
Ce qui s'oppose à ton pouvoir;
Contre leur juste vehemence
L'on n'a recours qu'à ta clemence
Pour se garantir de la mort,
Et, comme charmes, leurs menaces
Font ouvrir, sans aucun effort,
Les portes des plus fortes places.

Quand leurs marches serrent leurs rangs,
Les montagnes ni les rivieres
N'ont point d'assez fortes barrieres
Pour arrester ces conquerans;
Il n'est rien de fort qui ne plie,
Rien de grand qui ne s'humilie
Devant leurs bataillons nombreux,
Et le seul bruit de leurs approches
Tarit les fleuves les plus creux,
Et brise les plus dures roches.

Ces torrens à longs flots épars,
Ces eaux rapides et terribles,
Ces grands fossez inaccessibles,
Dont les Alpes sont les rempars,
Tant de rivieres assemblées,
De qui les ondes redoublées
Vouloient leurs desseins traverser
En s'opposant à leur passage,
Leur donnerent lieu d'exercer
Leur industrie et leur courage.

Tout craint l'effort de leur vertu;
La mer, encore epouvantée,
Dessus sa rive ensanglantée,
Voit l'orgueïl du Tage abatu;
Dunquerque contre ta puissance
La prend en vain pour sa défense,

## AU ROY.

Neptune, l'effroy des vaisseaux,
Tremble aux éclats de ton tonnerre,
Et, se resserrant dans les eaux,
T'abandonne toute la terre.

Par le conseil dont tu te sers,
Ta valeur, de gloire animée,
Egalera ta renommée
A la grandeur de l'Univers;
Et si tes armes et ses veilles
Font toûjours de telles merveilles,
Je prevois qu'au siecle à venir,
La terre, pour toy trop petite,
Ne pourra non plus contenir
Ton empire que ton merite (1).

Tu vois l'ange qui prend le soin
De les défendre de l'envie
Qui me conserve encore en vie
Afin de m'en rendre temoin;
Que s'il veut me donner la gloire
D'ecrire toute ton histoire,
O roy la merveille des rois!
Qu'il obtienne des destinées
D'avancer bien-tost tes exploits,
Ou de prolonger mes années.

1. Ce vers, que nous donnons tel qu'il existe dans l'édition originale, suivie par Coustelier, contiendroit-il une faute d'impression, ou bien auroit-on reculé tout à coup, dans le temps, devant un éloge exagéré donné au cardinal Mazarin, en présence d'un roi qui avoit peut-être déjà montré qu'il n'entendoit céder à ses ministres aucune des prérogatives royales, pas même celles de la flatterie? Toujours est-il que le sens naturel, comme la marche de la strophe, appellent *son* mérite, et non pas *ton* mérite. Dans le premier cas, le vers recevroit quelque relief de l'antithèse; dans le second, il est terne et peu digne de Racan.

## ODE A LA LOUANGE DE LA REINE,

### Dont le sujet est imité du Pseaume 8,

*Domine Dominus noster, etc.*

O toy qui t'es rendu sur la terre et sur l'onde
L'aimable etonnement des yeux de tout le monde,
Seul Dieu de qui le nom est par tout glorieux,
Dont la grandeur remplit et la lumière eclaire
      L'espace imaginaire
Des vuides infinis qui sont dessus les cieux;

Lors que de ces clartez dont ta gloire est pourveuë
Tu daignes ici bas sur nous jetter la veuë,
L'objet le plus cheri de tout ce que tu vois,
N'est-ce pas ce grand soin où s'occupe sans cesse
      Nostre sage Princesse
A nourrir ses enfans pour l'appuy de tes loix?

Elle imprime en leur ame, en quittant la mammelle,
La vertu, qui nous mene à la vie éternelle,
Et l'espoir des honneurs qui nous y sont promis,
Jusqu'à tant que leur bras puisse, armé du tonnerre,
      En une sainte guerre,
Combattre pour la foy contre tes ennemis.

Elle veut qu'aux flambeaux dont la voute azurée
Par ta magnificence est brillante et parée
Ils contemplent l'empire où toy seul es le Roy,
Et que leurs foibles yeux, qui ne font que de naistre,
      Y puissent reconnoistre
Qu'il n'est point de grandeur qui ne vienne de toy.

Leurs cœurs humiliez savoient dès leur enfance
Que, sans avoir égard à leur haute naissance,

De la seule vertu tu sais faire le choix,
Et savoient, dans l'éclat des publiques loüanges,
   Que le dernier des anges
Est plus grand devant toy que le premier des rois.

Ils connoissoient dés-lors que ces mets delectables
Qu'offrent la terre et l'onde à l'envy sur leurs tables,
Et par qui tu préviens nos besoins et nos vœux;
Sont les dignes bienfaits où la magnificence
   De ta toute-puissance
Témoigne à tes enfans l'amour qu'elle a pour eux.

Ta main, qui nous soumet sous le pouvoir suprême
De ceux que la naissance orne du diadême,
Veut que l'homme ici bas regne sous son appuy,
Et le fait disposer avec autant d'empire
   De tout ce qui respire
Que si tout ce qui vit ne vivoit que pour luy.

Admirons donc sans fin la sagesse profonde
Du seul Dieu qui regit le ciel, la terre et l'onde,
Du seul Dieu dont le nom est par tout glorieux,
Dont la grandeur remplit et la lumiere éclaire
   L'espace imaginaire
Des vuides infinis qui sont dessus les cieux.

# LE LIBRAIRE AU LECTEUR[1].

Nous avons tant fait que nous avons retiré les Pseaumes de M. de Racan : il y a cinq ans qu'ils sont achevez, et ce qui luy faisoit reculer à les mettre au jour, est qu'il eût bien desiré les rendre tous d'un mesme stile et d'une égale force ; mais le grand embarras d'affaires qu'il a euës, et dont il croit ne jamais voir la fin, ni avoir assez de repos pour leur donner la dernière main, l'a fait resoudre de les laisser aller voir le monde en l'estat où je vous les donne. Vous y en verrez où il a tenu le sens de David d'assez près pour les intituler version, du moins paraphrase ; d'autres où il s'est tout à fait licencié à suivre son genie, en abandonnant le sens du pseaume pour décrire les mœurs et les façons de vivre du siècle où nous sommes, et les vertus et les vices de ceux qui gouvernent. On ne doit pas demander une traduction fort fidele à une personne de son humeur et qui n'a aucune connoissance des langues étrangeres.

---

1. Nous rétablissons ici l'avis au lecteur du libraire de 1660, parceque, suivant les us et coutumes de l'époque, il est très certainement de Racan, et qu'il contient, d'ailleurs, quelques observations nécessaires : l'on ne s'explique pas cette suppression de Coustelier.

J'ai seulement bien eû de la peine d'en obtenir la permission de les mettre en l'ordre qu'ils doivent estre; car son dessein estoit d'imprimer toutes ses poësies devotes selon le temps qu'il les a composées, et d'en retrancher celles qu'il a faites en son extrême jeunesse, et qu'il ne croyoit pas dignes de voir le jour. Mais, à la prière de ses amis, il s'est resolu d'imprimer tout le pseautier de sa façon, à la reserve du huitième pseaume, Domine, Dominus noster, et du cent vingt-huit, Sæpe expugnaverunt. Le respect qu'il porte à la mémoire de son maître, M. de Malherbe, l'a empêché de faire ces deux pseaumes après luy de la manière qu'il les a faits; cela m'obligera de remplir leur place dans ce pseautier de ceux de M. de Malherbe. J'aurois fait le semblable du cent quarante-cinquième, Lauda, anima mea, Dominum, si je l'eusse trouvé achevé de ce grand homme. M. de Racan a eu bien de la peine à l'entreprendre, après les quatre excellentes stances dont il l'avoit commencé, car son humeur n'est point d'écrire par émulation contre personne, particulièrement contre celui de qui il reconnoît tenir tout ce qu'il sait, et dont il veut, à jamais, révérer les ouvrages et les mérites.

## LE Ier PSEAUME.

### Beatus vir, etc.

O bien-heureux celuy qui prit dès son printemps
La vertu pour objet de ses premieres [flâmes,
Et qui n'a point hanté les forts esprits du temps,
Dont la contagion perd les corps et les âmes !

Ils disent que le Sort regne seul dans les cieux,
Que les foudres sur nous tombent à l'avanture ;
Ils disent que la Crainte est mere des faux-dieux (a),
Et n'en connoissent point d'autre que la Nature.

Ce poison des esprits corrompt toute ma cour,
Et l'ame dont la foy n'en est point pervertie
Avecque l'Eternel s'entretient nuit et jour,
Et rend grace aux bontez qui l'en ont garantie.

Tel qu'on voit sur le Nil, loin des vents inconstans,
L'arbre dont la grandeur nous plaist et nous etonne,
De qui l'ombrage épais réjoüit le printemps,
Et dont les fruits sans nombre enrichissent l'automne :

Aux injures de l'air il n'est point exposé ;
Son tronc est venerable en la coste voisine,
Et, par les pures eaux dont il est arrosé,
Produit des rejettons dignes de sa racine.

a. Ils disent que la crainte est *la* mère *des dieux*.
(Var. des *Documents sur Racan*.)

Ainsi l'homme qui fuit l'abord des medisans
Et chemine en la voye où le Seigneur l'adresse,
De l'honneur qu'il acquiert en l'avril de ses ans,
A pour sa recompense une heureuse vieillesse.

Il met son assurance en la Divinité;
Il luy fait de son cœur son offrande et son temple,
Et sa vertu renaist en sa posterité
Par sa saine doctrine et par son bon exemple.

Mais tout l'heur des mechans, leur gloire et leurs
S'envolent comme font les sables des rivages, [plaisirs,
Qui servent de jouët à ces jeunes zephirs
Qui ne sont point encore employez aux orages.

De ces cœurs endurcis les cris sont superflus.
Dieu rendra leurs langueurs sans fin et sans pareilles;
Leurs pleurs et leurs soûpirs ne le toucheront plus :
Sa justice est pour eux sans yeux et sans oreilles (1).

---

## LE IIe PSEAUME.

#### Quare fremuerunt gentes, etc.

Où courent ces mechans? De quelle aveugle erreur
Veulent-ils exercer leur rebelle fureur?
  Quel orgueil les anime?
Dieu, qui des potentats est l'eternel appuy,
Punit ce que l'on fait contre un roy legitime
  Comme fait contre luy.

Ils disent, enyvrez de leur temerité :
« Secoüons nostre joug, domptons l'autorité

---

1. Ce premier psaume est un des meilleurs. La dernière stance, toutefois, ne le termine pas avec assez d'éclat.

## PSEAUME II.

Qui maintenant nous dompte. »
Mais l'Eternel mettra leur audace à mepris,
Et d'un si vain complot ils n'auront que la honte
    De l'avoir entrepris.

Ennemis du Seigneur, qui son oint opprimez,
Quand ses yeux et ses bras vous paroistront armez
    D'eclairs et de tempestes,
De quels ruisseaux de pleurs le rapaiserez-vous
Pour faire detourner de vos coupables testes
    Les traits de son courroux?

Vous ne le verrez plus touché du sentiment
Qu'il a quand sa bonté plaint de son châtiment
    La juste vehemence :
Vos crimes ont banni la pitié de son cœur,
Et luy feront changer son extréme clemence
    En extréme rigueur.

Pouvez-vous ignorer que c'est luy dont les loix
Font qu'avecque respect l'orgueilleux front des rois
    Luy rend obeissance;
Que c'est celuy qui tient la foudre dans les mains,
Et qui peut, quand il veut, me donner la puissance
    Qu'il a sur les humains?

Ce Dieu, dont vous tenez l'estre et la verité,
M'a dit : « Je veux, mon fils, que ton autorité
    Soit par tout reverée.
Tu m'es egal en tout, et le seras sans fin;
Je t'engendre en ce jour d'eternelle durée,
    Qui n'a point de matin (1).

« Depuis les bors du Nil jusques au Tanaïs,
Les peuples soûmettront leurs cœurs et leur païs
    A ton regne paisible,
Et resisteront moins les sceptres de là-bas

---

1. Deux belles strophes.

Que des vases de terre, à l'acier invincible
   Dont j'armerai ton bras. »

Princes, dont la grandeur se veut faire adorer,
Abaissez vostre orgueil; souffrez sans murmurer
   La loy qu'il vous enseigne,
Et qu'un libre respect face paroistre en vous
L'aise que vous avez de vivre sous un regne
   Aussi juste que doux.

Lors que Dieu courroucé vous tournera le dos,
Qu'en des feux sans lumiere, en des nuits sans repos,
   Vous expierez vos vices,
Ceux qui l'ont fait l'objet de leur affection
Trouveront leur salut, leur gloire et leurs delices
   En sa protection.

---

## LE IIIe PSEAUME.

*Domine, quid multiplicati sunt, etc.*

Seigneur, qu'il s'eleve de monde
Contre l'Estat et contre moy,
Sur l'assurance où l'on se fonde,
Que je suis delaissé de toy!
L'on a cette creance vaine,
Que l'autorité souveraine
Ne sauroit plus se maintenir,
Que son propre fardeau l'accable,
Et que ton bras infatigable
Se lasse de la soustenir.

   Troublé de ces complots funestes,
Lors que j'implore ton secours,
Au travers des voûtes celestes
Tu m'entens et m'aides toûjours;

Et ces influences divines,
Tout ce que là haut tu domines,
Ces dignes sujets de tes soins,
N'empeschent point ta main, armée
Pour la monarchie opprimée,
D'estre preste à tous mes besoins.

   Quelque rumeur qu'à mes oreilles
Face eclatter cet attentat,
Je dors en repos quand tu veilles
Pour le salut de mon Estat;
Ta dextre affermit ma couronne,
Et la troupe qui m'environne,
Soient amis ou soient ennemis,
Ne me peut servir ni me nuire:
Toy seul peux sauver et detruire
Le sceptre que tu m'as commis.

   Si pour moy ta grace est flechie,
Ces mutins, ces lyons ardens,
Pour déchirer la monarchie
N'auront plus d'ongles ni de dens;
Ton support calmera nos craintes,
Fera voir nos cris et nos plaintes
Se changer en remercimens,
Les delices combler nos vies,
Et nos plus ardentes envies
S'eteindre en nos contentemens.

---

## LE IVe PSEAUME.

### *Cùm invocarem.*

Si-tost que j'elevay ma parole et mes yeux
Pour demander secours au monarque des cieux
Contre ceux qui vouloient ma puissance detruire,

## PSEAUME IV.

Aussi-tost j'entendis et vis à mesme jour
De ce Dieu tout-puissant menasser et reluire
Le courroux, la bonté la justice et l'amour.

 Continuë, ô grand Dieu, de proteger ton oint;
Fay-moy misericorde, et n'abandonne point
Mon sceptre à la mercy de ce peuple infidele:
Sous ta protection je n'apprehende rien;
Le secours qui me vient de ta grace eternelle
Luy rabat le courage, et releve le mien.

 O vous dont l'imposture et la presomption
Entretient mes sujets dans la sedition
En les preoccupant de vos fausses maximes,
Sachez que vous serez à jamais odieux
A celuy qui maintient les pouvoirs legitimes
Contre les vains complots des esprits factieux.

 Dans le secret remors d'un si noir attentat,
N'avez-vous point horreur des malheurs de l'Estat,
Quand l'astre qui voit tout y voit votre insolence?
Et lors qu'au bord du Tage il a fini son tour,
Ne regrettez-vous point dans l'ombre et le silence
D'avoir fait eclater tant de crimes au jour?

 Miserables pecheurs! en vain vous presentez
A ce Dieu tout-puissant vos mets ensanglantez
Quand vous estes souillez dans l'ordure des vices;
En vain sur ses autels vous consumez l'encens:
Il ne peut recevoir ni vœux ni sacrifices,
S'ils ne luy sont offerts par des cœurs innocens.

 Mais lors que dignement la pieté des siens
Presente à ses autels le plus beau de leurs biens,
Sa liberalité le rend avec usure;
Les graces que du ciel il verse à pleines mains,
D'un equitable excès, sans borne et sans mesure
Recompensent le zele et la foy des humains.

Il leur fait succeder par d'humides chaleurs
L'utilité des fruits à la beauté des fleurs ;
De fertiles moissons il dore les campagnes,
Et, pour joindre la joye à la prosperité,
Dans les vins doux meuris sur les aspres montagnes
Accorde l'excellence et la fecondité.

D'une sainte onction confirmant nos esprits
Dans la foy qui nous rend de ces graces espris,
Nous éclaire d'un jour eternellement calme,
Et, pour comble d'honneur, ses bontez ont permis
A son peuple d'enter l'olive sur la palme,
Et cimanter la paix du sang des ennemis.

## LE Ve PSEAUME.

*Verba mea auribus.*

Escoute-moy, Seigneur, en mon affliction ;
 Dans ta seule protection
Mon ame de tout temps a mis son assurance ;
Mes vœux ont esperé sur l'aisle de ma foy
 De s'elever jusques à toy :
 Ne trompe point leur esperance.

Je vais dès le matin mes prieres offrir
 A toy seul, qui ne peux souffrir
La noire iniquité ni l'impure licence :
Mon cœur n'est jamais tant du monde detaché,
 Ni jamais si loin du peché,
 Que lors qu'il est en ta presence.

Tu hais les menteurs et les hommes de sang (1),

 1. On voit ici, comme on l'a déjà vu ailleurs, que Racan, ainsi que cela se fait encore dans certaines provinces, prononçoit *tu haïs*. Cependant ses ouvrages présentent quelques exemples de la prononciation en une seule syllabe.

Dont l'ame, qui n'a rien de franc,
Est de l'iniquité l'infame conseillere;
Les crimes les plus noirs, que l'incredulité
    Couvre dans son obscurité,
    Sont dissipez par ta lumiere.

Pour moy, que le peché chasse de ta maison,
    J'y rentre et fais mon oraison
Aussi-tost que ta grace efface mon offense;
Et je me voy remis par ma contrition
    En la mesme perfection
    Qu'avoit ma premiere innocence.

Seigneur, guide mes pas, de peur que les pechez,
    Dont les pieges nous sont cachez,
M'entraînent avec eux au goufre où tu les plonges;
Sauve-moy des mechans, de qui l'impieté
    Remplit leurs cœurs d'impureté,
    Et leurs paroles de mensonges.

Rien n'est de plus infect aux sepulcres ouverts,
    Où dans les corps rongez de vers
Les loups et les corbeaux vont chercher leur pasture,
Que ces sales discours dont le debordement
    Nous entretient insolemment
    De medisance et d'imposture.

Punis ces malheureux d'une nuit sans matin,
    Dont l'ombre sans borne et sans fin
Prive à jamais du jour leurs ames infidelles;
Et face à tes enfans ton amour paternel
    Posseder un bien eternel
    Dans tes lumieres eternelles.

Tu t'offres pour asyle à ceux que tes vertus
    Ont de tes graces revestus,
Tu leur fais de ce monde obtenir la victoire,
Et, malgré les jaloux de leurs prosperitez,
    Couronnes leurs felicitez
    Du visible eclat de ta gloire.

## LE VIe PSEAUME (1).

*Domine, ne in furore.*

Seul arbitre de tout, qui seul me peux reprendre,
Ne me vien point juger en ta severité ;
Je say quelle est ma faute, et ne m'en puis defendre
    Que devant ta bonté.

Mon juste repentir, qui toûjours me talonne,
Le jour trouble ma joye, et la nuit mon repos,
Et l'horreur des tourmens me transit et m'estonne
    Jusques dedans les os.

Permets que ta bonté, qui jamais ne se lasse
D'assister tes enfans en leur adversité,
Rasseure mon esprit, et me rende ta grace
    Avecque ma santé.

Pressé d'une douleur qui n'a point de pareille,
Mon courage accablé succombe sous le faix ;
Seigneur, jusques à quand fermeras-tu l'oreille
    Aux plaintes que je fais ?

Ne m'abandonne point pour l'horreur de mon crime,
Pren pitié des ennuis dont je suis tourmenté,
Non tant pour me sauver que pour sauver l'estime
    Qu'on fait de ta bonté.

1. Les lecteurs remarqueront aisément dans ce psaume (le premier des psaumes de la pénitence) que Racan s'y éloigne un peu moins du sens de la Vulgate que dans ceux qui furent traduits plus tard ; mais ils remarqueront aussi, comme nous les en avons déjà prévenus, combien ce qui parût en 1631 se ressent de l'époque où cela fut composé.

Combien qu'en cette vie elle soit toûjours telle,
Soit pour les reprouvez, ou soit pour les esleus,
Ceux qui seront jugez à la mort éternelle
    Ne s'en souviendront plus.

Des biens que leur ont fait tes tendresses suprêmes
Ils perdront la memoire en l'horreur des tourmens,
Et dans leur desespoir n'auront que des blasphêmes
    Pour des remercimens.

En vain cette bonté qu'à mon aide j'implore
M'a fait dès le berceau tes graces eprouver;
Elles seroient sans fruit, si je n'avois encore
    Celle de me sauver.

Après tant de regrets, de troubles et d'alarmes,
Si d'un juste remors tu peux estre touché,
Voy comme toute nuit je me baigne de larmes
    En pleurant mon peché.

Mes yeux esteints ont part à mes justes supplices,
Ainsi qu'ils ont eu part à mes sales desirs,
Et mon lit, autrefois le lieu de mes delices,
    L'est de mes deplaisirs.

Pour combler de malheurs ma vieillesse affligée,
L'audace des mechans me veut faire la loy,
Et pense que jamais leur envie enragée
    Ne mourra qu'avec moy.

Mais, Seigneur, ta bonté, qui me rend l'assurance,
De tous leurs vains complots me met hors de souci:
Je connois que mes pleurs par leur perseverance
    Ont ton cœur adouci.

Mes vœux sont exaucez, mes fautes sont remises,
Ces infames auteurs de la division
Ne verront reussir leurs folles entreprises
    Qu'à leur confusion.

Loin donc, foibles mutins, dont l'aveugle manie
Ne se plaist qu'à troubler mon repos en tout lieu !
J'espere voir plustost vostre haine finie
   Que l'amour de mon Dieu.

## LE VIIe PSEAUME.

#### Domine Deus meus.

En toy seul est mon esperance,
O grand Dieu, le support des tiens !
J'attens de toy la delivrance
De tes ennemis et des miens ;
Pasteur du troupeau des fidelles,
Voy les bataillons des rebelles
D'envie et de haine animez,
Qui d'une brutale furie
Comme des lions affamez
S'acharnent sur ta bergerie.

Si je suis convaincu du vice
Que ces mechans m'ont imputé,
Si jamais d'aucun artifice
J'ay deguisé la verité,
Si mon esprit et mon courage
Se ressentent de cet outrage
Par leur ruine ou par leur sang,
Que ces malicieuses ames
Me puissent mettre au mesme rang
Des personnes les plus infames.

Que si l'artifice et l'envie
Dont ils traversent mon bonheur
Ne se contentent de ma vie,
Qu'ils m'ostent encore l'honneur,
Et que, las de l'obeïssance,

Ils foulent aux pieds ma puissance
Qui regne souverainement,
Et qu'enfin leur malice noire
Mette d'un coup au monument
Mes os, mon sceptre et ma memoire.

Leve toy, reçoy nos victimes,
Assiste tes bons serviteurs,
Et de tes courroux legitimes
Puny ces lasches imposteurs :
Tu feras aux deux bouts du monde
Admirer ta bonté profonde
Et la justice de tes loix,
Quand, au crime dont on m'accuse (*a*),
Tu me sauveras à la fois
De leur fureur et de leur ruse.

Fay toy craindre à toute la terre,
Remonte dans ton tribunal,
Et d'une voix comme un tonnerre
Sois juge du bien et du mal ;
Sauve et confond par ta justice
Mon innocence et leur malice ;
Finy ma peine et leurs rigueurs,
Toy qui peux avec connoissance
Juger au profond de nos cœurs
Tous nos desseins dès leur naissance.

Puis-je ailleurs chercher mon refuge,
Et le support de mes Etats,
Qu'au seul Dieu protecteur et juge
Des legitimes potentats ?
C'est luy qui d'un seul coup de foudre
Mettra le mesme monde en poudre
Dont il doit estre le sauveur,

*a.*     *Si, lorsque leur hayne m'accuse,*
*Ta bonté me sauve à la fois.*
(Var. des *Documents sur Racan*.)

## Pseaume VII.

Et qui, pitoyable et severe,
Ne nous sauve point par faveur,
Ne nous damne point par colere.

 Mais quand les ames égarées
Dans la nuit de l'impieté
Ne veulent point estre éclairées
Du soleil de la verité,
Les armes qu'il tient toûjours prestes,
Les traits flambans de ses tempestes
Extermineront leur erreur,
Et les palais et les cabanes
Verront la mort et la terreur
Voler sur leurs testes profanes.

 D'une tristesse inconsolable
L'on voit leur esprit abatu,
Lors que la fortune équitable
A fait tréve avec la vertu :
D'eux-mesmes ils ont fait éclore
Le vipere qui les devore
Et qui les ronge incessamment,
Et leur haine mal-avisée
Preparera leur monument
Dans la fosse qu'ils m'ont creusée.

 Alors je n'employerai mes veilles,
Dans le transport de mon bonheur,
Qu'au seul recit de tes merveilles,
Dont je tiens la vie et l'honneur.
Inspiré de tes saintes flâmes,
J'imiteray ces belles ames
Dont ta gloire est le seul objet,
Et tes veritez confessées
A la grandeur de mon sujet
Feront élever mes pensées.

## LE VIIIe PSEAUME.

Domine Dominus noster.

(Cette Paraphrase est de Monsieur de Malherbe.)

O sagesse eternelle, à qui cet univers
Doit le nombre infini des miracles divers
Qu'on voit également sur la terre et sur l'onde!
  Mon Dieu, mon Createur,
Que ta magnificence etonne tout le monde,
Et que le ciel est bas au prix de ta hauteur!

Quelques blasphemateurs, oppresseurs d'innocens,
A qui l'excès d'orgueil a fait perdre le sens,
De profanes discours ta puissance rabaissent;
  Mais la naïveté
Dont mesmes au berceau les enfans te confessent
Clost-elle pas la bouche à leur impiété?

De moy, toutes les fois que j'arreste les yeux
A voir les ornemens dont tu pares les cieux,
Tu me sembles si grand, et nous si peu de chose,
  Que mon entendement
Ne peut s'imaginer quelle amour te dispose
A nous favoriser d'un regard seulement.

Il n'est foiblesse égale à nos infirmitez,
Nos plus sages discours ne sont que vanitez,
Et nos sens corrompus n'ont goust qu'à des ordures;
  Toutefois, ô bon Dieu!
Nous te sommes si chers qu'entre tes creatures,
Si l'ange est le premier, l'homme a le second lieu.

Quelles marques d'honneur se peuvent ajouster
A ce comble de gloire où tu l'as fait monter?

Et pour obtenir mieux quel souhait peut-il faire,
    Luy que jusqu'au ponant,
Depuis où le soleil vient dessus l'hemisphére,
Ton absolu pouvoir a fait son lieutenant?

Si-tost que le besoin excite son desir,
Qu'est-ce qu'en ta largesse il ne trouve à choisir?
Et, par ton réglement, l'air, la mer et la terre
    N'entretiennent-ils pas
Une secrete loy de se faire la guerre
A qui de plus de mets fournira ses repas?

Certes, je ne puis faire, en ce ravissement,
Que rappeller mon ame et dire bassement :
Ô sagesse eternelle, en merveilles feconde!
    Mon Dieu, mon Createur,
Que ta magnificence etonne tout le monde,
Et que le ciel est bas au prix de ta hauteur!

---

## LE IXe PSEAUME.

### Confiteor tibi.

Je veux par tout chanter la gloire
  Du Dieu qui me comble de biens.
C'est de luy seul de qui je tiens
L'honneur, la vie et la victoire.
Seigneur, est-il rien de plus grand
Que ton pouvoir, qui tout comprend
Et que rien ne sauroit comprendre?
Et, dans tout ce vaste univers,
Quel autre sujet puis-je prendre
Qui soit plus digne de mes vers?

  L'honneur que ta grace m'octroie
A peine se peut concevoir.

## PSEAUME IX.

Ce que je te rens par devoir,
Je te le rens avecque joye.
Ta presence dans les combats
Fait dissiper et mettre à bas
Les troupes les plus furieuses,
Et rien n'est exempt de l'effort
De mes armes victorieuses
Que par la fuite ou par la mort.

De ce throsne d'où ta puissance
Domine la terre et les cieux,
Tu connois de ces factieux
L'artifice et mon innocence;
Et, non content que ton pouvoir
Dès ce monde fasse pleuvoir
Tes traits vangeurs sur ces infames,
Tu fais que leur âge accompli
Confond leurs esprits dans les flames,
Et leur memoire dans l'oubli.

Du debris des dards et des targes
Et des bastions renversez
Nous avons comblé leurs fossez
Les plus profonds et les plus larges;
Leurs drapeaux tapissent nos champs.
La vanité de ces mechans
Tombe du faiste au precipice,
L'eclat s'en passe en un moment;
Mais les marques de ta justice
Demeurent eternellement.

C'est sur la source du tonnerre
Que tu poses ton tribunal
Pour prononcer l'arrest final
Contre les crimes de la terre.
Là verront ces grands criminels,
Par des jugemens solemnels,
Leur peine à jamais prolongée;
De ce lieu de vie et de mort

## PSEAUME IX.

Attend l'innocence affligée
Son seul et dernier reconfort.

Chantons les grandeurs immortelles
Du Dieu qui nous donne des loix;
Celebrons ces fameux exploits
Qui dompterent les infidelles;
Publions à tous les humains
Qu'il a des yeux, qu'il a des mains
Armez de l'éclair et du foudre,
Qu'il est tout juste et tout puissant
Pour condamner et mettre en poudre
Les oppresseurs de l'innocent.

Le secours que ta grace accorde
A ceux dont elle prend le soin
Fait que mes peuples, au besoin,
Implorent ta misericorde,
Et, connoissant par les effets
Les merveilles et les bienfaits
Que produit ta magnificence,
Diront par tout que ta bonté
Partage avecque ta puissance
La gloire de leur liberté.

Sion, en toutes ses familles,
A bien sujet de te louër,
Lors que tu daignes l'avouër
Pour la plus chere de tes filles.
Pour elle tu mis au cercueil
Les rebelles de qui l'orgueil
Méprisoit ton pouvoir suprême.
L'ambition les a perdus
Et les a fait tomber eux-mesmes
Aux filets qu'ils m'avoient tendus.

Quand ta colere et ta justice
Firent éclater ton pouvoir,
Ces malheureux ne firent voir

## PSEAUME IX.

Que leur foiblesse et leur malice.
Acheve donc d'exterminer
Tous ceux qui voudront s'obstiner
Contre l'équitable puissance ;
Par ta juste severité,
Confonds leur desobeïssance
Dans l'éternelle obscurité.

Assiste ceux dont l'assurance
Est plus en toy qu'en leur valeur ;
Ne permets pas que le malheur
Trompe aux combats leur esperance ;
Que du pauvre et de l'affligé
Le long ennuy soit soulagé,
S'il met en toy sa confiance ;
Et puisse leur adversité
Meriter par la patience
La gloire de l'éternité !

Mais, Seigneur, permets-tu de vivre
A cet idolatre obstiné
Qui prefere au Verbe incarné
Des dieux d'argent, d'or et de cuivre ?
Ton Fils fit-il pas voir à tous,
Naissant et vivant comme nous
Esclave de la sepulture,
Que tous les hommes seront tels,
Et que la terre et la nature
Ne produiront point d'immortels ?

Dans ces adversitez pressantes
Qui nous viennent de toutes parts,
Les graces que tu nous depars
Seront-elles toûjours absentes ?
Verras-tu sans compassion
Le feu de la sedition
Devorer nos plaines fertiles,
Et l'avarice des méchans

## PSEAUME IX.

Ne plus rien laisser dans les villes
Que la solitude des champs?

Que ceux que leur mutinerie
A fait armer contre l'Estat
Blâment cet injuste attentat
Et tournent contre eux leur furie;
Fay que de ces ambitieux,
Dans leurs desseins pernicieux,
L'esperance soit étouffée,
Sans que jamais leur vanité
Puisse relever leur trophée
Du débris de nostre cité.

Encore que, dès leur enfance,
Ils se perdent dans le peché,
Jamais leur esprit n'est touché
Du repentir de leur offense.
Dans leur aveugle ambition,
Ils n'ont mis leur affection
Qu'aux choses fragiles et basses,
Et, dans leurs infames desirs,
Se pensent comblez de tes graces
Quand ils sont comblez de plaisirs.

Tous les arrests que ta puissance
Donne contre ces reprouvez
Ont des motifs bien relevez
Au dessus de leur connoissance.
L'ignorance et l'aveuglement
A leur debile jugement
Fait tout entreprendre et tout croire,
Et leur bras s'est déja promis
De mettre en leurs mains la victoire
Et sous leurs pieds leurs ennemis.

A ce haut desir de vengeance,
Qu'ils ont exercé sans raison,
Ils ajoustent la trahison,

L'injustice et la médisance;
Et, bien que ces méchans esprits
Ne parlent qu'avecque mépris
Des nations que tu proteges,
Ils s'assistent des plus puissans
Pour mieux surprendre dans leurs pieges
Les foibles et les innocens.

 Tel qu'avecque fureur et joye
Le lion, pressé de la faim,
Sort de sa caverne à dessein
De ravir sa sanglante proye,
Tels le profane et l'apostat
Se couvrent du bien de l'Estat
Pour establir leur tyrannie,
Et, sortant de l'humilité,
Viennent avecque felonnie
Opprimer nostre liberté.

 Ils s'imaginent que nous sommes
Sans raison et sans jugement
De croire que du firmament
Tu puisses prendre soin des hommes.
Pour détromper ces furieux,
Fay leur connoistre que tes yeux
Savent bien voir leur artifice,
Et que tes bras ne sont armez
Que pour maintenir la justice
De ceux qu'ils avoient opprimez.

 Brise leur orgueil comme verre,
Fay leur connoistre que ton soin
Te rend seul arbitre et témoin
De tous les crimes de la terre;
Que, si pour un temps leur fureur
Grave la crainte et la terreur
Aux cœurs des peuples imbecilles,
Ils en sont bien-tost dégagez

PSEAUME X.

Par le protecteur des pupilles
Et des innocens affligez.

 Abyme ces esprits impies
Quand ils sortent de leur devoir,
Qu'ils soient sans bras et sans pouvoir,
Que leurs rages soient assoupies ;
Dissipe cette faction,
Qui ne s'establit dans Sion
Que par des brigues illicites,
Et fay que ton autorité
N'ait que l'infini pour limites,
Ni pour temps que l'éternité.

 Tous les vœux de tous les fidelles
Te demandent avecque moy
Que tu dissipes par la foy
L'incredulité des rebelles ;
Que contre leurs complots malins
Les veuves et les orphelins
Trouvent en ta grace un refuge,
Et que l'orgueil du mécreant,
Qui déborde comme un déluge,
Rentre par elle en son neant.

---

## LE Xe PSEAUME.

### In Domino confido, etc.

A quoy sert de donner tant de terrreurs paniques
  Des miseres publiques
A qui met ici bas sa confiance en Dieu ?
Mon ame, qui par tout a sa grace pour guide,
N'est pas comme un oiseau voltigeant et timide
Qui ne peut assurer sa crainte en aucun lieu.

## PSEAUME X.

Sur ces monts élevez, dont les superbes testes
      Méprisent les tempestes
Qui lancent ici bas les flâmes et l'effroy,
Croiray-je que ma vie y soit plus assurée?
Bien que je sois plus près de la voute azurée,
Le Seigneur en ce lieu n'est pas plus près de moy.

Tant de traits décochez sur le champ des fidelles
      Par les arcs des rebelles
A peine seulement me font siller les yeux;
Celuy qui sur le throsne éleva mon enfance
Contre ceux dont l'audace attaque ma puissance
Combat du mesme bras dont il ploya les cieux.

Là ce monarque, assis sur un trosne de flame,
      Jusqu'au fond de nostre ame
Voit concevoir les bons et les mauvais desseins;
Et, de-là meprisant l'adresse et l'artifice
Dont nos sages mondains font valoir leur service,
Des plus petits esprits en fait les plus grans saints.

C'est de-là qu'il prepare aux ames criminelles
      Des chaisnes éternelles
Après l'embrasement de tout cet univers;
Et des rochers flambans d'un feu qui tout consume
Sortira des charbons de soufre et de bitume
Qui rejoindront leur flame à celle des enfers.

Les vents qui nous rendoient, quand la terre s'ennuie,
      La rosée et la pluye,
Ne souffleront dans l'air que cendres et que feux;
Mais dans un ciel serain, loin de toute menace,
Les siens possederont à jamais la bonace,
Et pour leur récompense il previendra leurs vœux.

## LE XIe PSEAUME.

*Salvum me fac, etc.*

O Dieu, qui des crimes des hommes
Qui vivent au siecle où nous sommes
Connois l'infamie et l'horreur,
Sauve avecque mon innocence
Mon honneur de leur médisance,
Et mon esprit de leur erreur.

De la passion qui les ronge
Naist dans leur bouche le mensonge,
Et dans leur cœur l'impureté ;
Veux-tu pas de ce mesme foudre
Qui mettra l'Univers en poudre
Confondre leur impieté ?

Ils font gloire de la malice,
De la fraude et de l'artifice,
Dont ils nous pensent decevoir ;
Et dans l'excès de leur audace
Il n'est ni crainte ni menace
Qui les remette en leur devoir.

Mais le Seigneur tient sa promesse,
Il nous découvre leur finesse,
Tous leurs desseins sont confondus ;
Et loin de leurs pieges funestes
Il releve aux honneurs celestes
Ceux qu'en terre ils avoient perdus.

Ses jugemens sont redoutables,
Ses paroles sont veritables
Autant que pleines d'équité ;

Et, dans le feu qui tout surmonte,
L'argent dans la septiéme fonte
N'égale point leur pureté.

Ses assurances solennelles
Font que les ames des fidelles
Mettent tout leur espoir en luy;
Et dans le glissant precipice
De la chair, du monde et du vice,
Il leur sert de guide et d'appuy.

Mais ceux qui de leur sang illustre
Ne font éclatter aucun lustre,
Qu'une jalouse ambition,
Murmurent contre sa puissance,
Quand la vertu sans la naissance
Remplit le throsne de Sion.

---

## LE XIIe PSEAUME.

#### Usquequo, Domine, etc.

Jusques à quand, Seigneur, veux-tu mettre en oubli
Le soin de conserver ma couronne et ma vie?
Ne m'as-tu donc sur le trosne establi,
Que pour servir de bute aux assauts de l'envie?

Tu ne vois jour et nuit sortir de ma langueur
Que des soucis mortels et d'inutiles plaintes;
Veux-tu bannir tes graces de mon cœur
Pour ne le plus remplir que d'ennuis et de craintes?

Jusques à quand veux-tu qu'un vainqueur insolent
D'avoir sous ses lauriers mes palmes étouffées,
Dans le malheur de l'estat chancelant
Ose sur son debris élever des trofées?

## PSEAUME XIII.

Si jamais je m'endors dans la nuit du peché
Parmi tant d'ennemis armez pour me surprendre,
　O Dieu tout bon, à qui rien n'est caché,
Veille pour m'avertir, combats pour me défendre.

Ne permets que ma perte et mon affliction
Augmentent des méchans le plaisir et la gloire,
　Ni qu'en leur cœur plein de presomption
Ils triomphent avant qu'obtenir la victoire.

Pour moy qui mets par tout mon esperance en toy
Comme au seul dont je tiens ma vie et ma couronne,
　Je veux d'un cœur plein d'amour et de foy
Publier les honneurs que ta grace me donne.

---

## LE XIIIe PSEAUME (1).

### Dixit insipiens, etc.

L'insensé qui se plonge en l'ordure des vices
　Pour jouir librement de ses sales delices,
Dit qu'on craint sans raison ce qu'on ne connoist pas,
Et que, s'il est un Dieu, ce n'est qu'une puissance,
Qui sans affection, comme sans connoissance,
Voit les biens et les maux que l'on fait icy-bas.

　Ce blasphême a choqué la justice éternelle,
Et la seule pensée en est si criminelle,
Que chacun en son cœur le veut tenir caché;

---

1. C'est l'un des deux psaumes sur lesquels Racan, dans sa première lettre, appelle l'attention de l'Académie pour qu'elle y prenne une idée de son systême de traduction : *une satyre*, dit-il, *contre les vices du siècle, au lieu du sens de David.*

Mais il est si commun dans le siecle où nous sommes,
Que celuy qui connoist tous les secrets des hommes
A peine en trouve un seul qui n'en soit entaché.

    Les sepulcres ouverts, l'odeur d'une voirie,
Les serpens irritez au fort de leur furie,
Escumans le limon de leurs mortels poisons,
N'ont rien de plus infect que ce qu'on voit produire
A ces nouveaux docteurs, quand ils veulent détruire
Les saintes veritez par leurs fausses raisons.

    Les meurtres sont entr'eux au rang des moindres crimes;
Ils vont à pas comptez aux guerres legitimes,
Où l'œil de la Vertu voit ce que nous valons;
Mais quand il faut marcher pour leur propre querelle
Et que ce faux honneur sur le pré les appelle (*a*),
La vanité leur met des aisles aux talons.

    Ils ne peuvent regner où regne la Justice;
Par la profusion, le luxe et l'avarice,
Ils ont rendu mon peuple un objet de malheur;
Quand leurs exactions par la force establies
Ont arraché le pain de ses mains affoiblies,
Du reste de son sang ils pestrissent le leur.

    Ils font les espris forts dans l'horreur des blasphémes;
Mais quand il faut mourir, ils sont si hors d'eux-mes-
Qu'ils ajoûtent le trouble à leur timidité;     [mes,
Et commençant à craindre en commençant à croire,
Quand la foy les éclaire au chemin de la gloire,
Ils n'en peuvent souffrir la trop grande clarté.

    Mais ceux qu'un saint amour détache de la terre

---

  *a.*  *Que la hayne et l'envie au combat les appelle*
     *La vengeance leur met....*

        (Var. des *Documents sur Racan*.)

Sans trouble et sans frayeur entendent le tonnerre
Qui menace en grondant nostre presomption;
Et dans l'austerité, l'oraison et l'estude
Leur esprit est plus gay que dans la multitude
Que la pompe et la joye assemblent dans Sion.

---

## LE XIVe PSEAUME

### Domine, quis habitabit, etc.

O Dieu de qui l'amour nous retient sans contrainte,
Qui sera le mortel qui dans l'éternité
Jouïra du repos de ta demeure sainte,
Où la gloire est égale à la tranquillité ?

C'est celuy que jamais aucun vice ne touche,
Qui se rend de luy-mesme et du monde vainqueur,
De qui la verité toûjours est dans la bouche,
Et de qui l'innocence est toûjours dans le cœur.

Celuy dont le pouvoir regne sans tyrannie,
Qui n'approche de soy que les humbles esprits,
Et qui loin de sa cour bannit la calomnie,
Qui de tes saintes loix parle avecque mépris.

Celuy qui rend ses mœurs exemptes de censure,
Celuy dont la candeur tient ce qu'il a promis,
Qui sert sans interest et ne prend point d'usure
Du secours qu'au besoin il preste à ses amis.

Celuy seul des humains en la celeste vie
Se rendra de tes biens le digne moissonneur;
Et la Mort, l'Interest, la Fortune et l'Envie
N'auront jamais pouvoir de troubler son bonheur.

## LE XVe PSEAUME.

*Conserva me, Domine, etc.*

Conserve-moy, Seigneur : en ta seule puissance
      J'ay mis mon esperance ;
C'est elle seulement qui me peut assister.
Je n'ay rien à t'offrir ; ta sagesse supréme
Te fournit-elle pas des thresors en toy-mesme
A quoy le monde entier ne peut rien ajoûter ?

Je porte autant d'honneur aux genereuses ames
      Qui brûlent de tes flames,
Comme j'ay de mépris pour ces lasches humains,
Ces devots des faux Dieux qu'on ne vit jamais vivre,
Que l'artiste ciseau taille d'or et de cuivre,
Et que ta creature a créez de ses mains.

Loin des sacrez Autels ces sanglantes victimes
      Que l'horreur de leurs crimes
Offre pour appaiser la colere des Cieux !
J'abhorre tellement d'effet et de paroles
Ceux dont la vaine erreur sacrifie aux idoles,
Que leurs noms seulement me semblent odieux.

Dieu luy-mesme se donne et se fait l'heritage
      Qui me tombe en partage :
Chacun juge mon lot sans égal et sans prix.
Dans son immensité tout bonheur m'accompagne ;
Il n'aura pour confins ni fleuves ni montagnes,
Puisqu'il comprend celuy par qui tout est compris.

Doy-je pas reverer sa bonté sans pareille,
      Lors qu'elle me conseille
A faire choix d'un bien si fecond et si beau,

Qui dissipe l'ennuy dont mon ame est pressée,
Et permet que sa grace, éclairant ma pensée,
Dans la nuit du peché me serve de flambeau?

Je chanteray par tout, dans l'excès de ma joye,
  Le bonheur qu'il m'envoye.
Son nom m'est un sujet de merite et d'appas ;
Son immensité seule a rempli ma memoire,
Et l'espoir assuré de revivre en sa gloire
Est le seul qui me reste en la nuit du trépas.

Là, pour me garantir de la mort éternelle,
  Sa bonté paternelle
Me prend comme son fils en sa protection,
Et là, dans la splendeur de sa magnificence,
Me fait seoir à ses pieds, et fait qu'en sa presence
Je reçoy les effets de son affection.

---

## LE XVIe PSEAUME.

Exaudi, Domine, justitiam meam, etc.

O mon pere! ô mon Dieu! ne rejette en arriere
  Mon ardente priere ;
Détourne le malheur qui me suit pas à pas.
Si ma bouche n'est pure autant que veritable,
Si je demande rien qui ne soit équitable,
  Ne me l'accorde pas.

Ta grace peut juger dans le fond de mon ame
  Si jamais d'aucun blasme
J'ay noirci la blancheur qu'elle conserve en moy,
Et connoist si je puis jusqu'à la sepulture
Faire parmi les fers, les feux et la torture,
  La preuve de ma foy.

Tu sais que j'ay toûjours banni des compagnies
    Les noires calomnies
Qui déchirent l'honneur comme glaives tranchans,
Et sais si ma raison s'est jamais dispensée
De suivre et d'approuver d'effet et de pensée
    Le conseil des méchans.

Fay qu'à tes saintes loix mon ame obeïssante
    Ne prenne et ne ressente
De clarté ni d'ardeur que de tes plus saints feux;
Afin que franc d'erreur, de crime et d'artifice,
Je merite ta grace et qu'avecque justice
    Elle exauce mes vœux.

Donc, encore une fois, que la misericorde
    Que ta clemence accorde
Face voir pour les tiens ton absolu pouvoir;
Donc, encore une fois, ta justice et ta force
Facent que ces mutins, auteurs de ce divorce,
    Rentrent dans leur devoir.

Quand les vents furieux agitent les tempestes,
    Rien ne luit sur nos testes
Que de frequens éclairs qui nous percent les yeux;
Et comme la paupiere en défend la prunelle,
Ne me défens-tu pas à l'abry de ton aisle
    De ces seditieux ?

Dans leurs prosperitez se nourrit l'insolence,
    De qui la violence
Attaque impunément la juste autorité;
Leur fureur me poursuit, leur nombre m'environne,
Et leur ambition veut avec ma couronne
    M'oster la liberté.

Les petits lionceaux, acharnez par leurs peres,
    Dans leurs affreux repaires
En déchirant leur proye ont moins de cruauté,
Que n'a pour déchirer les loix et la province,

# PSEAUME XVII.

Et fouler sous ses pieds l'autorité du Prince
    Un peuple revolté.

Leve-toy donc, Seigneur, et confond la malice
    De leur lasche avarice,
Qui commet contre nous tant d'actes inhumains :
Puisqu'on n'en peut avoir ni de paix ni de tréve,
Que ta justice s'arme et reprenne le glaive,
    Pour l'oster de leurs mains.

Ils flattent leur espoir de voir dans leur famille
    L'éclat dont elle brille
A leurs derniers neveux passer de temps en temps ;
Mais pour moy, qui renonce aux richesses mortelles,
Les thresors que là haut tu dépars aux fidelles
    Sont les seuls que j'attens.

---

## LE XVIIe PSEAUME.

*Diligam te, Domine, etc.*

O Dieu qui rend mon bras le foudre de la guerre,
  Ma splendeur dans la paix, l'ornement de la Cour,
Et qui te rens toy-mesme, au ciel et dans la terre,
Le seul et le plus digne objet de mon amour,
    Qui jamais ne me dénie
    De ta clemence infinie
    L'assistance et le support,
    Et, rassurant mon courage,
    Dans ces mers grosses d'orages
    Me sers de phare et de nort,

Dans le débordement d'une injuste licence,
Lors qu'elle m'opprimoit avec tant de rigueur,
J'eus toûjours mon recours à sa toute-puissance,

Et par elle toûjours je demeuray vainqueur.
>Déja ma mort estoit preste,
>Tout le ciel, noir de tempeste,
>Ne luisoit que des éclairs,
>Et pour avancer ma perte
>La terre estoit entr'ouverte
>Jusqu'aux gouffres des enfers.

Je redouble mes vœux, j'augmente mes offrandes,
Et mes feux des autels jusqu'au ciel élancez
Font voir que ses bontez, aussi promtes que grandes,
Ont écouté mes vœux et les ont exaucez.
>Quand il s'arme du tonnerre
>Contre l'orgueil de la terre,
>Son courroux est vehement;
>Il tonne, il éclatte, il gronde,
>Il étonne tout le monde
>Jusques dans son fondement.

Les longs torrens de feu que pousse son haleine
Brûlent tout, et par tout vont leurs flots débordans;
Sous leur cours enflammé ne reste au lieu d'areine
Qu'une grosse fumée et des charbons ardans.
>Le ciel sous ses pieds s'abaisse,
>Et dans une nuë épaisse,
>De qui les vents sont aislez (*a*),
>Descend le soleil des ames,
>Qui permet que de ses flames
>Les Cherubins soient brûlez.

Il paroist au milieu d'une noire tempeste,
De qui de toutes parts sortent des tourbillons;
Les nuages d'argent qui luy couvroient la teste
Sur son trosne d'azur servoient de pavillons;
>Mais l'aspect de son visage

*a.   Dont ses flambeaux sont voillés.*
(Var. des *Documents sur Racan*.)

Change en bonace l'orage;
Le brouillard est écarté;
Le Seigneur luit de son lustre,
Et pour dais ni pour balustre
N'a que sa propre clarté.

Que si la majesté qui paroist dans sa face
Retient dans le respect des ames par les yeux,
Il veut qu'à la terreur de la seule menace
Tremblent également l'eau, la terre et les cieux.
    Par son bras armé du foudre
    Les ennemis sont en poudre,
    Leurs grands desseins sont à bas;
    Et les flames et la gresle
    Ont renversé pesle-mesle
    Capitaines et soldats.

Sa voix comme un tonnerre effroya tout le monde,
La mer en fut émeuë, et les flots entrouvers
Découvrirent à nud dans le fond de son onde
Le large fondement de ce vaste univers.
    Alors ses mains favorables,
    Le support des miserables,
    Me sauverent du danger,
    Et des armes, dont la rage,
    Comme les flots d'un orage,
    Venoit pour me submerger.

Il sauva mon Estat de ceux dont l'arrogance
Méprisa le conseil de revenir à soy,
Et dont l'inimitié mesuroit sa vengeance
Au pouvoir qu'ils avoient de se venger de moy.
    Ce peuple brutal et rude
    Vouloit dans la servitude
    Me boureler nuit et jour;
    Mais Dieu, touché de mes gesnes,
    Ne me donna d'autres chaisnes
    Que celles de son amour.

Celuy qui des humains est le souverain juge,
Et qui de nos pensers est l'unique témoin,
Est du foible innocent l'espoir et le refuge,
Et celuy qui jamais ne luy manque au besoin.
   Il reconnut ma franchise,
   Et que mon ame soûmise
   Au respect que je luy dois,
   Ne s'estoit point dispensée
   D'avoir jamais de pensée
   Contraire à ses saintes loix.

Je pourrois repousser par sa bonté suprême
Ceux dont l'inimitié n'a jamais eu de bout.
Mais je veux par mes soins me garder de moy-mesme
Comme d'un ennemi qui me poursuit par tout.
   L'esprit de l'homme qui pense
   Se cacher de sa presence
   Se peine inutilement;
   A sa divine justice
   La vertu comme le vice
   Est connuë également.

A l'exemple d'un Dieu tout bon, tout équitable,
Dois-je pas à jamais maintenir l'équité?
Autant que son église est pure et veritable
Je veux d'une ame pure aimer la verité;
   Et de ces peuples rebelles
   Qui dans l'Estat des fidelles
   Ont tant de feux attisez;
   Je veux d'un cœur de vengeance
   Rendre à leur maudite engeance
   Les maux qu'ils nous ont causez.

C'est par là qu'assisté de sa toute-puissance
Je purgeray Sion des esprits factieux,
Et de ce mesme bras qui soûtient l'innocence
J'abaisseray l'orgueil des fronts audacieux
   C'est par ce Dieu des batailles
   Que leurs camps et leurs murailles

## PSEAUME XVII.

Sont traversez à la fois;
C'est par luy dans la victoire
Qu'on voit éclatter la gloire
De mes penibles exploits.

Par ces cœurs que la foy couronne du martyre
Pour triompher au ciel du monde et des enfers,
Les decrets dont il fit establir son empire
Seront verifiez dans les feux et les fers;
　　C'est le seul dont la puissance
　　Est l'appuy de l'innocence;
　　C'est le seul des immortels,
　　Le seul qui tient le tonnerre,
　　Et le seul à qui la terre
　　Doit eriger des autels.

Je veux suivre la voye et celebrer sans cesse
Le celeste pouvoir de ce Dieu que je sers;
Il me donne à la fois la force et la vitesse
Des ours, des elephans, des chevreuils et des cerfs;
　　Il fait que ma main armée,
　　A la guerre accoûtumée,
　　Tourne et dompte le coursier,
　　Fait trancher le cimeterre,
　　Et comme foudres desserre
　　Les traits de mon arc d'acier.

L'espoir de mon salut est dessous ses auspices,
Mon sceptre et ma raison sont à ses loix soûmis,
Et de la mesme main dont il punit les vices
Il défend mon Estat contre mes ennemis :
　　Leurs troupes sont dissipées,
　　De rondaches et d'épées
　　Ils ont pavé nos sillons;
　　Et le secours qu'il m'envoye
　　Par le fer m'ouvre la voye
　　A travers leurs bataillons.

Je combats de pied ferme, et leur troupe réduite,

Par l'invincible effort de mes braves guerriers,
A ne plus esperer de salut qu'en la fuite,
Couvre leur front de honte et le mien de lauriers.
  A bas auteurs de nos larmes,
  Qui voulûtes à mes armes
  Vos courages éprouver !
  De vostre cheute fatale
  Si juste et si generale
  Rien ne vous peut relever.

Tu me donnes, grand Dieu, la force et le courage
Pour terrasser tous ceux qui s'adressent à moy,
Tu mets dans les combats la gloire en mon partage,
Et ne laisses pour eux que la mort et l'effroy.
  Au conflit qu'on leur prepare
  Tout le monde se separe
  De leur sinistre amitié ;
  Chacun se rit de leurs craintes,
  Et toy-mesme es à leurs plaintes
  Sans oreille et sans pitié.

Si l'on veut dans leur camp creuser leur cemetiere,
La terre les reçoit avecque tant d'horreur,
Qu'elle les abandonne, et leur lasche poussiere
Semble encore en fuyant craindre nostre fureur ;
  Leur sang détrempant les sables
  Rend les os méconnoissables
  De ces geans à l'envers,
  Et leur chair en ce meslange
  Ne laisse que de la fange
  Pour le partage des vers.

Après qu'à mes besoins tes bontez toûjours prestes
Ont remis sous mes loix mes sujets revoltez,
Tu benis mes desseins, tu benis mes conquestes,
Tu fais que mon Estat s'accroist de tous costez ;
  Et la terreur imprimée
  Par la seule renommée
  De mes actes triomphans

## PSEAUME XVIII.

A fait que l'obeissance
Où les range ma puissance
Passe jusqu'à mes enfans.

Vivent donc ces grandeurs aussi justes que saintes,
Qui relevent mon throsne au milieu des dangers,
Par qui les factions sont à jamais esteintes
Au dedans de l'Estat et chez les estrangers !
    Ces revoltes étouffées
    Sous tant d'illustres trofées
    Détrompent la vanité
    De ceux dont l'espoir minute
    De relever par ma cheute
    Leur injuste autorité.

Après tant de faveurs, après tant de victoires,
Qui rendront l'avenir de ce siecle jaloux,
Nos écrits de tes faits rempliront les histoires,
Et nos voix de ton nom la terre en ses deux bouts ;
    Dans cet âge de délices
    Où David sous tes auspices
    Prit le sceptre de Sion,
    Je publiray l'innocence
    Le progrez et la naissance,
    De sa sainte ambition.

---

## LE XVIIIe PSEAUME.

*Cœli enarrant, etc.*

Toy qui de l'Eternel contemples les miracles,
  Les feux du firmament sont-ce pas des oracles
Dont le silence parle et s'entend par les yeux ? (¹)

---

1. Voy. la note des *Bergeries*, p. 26.

## PSEAUME XVIII.

Et le pouvoir qu'ils ont dessus nostre naissance
Peut-il venir d'ailleurs que de cette puissance
Qui tient ferme la terre et fait mouvoir les cieux ?

L'ordre continuel dont depuis tant d'années
L'on voit naistre et finir les nuits et les journées,
Et mesurer leur cours d'un si juste compas,
N'est-ce pas un chef-d'œuvre où chacun peut connoistre
Que ce grand artisan de qui tout prend son estre
Ne fait point au hazard les choses d'icy-bas.

Ces visibles effets d'une cause invisible,
Ces supresmes grandeurs, cette essence impassible,
Exigent de nos cœurs l'honneur qui leur est deû;
Ils preschent aux gentils, ils preschent aux sauvages,
Et dans tout l'univers il n'est point de langages
Où leur discours muet ne puisse estre entendu.

Cet esprit qui du temps précede la naissance,
Afin de témoigner que sa magnificence
Ainsi que son pouvoir est sans comparaison,
De l'astre le plus beau qui sur la terre et l'onde
Se fait voir tous les jours aux yeux de tout le monde,
Luy-mesme en le faisant en a fait sa maison.

Là sa grandeur fait voir à tout ce qui respire,
Dans son trosne éternel digne de son empire,
Sur des lambris d'azur briller des diamans ;
Jamais le blond Hymen, couvert d'or et de soye,
Quand il a chez les rois joint la pompe à la joye,
N'a fait dans leur palais luire tant d'ornemens.

C'est de-là qu'à sa force égalant sa justice,
Un jour il sortira pour détruire le vice,
Tel qu'un puissant géant au combat préparé;
Il atteindra par tout, tout craindra son tonnerre,
Ses yeux verront par tout, et par toute la terre
Rien n'est si tenebreux qui n'en soit éclairé.

Il n'est point d'ignorant que ses œuvres n'instruisent,
Il n'est point de méchant que ses loix ne réduisent.
Chacun diversement est appellé de Dieu ;
Mais les cœurs genereux qui peuvent sans contrainte
Faire pour son amour ce qu'on fait pour la crainte,
Comme les plus parfaits, auront le plus haut lieu.

Ainsi qu'aux réprouvez la peine est assurée,
Ainsi la récompense est aux bons préparée,
Hors de tous les malheurs dont nous sommes troublez ;
L'or n'a point de beautez qui soient si désirables,
Ni le miel le plus pur de douceurs comparables
Au moindre des plaisirs dont ils seront comblez.

Heureux sera le cœur délivré de tout vice,
Qui, donnant à son Dieu sa vie et son service,
Se rend digne des biens qui lui sont destinez,
Et qui, de sa raison connoissant l'impuissance,
Quand il a des pensers trop remplis de licence,
Les étouffe en son ame aussi-tost qu'ils sont nez.

Et bienheureux encor qui, voyant la manie
De ceux que le peché tient sous sa tyrannie,
Ne veut que son Dieu seul pour maistre et pour appuy ;
Qui par tout est pareil, et qui, se prenant garde
Que celuy qui voit tout en tous lieux le regarde,
Se gouverne en tous lieux comme estant devant luy.

Souverain Roy des rois, Providence éternelle,
Qu'en la mer de ce monde à toute heure j'appelle,
Mon Dieu, mon Redempteur, mon ayde et mon support !
Puisqu'à tous mes besoins tes bontez toûjours prestes
M'ont déja tant de fois retiré des tempestes,
Acheve ton ouvrage, et me conduis au port (1).

1. C'est ici un exemple de l'habitude où paroît avoir été Racan de ne retoucher que très rarement et très peu ses ouvrages. Ce psaume se trouve dans les vieux recueils. Il étoit fait depuis plus de vingt ans lorsque fut publiée, en 1660, l'édi-

## LE XIXe PSEAUME (¹).

**Exaudiat, etc.**

En ce temps où l'envie opprime l'innocence,
Du grand Dieu de Jacob l'invincible puissance
T'inspire dans la guerre un courage de roy ;
Et, s'il est inflexible à la misericorde,
Qu'il nous refuse tout, pourveu qu'il nous accorde
    Les vœux qu'on fait pour toy.

Que, de son throsne assis au-dessus des tempestes
Soient à te secourir ses bontez toûjours prestes ;
Toûjours soit ton offrande agréable à ses yeux ;
Toûjours le feu divin dont elle est allumée
En remonte aussi pur, quand elle est consumée,
    Qu'il est tombé des cieux.

Que tes justes desseins ne trouvent point d'obstacles,

---

ion du Psautier complet, et l'on ne remarque dans ces onze strophes qu'un seul changement, très heureux il est vrai. Le dernier vers, dans les éditions primitives, étoit ainsi :

    Achève ton ouvrage *à me conduire au port.*

On lit aujourd'hui :

    Achève ton ouvrage *et me conduis au port.*

Si nous n'avions pas sous les yeux l'édition de 1660, le Recueil de Fontenelle reproduisant l'ancien vers, nous craindrions que cette modification ne fût de la façon de Coustelier, ce que nous surveillons avec soin.

1. C'est le second des psaumes signalés plus particulièrement par Racan. Il s'applaudit, comme on l'a vu dans sa lettre, d'avoir *entièrement accommodé* celui-ci *à la personne du roi* Louis XIV *et à son règne, jusqu'à y avoir décrit l'artillerie.*

## Pseaume XIX.

Que tes actes guerriers soient autant de miracles,
Que tu sois au conseil judicieux et prompt,
Et que, pour tout soûmettre à ton obëïssance,
Il égale ta force à la haute naissance
    Qui couronne ton front.

Quand le dieu des combats te donnera la gloire
D'avoir des ennemis remporté la victoire
Que sa main équitable à tes armes promet,
Ce grand jour qui rendra nos guerres étouffées
Fera voir au Liban élever nos trofées
    Par-dessus son sommet.

S'il exauce nos vœux et reçoit nos victimes,
Ces cœurs qui ne sont grands qu'à faire de grands crimes
Auront le chastiment de leur témérité.
Que doit-on redouter de ces ames rebelles,
Si celuy qui combat pour les justes querelles
    Est de nostre costé ?

En vain leurs camps nombreux font par leurs insolences
Nos campagnes gémir sous des forests de lances,
Serrent leurs bataillons de piques hérissez :
Nous sommes assurez, si Dieu nous est propice,
De voir du mesme bras qui soûtient la justice,
    Leurs desseins renversez.

Ces machines de bronze aux bouches redoutables
Qui vomissent d'un coup cent morts inévitables
Et jettent dans les rangs la flâme et la terreur,
Ces tonnerres roulans qui font trembler la plaine,
N'y feront autre mal que perdre avec la peine
    L'espoir du laboureur.

Ces feux ne produiront que de vaines fumées :
Le bras toûjours vainqueur du grand Dieu des armées
Fera mordre la poudre à ces audacieux ;
Et verront à leur honte, en cette injuste guerre,
Qu'en vain ils opposoient les foudres de la terre
    A la foudre des cieux.

O Dieu ! dont les grandeurs n'ont rien que d'adorable,
Conservez nostre roy, soyez-luy favorable ;
Faites, sous vostre appuy, son regne prosperer :
C'est par luy qu'on verra tous nos troubles s'éteindre ;
Tandis que nous l'aurons, nous n'aurons rien à craindre
    Ni rien à desirer.

---

## LE XX<sup>e</sup> PSAUME.

#### Domine, in virtute tua, etc.

O grand Dieu, d'où nous vient le bonheur et la gloire
Qui, selon nos desirs, nous donne la victoire
D'un peuple si nombreux contre nous révolté ?
En donnant à sa joye une juste licence,
Mon roy ne doit-il pas admirer ta puissance 1
    Et benir ta bonté ?

Tu préviens ses desirs, tu préviens ses demandes,
Tes largesses luy sont si justes et si grandes
Qu'elles ont à l'utile ajouté l'ornement ;
De sa claire pasleur la perle orientale
S'efforce d'égaler en sa pompe royale
    L'éclat du diamant.

Quand il te demanda d'estre long-temps au monde,
Tu promis que sa vie en merveilles féconde
Des âges les plus longs égaleroit le cours ;

---

1. *Lætabitur rex*, dit la Vulgate ; *le roi prendra plaisir*, disent les traductions. Racan, tout en *accommodant* ses psaumes au *temps*, auroit dû éviter la singulière contradiction de faire dire *mon roi* par le *roi* David. Lorsque celui-ci ailleurs, notamment dans le psaume 43, dit : *O mon roi ! ô mon Dieu !* c'est pour renforcer la dernière expression, tandis qu'ici l'un n'est point confondu avec l'autre, et que c'est une allusion évidente au roi temporel.

PSEAUME XX.

De son nom glorieux tu décores l'histoire,
Et de ses actions tu veux que la mémoire
    Se conserve toûjours.

Les rayons de grandeur qui sortent de sa face
Moderent dans les cœurs l'insolence et l'audace,
Et font que devant luy le respect est gardé ;
Nos fastes, racontant ses hautes avantures,
Feront juger heureux dans les races futures
    Ceux qui l'ont possedé.

Ta présence l'assure et le comble de joye ;
Le bonheur que ta grace à ses desirs octroye
Affermit son courage aux desseins genereux,
Et, quelques ennemis qui désolent la terre,
Ne rens-tu pas le bras de ce foudre de guerre
    Invincible pour eux ?

Après avoir souffert leur désobéïssance,
Ta main appesantie a puni leur offense
Et terracé l'orgueil de ces grands criminels ;
Ta justice bien-tôt en fera ses victimes,
Et sans se consumer ils expiront leurs crimes
    En des feux éternels.

On verra sans effet éclôre leur malice.
Toy qui des plus cachez découvres l'artifice,
Confonds dès le berceau les desseins des méchans.
Dans leur sang infécond s'éteindra leur famille,
Et jamais ne verront tomber sous la faucille
    Les moissons de leurs champs.

Leurs rangs sont dissipez, leur armée est réduite
A ne plus esperer de salut qu'en la fuite [1],

---

1. Ce ne sauroit être par un manque de mémoire, mais bien par cette profonde insouciance qu'il avoit pour certaines choses, que Racan refait ici le même vers, donnant le même sens et répondant à la même rime, qu'on vient de lire dans la 16e strophe du XVIIe psaume, p. 68.

Tout cede à nos efforts lors que tu nous maintiens;
Et chantent à jamais les bouches des fidelles,
Que ton bras tout-puissant est l'effroy des rebelles
    Et le support des tiens.

---

## LE XXIe PSEAUME.

*Deus Deus meus, respice in me, etc.*

O mon Dieu, mon sauveur, veux-tu dans les ennuis
Que je passe les jours, que je passe les nuits?
Seras-tu donc toûjours infléxible à mes plaintes?
Verras-tu sans pitié mes tragiques douleurs?
N'arresteras-tu point, en assurant mes craintes,
    Les torrens de mes pleurs?

O pere inexorable! ô pere tout-puissant!
Veux-tu pour le pecheur condamner l'innocent?
Veux-tu mettre ton fils au rang de tes victimes?
Ta grace ou ta justice ont-elles donc permis
Qu'un Dieu se soit fait homme et meure pour les crimes
    Que l'homme avoit commis?

N'as-tu pas pour les tiens la mesme affection
De qui toutes les voix et les cœurs de Sion
Exaltent la grandeur et la perseverance?
N'as-tu pas pour les tiens la mesme charité
Dont nos peres jadis eurent la délivrance
    De leur captivité?

Quand ils t'ont invoqué, tu les as exaucez,
Et moy je voy mes vœux jusqu'au ciel élancez
Avecque mon encens s'en aller en fumée;
Je suis plus méprisé qu'un chetif vermisseau;
Mes jours sont à leur fin, lors que ma renommée
    Est encore au berceau.

## Pseaume XXI.

Tous ces gens sans honneur, tous ces lâches esprits,
Ne me regardant plus que d'un œil de mépris,
Semble que de ma perte ils m'imputent le blâme,
Et disent hautement afin de m'éprouver :
Pourquoy le Tout-puissant, qu'à son aide il reclame,
  Ne le vient-il sauver ?

Fay leur voir ton pouvoir, fay leur voir que je suis
Celuy que la plus longue et la reine des nuits
Devoit produire au jour pour le salut du monde.
Celuy qui se rendra des enfers triomphant,
Celuy qui dans les flancs d'une vierge feconde
  Fut le pere et l'enfant.

Dés le premier moment je te donnay ma foy,
Dés le premier moment j'eu mon recours à toy,
Toy seul fus mon support, toy seul fus ma défense ;
Que si des affligez ta bonté prend le soin,
Détourne ce calice, et fay que ta puissance
  Me secoure au besoin.

Je ne voy qu'apostats contre moy revoltez ;
Leurs flames et leurs fers luisent de tous costez,
Leur armée est sans nombre et leur haine sans bornes ;
Je n'entens que clameurs de cris injurieux,
Et semblent ces mutins, en élevant leurs cornes,
  Des taureaux furieux.

Nos ennemis communs ont conspiré ma mort,
Leur rage contre moy fait son dernier effort ;
Mes os sont disloquez, ma chair est consumée ;
Et, courant en fureur sans ordre ni sans rang,
Viennent comme lions de leur gueule affamée
  Se gorger de mon sang.

Dans les longues ardeurs d'un invisible feu,
Mon ame, se sentant defaillir peu à peu,
De tristesse et d'amour également soûpire,
Et, brûlant pour un Dieu sans fin et sans pareil,

## PSEAUME XXI.

Mon cœur en sa présence est comme de la cire
    Qui se fond au soleil.

L'argile qu'un potier fait cuire en son fourneau
Se pourroit comparer à ma livide peau ;
Mes membres sont tremblans, ma veuë est égarée ;
La force et la santé me quittent pour jamais ;
Je brûle, je consume, et ma langue alterée
    Se colle à mon palais.

Bien que mes os en poudre entrent au monument,
J'espere de revivre, et dans le firmament
Consoler mes ennuis d'une éternelle joye ;
Et ma chair déchirée en ce corps langoureux,
Dont ces chiens affamez pensent faire leur proye,
    Ne sera point pour eux.

Ces esprits infernaux, ces tigres inhumains,
Qui m'ont percé de cloux et les pieds et les mains,
Ont encore à leur meurtre ajoûté l'avarice,
Quand ils ont de concert, auparavant ma mort,
Le jour que leur fureur apprestoit mon supplice,
    Jetté ma robe au sort.

Ils font de mes ennuis leur satisfaction,
Ils repaissent leurs yeux de mon affliction,
Ils augmentent leur joye en augmentant mes peines.
Contre ces factieux à toy seul j'ay recours,
Et ne puis ni ne veux des puissances humaines
    Tirer aucun secours.

Détourne donc de moy le fer de ces méchans,
De ces chiens affamez à ton oint s'attachans ;
Sauve-moy des lions, sauve-moy des licornes,
Et de tous les brutaux pleins de rage et d'erreur,
Qui dans la seule foy doivent trouver des bornes
    Au cours de leur fureur.

De ce bien-fait utile autant que merveilleux
Nos freres apprendront comme les orgueilleux

Peuvent estre soûmis à ta juste puissance,
Et le sang de Jacob fera par tout savoir
Que la protection de la foible innocence
    N'est qu'en ton seul pouvoir.

Tu te feras par-là reverer des mortels
Qui dans les lieux sacrez parfument tes autels,
Et craindre ta justice à tous les autres hommes.
Ils diront que ton bras, si terrible pour eux,
Fut au siecle passé, comme au siecle où nous sommes,
    L'appuy des malheureux.

Tu n'as point détourné ton visage de moy,
Lors que mon oraison sur l'aisle de ma foy
Obtint pour les humains la grace de leur faute;
Et, quand dans ta maison j'exaltois ta grandeur,
Fis-je pas resonner les voutes les plus hautes
    En leur vaste rondeur?

Dans le pain consacré sur ta table rompu
Ton peuple n'est-il pas divinement repû?
Ton corps est sa viande, et ton sang son breuvage;
Et d'un si merveilleux et si parfait bonheur
Toutes les nations de l'Euphrate et du Tage
    Benissent le Seigneur.

Ceux même dont l'erreur sacrifie aux faux dieux,
Se donnant comme nous au monarque des cieux,
Comme nous prendront part aux honneurs du martyre;
Et les cœurs épurez par les feux et les fers
Soûmettront à tes lois le trosne de l'empire
    Qui regit l'univers.

Ces fameux conquerans, ces vaillans potentats,
Qui d'un sceptre d'acier regissent leurs estats,
De ton celeste pain prendront leur nourriture,
Et tiendront mesme rang en ce sacré repas
Que les moindres, rendus par les loix de nature
    Esclaves du trépas.

Pour moi, qu'il a tiré d'un abysme d'ennuis,
Et que sa seule amour a fait ce que je suis,
Qui ne regne et ne vis que par elle et pour elle
Je veux que tous mes fils honorent pour jamais
Celuy qui joint pour eux d'une chaisne éternelle
  La justice et la paix.

---

## LE XXIIe PSEAUME.

### Domine regit me, etc.

  Loin de moy, tragiques pensées
  Dont mes infortunes passées
  Nourrissoient mon affliction !
Puisque le Tout-Puissant est touché de mes plaintes,
Dois-je pas esperer sous sa protection
De bannir pour jamais mes ennuis et mes craintes ?

  Ce pasteur tout bon et tout sage
  Nous conduit dans un pasturage
  Plein de délices et d'attraits,
Et là des pures eaux d'une source feconde
Nos esprits en repos en beuvant à longs traits,
Noîront le souvenir des vanitez du monde.

  Lorsqu'il voit nostre ame égarée
  Et de son troupeau separée
  Se conduire à sa volonté,
Qu'elle est preste à se perdre aux abysmes du vice,
Son soin, pour l'obliger à benir sa bonté,
La remet au chemin tracé par sa justice.

  Aussi, dans l'horreur des tenebres
  Et des ennuis les plus funebres
  Que la mort presente à nos yeux,
J'iray sans m'effrayer aux antres les plus sombres,

Quand pour guide j'auray le Monarque des cieux,
Qui peut vaincre la mort et dissiper ses ombres.

    Il me presente sur sa table
    Cette viande delectable
    Qu'il appreste pour ses éleus ;
Et de mes ennemis rend l'envie immortelle,
Lors que par leur orgueil ils se verront exclus
De ce mets qui m'éleve à la vie éternelle.

    L'excés des graces qu'il me donne
    M'honore autant que ma couronne,
    Dont il est l'équitable appuy :
Toutes deux m'ont comblé de plaisir et de gloire
Dans son sacré banquet, où, pour m'unir à luy,
Son sang estoit le vin qu'il me versoit à boire.

    En la seule misericorde
    Que sa clemence nous accorde
    Est l'asyle des criminels ;
Sa grace et sa puissance ont nostre ame assurée
De se voir au-dessus des flambeaux éternels
Habiter la maison qu'il nous a preparée.

---

## LE XXIIIe PSEAUME.

### Domini est terra, etc.

La terre est au Seigneur, c'est l'œuvre de ses mains,
C'est-là que sa justice oblige les humains
A meriter le ciel dans les peines du monde ;
Il a sur l'ocean posé ses fondemens,
Et les ordres prefix par ses commandemens
Est tout ce qu'elle oppose à la fureur de l'onde.

    Mais, bien qu'egalement tout soit en son pouvoir,

C'est seulement là haut qu'il nous veut faire voir
Sa beauté, sa grandeur et sa magnificence;
Et ce lieu de repos, de gloire et de clarté,
Est pour ceux dont le cœur garde en sa pureté
Jusqu'au dernier soûpir sa premiere innocence.

Ceux aussi qui pourront affranchir leurs esprits
Des vaines passions dont le monde est épris,
Et qui font que la terre est au ciel infidelle,
C'est pour eux qu'il respand ses graces icy-bas;
Et, quand l'âge accompli les conduit au trépas,
Ce n'est que pour renaistre à la vie éternelle.

Esprits qui dans la nuit, les flâmes et l'horreur,
Estes toûjours en bute aux traits de sa fureur!
Mort, qui rendez là bas les peines immortelles!
Concierges éternels de ces sombres manoirs!
A ce Roy glorieux ouvrez vos cachots noirs,
Que vous n'ouvrez jamais qu'aux ames criminelles.

De quel Roy glorieux nous vient-on menacer?
Croit-on que sa splendeur ait pouvoir de chasser
L'ombre de nos prisons éternellement noire?
C'est celuy dont la croix, triomphant des pechez
Qui tenoient dans les fers ses enfans attachés,
Met en leur liberté le prix de sa victoire.

Et vous, chers favoris de ce Roy glorieux,
Honorez son triomphe et son entrée aux cieux,
Qui doit de son Eglise affermir les colonnes;
Par son heureux retour il vous comble d'honneur,
Il augmente des siens le nombre et le bonheur,
Et change des captifs les chaisnes en couronnes.

De quel Roy glorieux nous fait-on esperer
De voir en ces lieux saints les graces éclairer?
Quel est ce Dieu vainqueur, qui tant d'heur nous appres-
C'est celuy dont le bras, redoutable aux enfers, [te?
Vient d'ouvrir leurs prisons, vient de briser leurs fers,
Et va rendre les cieux riches de sa conqueste.

## LE XXIVe PSEAUME.

#### Ad te, Domine, levavi, etc.

A toy seul, ô grand Dieu, je leveray mes vœux;
A toy seul mon bucher élevera ses feux
    D'une devote vehemence :
Toy seul as de mon cœur borné l'affection.
J'ay mis mon esperance en ta protection,
    Et mon salut en ta clemence.

Si j'ay pour mon support ton invincible bras,
Mes armes n'auront point la honte en mes combats
    De faire une lasche retraite,
Ni je n'auray jamais la rage dans le cœur
De me voir sous les pieds d'un insolent vainqueur
    Qui se rira de ma défaite.

Ceux qui se sont faits grands par leur iniquité
Dont le faste orgueilleux n'orne la dignité
    Que d'une fausse preudhommie,
Plus leur haute fortune a d'éclat icy-bas,
Et plus dans les honneurs qu'ils ne meritent pas
    Eclatera leur infamie.

O Dieu! qui des vertus es l'asyle et l'auteur,
Puisses-tu sur la terre estre mon conducteur
    Lors que mon ame est égarée,
Et, dans ces lieux obscurs des vices frequentez,
Faire que de ta grace et de tes veritez
    Elle soit toûjours éclairée!

Si tu cheris les tiens comme aux siecles passez,
Banni de mon esprit ces desirs insensez
    Secrets auteurs de ma tristesse,

Et, dans la penitence à quoy je me soumets,
Fay que l'eau de mes pleurs esteigne pour jamais
    Le feu qui brûle ma jeunesse.

Si l'horreur de mon crime est indigne du jour,
Fay moy voir des effets de cette ardente amour
    Qui fut par ton Fils attendrie,
Lors qu'il illumina ces pecheurs égarez
Qui, n'estant pas encor de ta grace éclairez,
    Se perdoient dans l'idolatrie.

Ce Dieu dont la clemence égale l'équité
Recompense icy-bas la vraye humilité
    De sa lumiere veritable,
Celle qui nous conduit sur le throsne des saints,
Celle qui nous conduit aux genereux desseins
    Où la gloire est indubitable.

Regarde-moy, Seigneur, d'un œil benin est doux,
Et sois, en t'opposant à ton juste courroux,
    Contre toy-mesme ma défense.
Tu vois qu'au repentir dont mon cœur est pressé,
La grandeur de ton nom si souvent offensé
    Fait la grandeur de mon offense.

Le prince qui craint Dieu, Dieu l'assiste toûjours
De solides conseils et de puissans secours,
    Et dans la paix et dans la guerre;
Et par un mesme esprit sa sainte ambition,
Mettant toute la terre en sa possession,
    Le détachera de la terre.

Au prince qui craint Dieu, Dieu découvre à ses yeux
Les registres du sort imprimez dans les cieux,
    Dont l'on n'a que des conjectures;
Il fait qu'il participe à son divin sçavoir,
Lors qu'en sa prescience il luy permet de voir
    Les secrets des choses futures.

## PSEAUME XXIV.

Aussi c'est à luy seul que mes bras sont offerts,
Comme au seul qui pourra me délivrer des fers
    De la chair, du monde et du vice;
Il nous rend à la mort la lumière et la paix,
En des lieux où nostre ame est comblée à jamais
    De sciences et de délices.

Voy d'un œil de pitié la misère où je suis,
Ren le jour de ta grace à la nuit des ennuis
    Où de plus en plus je me plonge;
De tout secours humain mon esprit dénué
A peine fait mouvoir mon corps atenué
    De la tristesse qui le ronge.

Fay moy misericorde, ô Dieu plein de bonté,
Dans l'excés de la rage et de l'iniquité
    Des factions qui se fomentent:
Voy-tu pas l'injustice au throsne s'établir?
Voy-tu pas dans mon camp mes troupes s'affoiblir
    Et mes ennemis qui s'augmentent?

Dissipe des mutins ce funeste attentat,
Oste leur le desir de brouiller mon Estat
    En leur en ostant l'esperance;
Et fay voir, ô grand Dieu, qui seul est mon appuy (1),
Que jamais le malheur ne fait honte à celuy
    Qui met en toy son assurance.

Ceux de qui la prudence est jointe à la vertu,
Te voyant maintenir mon espoir combatu
    De tant de factions diverses,
Chercheront leur asyle en ta protection,
Qui, propice à mes vœux, fera voir dans Sion
    La fin de toutes mes traverses.

---

1. Et fais voir, ô grand Dieu! qui seul *est* mon appui.

Forme vicieuse de langage, qui se reproduit au psaume 27, et que nous caractériserons plus tard.

## LE XXVe PSEAUME.

*Judica me, Domine, etc.*

En ce temps de calamité
Où la nuit de l'impieté
Nous a tes graces éclipsées,
O Dieu ! de qui je tiens la lumiere et la foy,
Tu sais mes actions, tu connois mes pensées,
Je ne veux point avoir d'autre juge que toy.

Sonde mes plus secrets desirs,
Et si mon cœur dans les plaisirs
S'emporte avec trop de licence ;
Quand la contrition l'aura mortifié,
Afin de rétablir sa premiere innocence,
Qu'au feu de ton amour il soit purifié.

Je fuis ces cœurs ambitieux
Qui dans leurs complots factieux
Partagent entre eux leur patrie,
Et qui, tombant de l'une à l'autre extremité,
N'ont jamais sans mépris ou sans idolatrie
Rendu ce qu'ils devoient à la Divinité.

Pour moy, qui me lave les mains
De ces pernicieux desseins
Où la vanité les convie,
Mon soin est d'admirer tes honneurs immortels,
T'aimer et te servir le reste de ma vie,
Et chanter ta loüange au pied de tes autels.

J'admire dans mon oraison
Les merveilles qu'en ta maison
Tu fais éclater d'heure en heure

Et, ravi des attraits qu'on gouste en ce sejour,
Dans ce seul et saint lieu j'ay choisi ma demeure,
Comme toy pour le seul objet de mon amour.

 Fay que par tes soins éternels
 Des crimes et des criminels
 A jamais je me garantisse,
Et de ceux dont le cœur trop lasche et trop puissant
Fait qu'en eux la vengeance égale l'avarice
Quand ils mettent à prix la mort de l'innocent.

 Seigneur, je ne regrette pas
 De voir courir vers le trépas
 Mon plus bel âge qui se passe,
Pourveu que mon esprit, comme au siecle passé,
Puisse jusqu'à la fin, éclairé de ta grace,
Cheminer dans la voye où tu l'as redressé.

---

## LE XXVIe PSEAUME.

#### Dominus illuminatio mea, etc.

Je verray sans regret l'astre de qui le tour
  Borne l'an et le jour
Arriver au couchant de sa derniere course,
Sachant que le Seigneur n'a pas moins de pouvoir
  Que lors qu'il a fait voir
Dans la nuit du cahos la lumiere en sa source.

J'entendray sans frayeur les injustes projets
  Que feront mes sujets
Pour secoüer le joug de ma juste puissance;
Sachant que le Seigneur, par qui j'ay tant de fois
  Vaincu les plus grands rois,
Saura bien les ranger à mon obeïssance.

S'il faut qu'un seul combat vuide nos differens,
      Déja parmi les rangs
Ses anges sont armez qui m'offrent leur service ;
Et sur mes pavillons je voy déja dans l'air
      La Victoire voler,
Qui ramène du ciel la Paix et la Justice.

Que pendant ces discords j'ay de fois desiré
      Ce repos retiré,
De qui tant de grands saints nous ont monstré l'exem-[ple,
Afin de mettre aux pieds du Seigneur des seigneurs
      Mon sceptre et mes honneurs,
Pour achever ma vie à servir en son temple.

C'est-là qu'en sacrifice on offre à ses autels
      Tout ce que les mortels
Reçoivent icy-bas de la terre et de l'onde;
Et dans un plus parfait qui brusle nuit et jour
      Le feu de son amour
Y purge nos esprits des vanitez du monde.

C'est en ce seul asyle où gist nostre bonheur,
      C'est-là que le Seigneur
Est le plus attentif à nos justes requestes ;
C'est un roc immobile à la rage des flots,
      D'où l'on voit en repos
Les vents de la Fortune exciter nos tempestes.

C'est-là que j'offrirai les biens les plus exquis
      Aux batailles conquis,
Afin d'en conserver plus long-temps la memoire ;
Mais ce dernier combat où j'aurai surmonté
      Ma propre volonté
Est le seul dont j'espere une éternelle gloire.

Seigneur, si tout sanglant au fort de ma fureur
      Tu n'as point en horreur
Les hymnes dont mon luth celebre tes loüanges,
Dois-je pas m'assurer qu'ils seront mieux ouïs

## PSEAUME XXVI.

      De ces lieux où je puis
Joindre à la douce voix la pureté des Anges ?

Mais où tendent ces vœux en l'âge où je me voy ?
      Ils mourront avec moy,
Si ta grace éclipsée est long-temps sans me luire ;
Semblables à ces fleurs que l'on ne peut sauver
      Des rigueurs de l'hyver,
Et qui sans le soleil ne peuvent rien produire.

Ne me cache donc plus ta divine splendeur,
      Et croy que ta grandeur
Se fait plus admirer lors qu'elle me l'accorde :
Ta seule autorité peut bien me condamner ;
      Mais pour me pardonner
Il faut qu'elle soit jointe à ta misericorde.

Quand mon pere et ma mere au besoin m'ont quité,
      En cette extremité
Tu m'as servi des deux avec plus de tendresse ;
En rendant à la fois tous mes desirs contens,
      Tu fis en mesme tems
Paroistre aux yeux de tous ta force et leur foiblesse.

Quand des langues d'aspic vomissant leur poison
      M'imputoient sans raison
Un crime dont ma foy ne fut jamais capable,
Ils en eurent la honte, et je fus glorieux,
      Lors que ces envieux
Se rendoient imposteurs sans me rendre coupable.

Leur fraude ne t'a pû cacher la verité ;
      Ta divine clarté
Découvre et voit toûjours nostre ame toute entiere ;
Et je suis assuré que la nuit du trépas
      Ne m'empeschera pas
D'estre encor éclairé de la mesme lumiere.

O toy de qui le cœur bruslant de son amour,

T'occupes nuit et jour
A servir ses autels d'effet et de pensée,
N'espere qu'en luy seul ; croy que son équité
S'égale à sa bonté,
Et qu'enfin ta vertu sera recompensée.

---

## LE XXVIIe PSEAUME.

*Ad te, Domine, clamabo, etc.*

Seigneur, quand l'ennemy m'oppresse,
A toy seul je leve sans cesse
   Mon ardente oraison :
Témoigne que du ciel ton oreille attentive
  De ma voix dolente et craintive
  Entend les cris dans ta maison.

  Sauve mon honneur et ma vie
  Des traits qu'ont ces monstres d'envie
    Contre moy décochez ;
Ne permets que ma mort, que leur haine conspire
  Avec le malheur de l'empire,
  Croisse l'horreur de leurs pechez.

  Leur ame, pleine d'artifice,
  De la paix et de la justice
    S'entretient tous les jours ;
Tandis que de leur haine ils éclatent des crimes
  Contre les pouvoirs legitimes
  Biens differens de leurs discours.

  Mais toy dont la toute-puissance
  Voit dans les cœurs dés leur naissance
    Le vice et la vertu,
Dois faire sur tous deux ta justice paroistre ;

## PSEAUME XXVII.

Et l'un et l'autre reconnoistre
De quelque habit qu'il soit vestu.

Ces cœurs enflez de vaine gloire
S'efforcent de ne te pas croire
 Auteur de ce grand tout ;
Mais leur presomption en blasphémes feconde
 Dessous le tonnerre qui gronde
 Ne sauroit demeurer debout.

Je te benis, je te revere,
Toy seul est le maistre et le pere (¹)
 Des petits et des grands :
De ce monde, Seigneur, ta bonté tutelaire
 Accorde à mes vœux le salaire
 Des services que je te rends.

De toy je tiens en mon vieux âge
Cet embonpoinct que mon visage
 Ne peut desavouër.
Ta main qui sur ma teste affermit ma couronne
 Avecque la force me donne
 La volonté de te louër.

Qu'avec un peuple plus sincere
Le terme de nostre misère
 Puisse estre limité,
Et que nous puissions tous habiter la province
 Qui n'a que toy seul pour son prince,
 Ni pour temps que l'eternité !

1. Voir la note du psaume 24.

# LE XXVIIIe PSEAUME.

### Afferte Domino, etc.

Vous à qui la naissance a donné les clartez
      Des saintes veritez
Qu'on ne tient icy-bas que du Sauveur du monde,
Pour le remercier de ses dons immortels,
De vostre bergerie offrez à ses autels
Les aigneaux dont ses soins la rendent si feconde.

Aux deserts du Jourdain j'entens déja la voix,
      Déja du Roy des rois
Le digne précurseur annonce la venuë,
Et déja dans les flots ce prophete futur
De nos premiers parens lave le sang impur,
Dont la corruption jusqu'à nous continuë.

Mais aprés tant de soins et de marques d'amour,
      Sa justice à son tour
Abattra sous ses pieds l'audace de la terre;
Ses forces paroistront à courber l'univers,
Ses yeux ne nous verront qu'à travers les éclairs,
Et pour voix son courroux n'aura que le tonnerre.

Le Liban effrayé verra tomber à bas,
      Sous l'effort de son bras,
Les cedres orgueilleux qui bravoient les orages;
Ils seront égalez aux moindres arbrisseaux,
Et sous eux les rochers sauteront comme aigneaux
Quand la gresle et le vent battent leurs pasturages.

Israël n'aura point de sujet de terreur
      De sa juste fureur,
Dont alors son amour sera la seule borne;

# Pseaume XXIX.

Ce Dieu qui dans les monts éleve ses autels
En chasse par la foy les erreurs des mortels,
Comme fait les venins le faon de la licorne.

Sa voix fait dans Cadés les montagnes mouvoir
    Quand son divin pouvoir
Témoigne à ses enfans sa bonté tutelaire;
Il separe pour eux ses beaux feux toûjours clairs
De ces feux sans lumiere horribles aux enfers,
Les feux de son amour des feux de sa colere.

En d'agreables champs fertiles en moissons
    Il change les buissons
Où le jour de midi n'entroit qu'avecque peine;
Et la bische et le faon, qui loin de la clarté
Pensoient sous leurs rameaux dormir en seureté,
S'éveillent en sursaut au milieu de la plaine.

Quelle incredulité ne rentre en son devoir
    Lors qu'on le voit asseoir
Sur un throsne de flots produits par le deluge?
Quelle pasle terreur ne s'assure en celuy
Qui nous donne la force, et nous offre aujourd'huy
La verité pour guide et le ciel pour refuge?

---

## LE XXIXe PSEAUME.

### Exaltabo te, Domine, etc.

J'exalterai partout la gloire du Seigneur,
 Qui sauve mon Estat, ma vie et mon honneur,
Et qui dans son asyle assure ma retraite;
Ce Dieu ne permet pas que le victorieux
Triomphe insolemment, et raille ma deffaite
    D'un ris injurieux.

## PSEAUME XXIX.

Ta clémence, ô grand Dieu, reçoit mon oraison ;
Ta clemence, ô grand Dieu ! me rend la guérison,
Et purge mon Estat d'infamie et de blâme ;
L'enfer, qui contre moy fit ses derniers efforts,
Ne se vantera pas de posseder mon ame,
  Ni la terre mon corps.

Celebrez la grandeur de son nom glorieux,
Vous qui devez jouïr dans la gloire des cieux
Des honneurs preparez par ses bontez propices ;
Mesme dans la rigueur de son juste courroux
Ne témoigne-t-il pas, en corrigeant nos vices,
  Le soin qu'il a de nous ?

Tant de frequens effets de son affection
Assurent nostre vie en sa protection,
Et nous donnent la paix au milieu des alarmes ;
Nos ennuis, dont elle est le remede et la fin,
Font à peine durer le sujet de nos larmes
  Du soir jusqu'au matin.

L'avenir, où mes ans s'avancent pas à pas,
Promet à mes desirs tous les biens qu'ici bas
L'homme peut esperer de sa bonté profonde ;
Et l'honneur que là haut mon Dieu m'a preparé
Ne sera point semblable aux fortunes du monde,
  Qui n'ont rien d'assuré.

Et toutefois, Seigneur, quand tu m'as delaissé,
L'éclat de mon bonheur s'est si-tost éclipsé,
Que la crainte en mon cœur en chasse l'assurance ;
Alors ta seule grace est ma felicité,
Je te fais ma priere, et mets mon esperance
  En ta seule bonté.

Tandis que nous vivons nous devons te prier,
Celebrer les grandeurs de l'œuvre et de l'ouvrier,
Et faire de ton nom le sujet de nos veilles ;
Car nostre ame et nos yeux dans la nuit de l'oubli
Sont à jamais privez d'admirer les merveilles
  Dont le monde est rempli.

Ah ! ton juste courroux n'est plus si vehement,
Je veux changer ma plainte en un remerciment,
Et ne me plus couvrir d'un sac de penitence ;
Ta clemence a pour moy moderé ta rigueur,
Le torrent de mes pleurs, en lavant mon offense,
    Met la joye en mon cœur.

Ainsi purgé d'ennuy, de crainte et de peché,
Mon esprit, tout-à-fait du monde détaché,
Ne se veut employer qu'au recit de ta gloire :
C'est l'assidu travail à quoy je me soûmets,
Et ce digne sujet, si doux à ma memoire,
    Ne m'ennuira jamais.

---

## LE XXXe PSEAUME.

### In te, Domine, speravi, etc.

Au fort de l'ennuy qui me presse
  C'est à toy seul que je m'adresse,
    Source éternelle de tous biens !
O seul Dieu, seul appuy de la foible innocence,
L'équité de ton regne autant que ta clémence
T'oblige-t-elle pas à proteger les tiens
Quand ils sont opprimez d'une injuste puissance ?

  Permets que mon ame éplorée
  Soit dans ta maison assurée
    De sa légitime terreur,
Et que de ces méchans l'insatiable envie
De honte et de malheur soit à jamais suivie ;
Confon leur imposture, arreste leur fureur,
Et défen à la fois mon honneur et ma vie.

  Pren soin de ta vivante image,

Quand elle entre dans le passage
Du trépas à l'éternité;
Eclaire-la, Seigneur, d'une grace immortelle;
Et, bien qu'à son époux elle ait esté rebelle,
N'a-t-elle pas repris cette mesme beauté
Qu'elle avoit quand ton fils mourut d'amour pour elle?

Je confesse qu'avec justice
Tu haïs ceux dont l'artifice
S'adresse à tout autre qu'à toy.
Moy qui say que ta voix est la verité mesme,
Qu'en douter seulement est commettre un blasphéme,
Je veux sur l'équité, compagne de la foy,
Poser les fondemens de mon pouvoir supréme.

Durant mes malheurs incurables
Tes yeux benins et favorables
Regardoient mon humilité.
Des armes des vainqueurs ta bonté me retire,
Et dans un air plus doux qu'à présent je respire,
Non content de m'avoir rendu la liberté,
Tu veux sur leurs Estats élargir mon empire.

Jette les yeux sur ma misere,
Voy que la fortune prospere
Veut déja me tourner le dos :
Un malheur imprévû fait de mon cœur sa proye,
Et dans les plus beaux jours que le ciel nous octroye
L'envie et le mépris, jaloux de mon repos,
Meslent d'ombre et d'ennui ma lumiere et ma joye.

Tu vois que mon mal continuë,
Et que ma force diminuë
Comme s'augmente ma douleur;
Et mon affliction, qui se rend si commune,
Me touche beaucoup moins et m'est moins importune
Voyant mes ennemis rire de mon malheur,
Qu'en voyant mes amis pleurer mon infortune.

## PSEAUME XXX.

Comme un corps sans cœur et sans ame
Le monde me traite d'infame
Et me montre avecque mépris;
Et tel qu'est un vaisseau qui par un souffle agile
Est formé d'un cristal transparent et fragile,
Plus il est precieux, plus son riche débris
Rend à le réunir nostre peine inutile.

Telle est cette illustre province
Où chacun pour se faire prince
Se cantonne dans son quartier :
La grandeur de son tout perd sa force et sa grace,
Et l'espoir assuré parmy la populace
Que l'on ne la sçauroit remettre en son entier
Augmente aux factieux l'insolence et l'audace.

Mais quand leur injuste courage
Complote en l'excés de leur rage
Ma prison, ma perte ou ma mort,
C'est, ô Dieu tout-puissant, en toy seul que j'espere;
Par ton esprit de paix leur haine se tempere,
Tu viens à mon secours, tu rens vain leur effort,
Et me sers à la fois de sauveur et de pere.

Confon leurs nouvelles maximes,
Soy l'appuy des rois legitimes
Et des illustres malheureux ;
Commets en bonne main les sceptres que tu donnes,
Assure les Estats sur de fermes colomnes,
Et fay voir que ton bras, qui travaille pour eux,
Sait l'art de rassembler le débris des couronnes.

Couvre de honte ces infames
Qui reprochent aux bonnes ames
Qu'on te prie inutilement;
Fay qu'à ces vains moqueurs le remors qui les ronge
Leur face, en tous endroits où leur erreur les plonge,
Endurer à jamais le mesme chastiment
Qu'on prepare aux enfers à l'esprit de mensonge.

Impose un éternel silence
A ces méchans dont l'insolence
Taxe nos plus justes desirs ;
Fay que, jaloux de ceux qui dessous tes auspices
Ont pû se garentir de l'amorce des vices,
Ils connoissent combien nos solides plaisirs
Sont bien plus permanens que leurs moles delices.

 Fis-tu pas voir à tous les hommes,
 Comme à ceux du siecle où nous sommes,
 Et par ta vie et par ta mort,
Qu'ils peuvent s'assurer que leur nef vagabonde
Au-dessus de la nuë où le tonnerre gronde,
Si ta grace éternelle est son pole et son nort,
Sortira sans peril des tempestes du monde ?

 Alors la plus noire malice
 Manquera d'ombre et d'artifice
 Pour ternir ma fidelité.
Seigneur, ta providence à mes vœux favorable
M'offre pour mon asyle un sejour agreable,
Que la force des murs jointe à la pieté
Ont rendu pour jamais aux méchans imprenable.

 Que de foiblesse avoit ma crainte !
 Que d'injustice avoit ma plainte
 Quand je murmurois contre toy !
Aprés tant de tristesse, aprés tant de souffrance,
Ta grace, qui se rend à ma perseverance,
Fait voir que dans les cœurs la veritable foy
Peut jusques au tombeau nourrir son esperance.

 Vous qui, francs d'espoir et d'envie,
 Joüissez, aprés cette vie,
 Du plus parfait de tous les biens,
Qui de ces veritez reverez l'excellence,
Admirez les effets de la foudre qu'il lance,
Comme il sait relever l'humilité des siens,
Et de ses ennemis confondre l'insolence.

Et vous qui nous servez d'exemples,
Beaux esprits dont il fait ses temples,
Dignes images du Seigneur,
Quand le monde et la chair vous tendent leurs amorces,
Faites avec vos corps de genereux divorces,
Et lorsque ces mutins troublent vostre bonheur,
Dans l'ardeur du combat renouvellez vos forces.

### LE XXXIe PSEAUME (1).

Beati quorum, etc.

Heureuse est l'ame penitente,
Quand, aprés une longue attente,
Dieu veut sa priere exaucer,
Et qu'au lieu de punir son vice,
Sa bonté semble s'efforcer
De le cacher à sa justice.

Bienheureuse est encore l'ame
A qui Dieu n'impute le blâme
Des crimes qui luy sont remis,
Et qui jamais ne se propose
De celer ceux qu'elle a commis
A celuy qui sait toute chose.

Quand je luy cachois mon offense,
Le remors de ma conscience
Rendoit mon esprit si changé,
Que sans sa bonté favorable
Ce mal trop long-temps negligé
Alloit devenir incurable.

---

1. Deuxième psaume de la Pénitence. Voir la note du psaume 6.

## PSEAUME XXXI.

Ha ! Seigneur, que mon artifice
Te fit bien-tost voir la malice
De mes desseins pernicieux !
Le monde en étoit incapable ;
Mais plus j'estois juste à ses yeux,
Et plus aux tiens j'estois coupable.

Durant le temps que ta colere
M'a fait recevoir le salaire
Qu'avoit merité mon peché,
Quelque rigueur qu'eust ta justice,
Mon esprit estoit plus touché
De la honte que du supplice.

Enfin, l'ame toute confuse,
Devant toy-mesme je m'accuse
De t'avoir deux fois offensé ;
Mais, ô bonté qui tout surpasse !
A peine je l'ay confessé,
Que je sens l'effet de ta grace.

Cette clemence incomparable
Du pecheur le plus miserable
Doit toutes les craintes bannir ;
Qui saura ce qu'elle m'accorde
Ne pourra plus à l'avenir
Douter de ta misericorde.

Qu'un second deluge s'appreste,
Qu'on n'entende sur nostre teste
Que des tonnerres éclater,
Dessous leurs rages forcenées
Celuy n'a rien à redouter
Dont les fautes sont pardonnées.

Bien que je te craigne pour juge,
Ta clemence m'est un refuge
Qui m'est en tout lieu présenté ;
Et puis dire, quoique tu faces,

# PSEAUME XXXI.

Que ta puissance et ta bonté
A l'envi me comblent de graces.

La raison que tu m'as donnée,
Dont mon ame est illuminée
Comme mon corps l'est de mes yeux,
Cette clarté vraiment divine
Ne tend qu'à me conduire aux cieux
Dans le lieu de son origine.

Depuis le temps qu'elle m'éclaire
Je reconnois que te déplaire
Est le plus grand de tous les maux,
Qu'il te faut suivre sans contrainte,
Non comme les lourds animaux
Qui ne font rien que pour la crainte.

Rien ne dompte leur cœur farouche
Que le fer qu'ils ont dans la bouche
Et le nombre des châtimens;
Mais cette raison qui nous guide
A faire tes commandemens
Nous sert d'éperons et de bride.

Les méchans sont aussi sauvages;
Si quelquefois dans leurs courages
Ils ont quelque remors secret,
Ta grace mesme les effroye,
Et ne font qu'avecque regret
Ce qu'on doit faire avecque joye.

Ta justice, qu'ils apprehendent,
Est d'où les fidelles attendent
Le loyer qu'ils ont merité,
Sachant que tes loix souveraines
Donnent avec mesme équité
Les recompenses et les peines.

Dignes enfans d'un si bon pere,

Vous dont la foy, que rien n'altere,
Est l'espoir, la joye et l'appuy,
Gardez-en toûjours la memoire,
Et ne cherchez jamais qu'en luy
Vostre repos et vostre gloire.

---

## LE XXXIIe PSEAUME.

*Exultate, justi, in Domino, etc.*

Beaux esprits decorez de dons si precieux,
Qui devez remplir dans les cieux
Les trosnes les plus magnifiques,
Comme avecque plaisir vous loüez le Seigneur,
C'est avecque plaisir qu'il entend les cantiques
Que vous chantez en son honneur.

Celebrez sa grandeur sur les tons differens
Des douces lyres à dix rangs
Et des languissantes violes,
Et, pour mieux honorer le nom du Roy des rois,
Accordez dans vos chants vos cœurs à vos paroles,
Ainsi que vos luths à vos voix.

La tendresse d'amour qu'il a pour les humains
Fait à ses équitables mains
Perdre l'usage du tonnerre,
Et sa voix, qui par tout épand ses veritez,
Que fait-elle éclater aux deux bouts de la terre
Que des marques de ses bontez?

Tout est creé par elle, et les ordres divers
Qu'elle porte dans l'univers
L'ornent de diverses merveilles,
Et ces yeux dont le ciel nous voit de tous costez

## PSEAUME XXXII.

Semblent estre pour luy convertis en oreilles
    Pour entendre ses volontez.

Bien qu'il regle des eaux le flux et le reflux,
    Leurs flots ne respectent non plus
    Les siens que les peuples barbares :
Leurs fertiles sablons produisent sans travail,
Et cachent par son ordre en leurs gouffres avares
    Les perles, l'ambre et le corail.

Les effets merveilleux de son divin pouvoir
    A toute la terre font voir
    Que de tout par tout il dispose,
Et feront reconnoistre au peuple mécreant
Que, comme du neant il crea toute chose,
    Il peut tout reduire au neant.

Il confond des méchans les secrets attentats,
    Qui sur le débris des Estats
    Fondent leur injuste puissance,
Et de ce qu'il conçoit en son entendement
Nous en avons l'effet avant la connoissance,
    Sans trouble et sans retardement.

Les peuples sont heureux que ce Dieu tout-puissant
    Illumine dés en naissant
    De sa lumiere interieure;
Ils seront par sa gloire à jamais triomphans :
Ce monarque chez eux a choisi sa demeure,
    Et leurs enfans pour ses enfans.

De son throsne élevé sur le plus haut des cieux
    Il jette sans cesse les yeux
    Sur tout ce qui vit en ce monde.
Nostre ame, dont il tient la conduite en ses mains,
Ne luy peut rien cacher : son esprit est la sonde
    De tous les secrets des humains.

Les rois comtent en vain leurs nombreux combattans

Parmi les campagnes flottans
Comme les vagues d'un orage,
Et l'orgueilleux geant en vain dans les combats
Se pense prévaloir et tirer avantage
De la pesanteur de son bras.

Ces barbes, ces coursiers qui volent les sillons,
Ces dignes fils des Aquilons,
N'assurent point nostre retraite :
Du seul maistre de tout les decrets absolus
Au camp des ennemis porteront la défaite,
Et la victoire à ses éleus.

Nous voyons quelquefois son indignation
Affliger sa chere Sion
D'une pasle et maigre famine ;
Mais on voit aussi-tost revenir à leur tour
L'abondance et la joye, et sa bonté divine
Changer sa colere en amour.

Seigneur, à pleines mains tes liberalitez
Font voir alors en nos citez
Tes soins et tes magnificences,
Et font connoistre aux tiens comme ton amitié,
Dans la contrition qu'ils ont de leurs offenses,
Se rend sensible à la pitié.

---

## LE XXXIIIe PSEAUME.

*Benedicam Dominum in omni tempore, etc.*

Quelque sujet de tristesse ou de joye
Qui m'arrive journellement,
En tout temps, en tout lieu, je veux également
Remercier celuy qui me l'envoye.

# PSEAUME XXXIII.

Je n'auray point de passion plus forte
   Que de faire connoistre à tous
Qu'il n'est rien de plus grand, qu'il n'est rien de plus
   Que l'amitié que le Seigneur nous porte.   [doux,

Donc aux autels nos voix et nos pensées,
   S'élevant avecque nos feux,
Rendent grace au pouvoir qui, propice à nos vœux,
   A soulagé nos miseres passées.

Son seul objet rend nostre ame pourveuē
   De paix, de graces et d'appas;
Sa divine splendeur nous éclaire icy bas,
   Et n'a jamais éblouy nostre veuē.

Le malheureux que les destins contraires
   Accompagnoient dés en naissant,
Si-tost qu'il eut recours au Seigneur tout-puissant,
   Seicha ses pleurs et finit ses miseres.

Quand nous mettons en Dieu nostre esperance,
   L'ange qui nous suit pas à pas,
En éloignant de nous le trouble des combats,
   Nous rend par tout la joye et l'assurance.

Si vous doutez, ames foibles et basses,
   Des merveilles de son pouvoir,
L'histoire de mes jours vous fait-elle pas voir
   Son équité, sa grandeur et ses graces?

Des plus prudens l'ame juste et parfaite
   Doit craindre ses bras tout-puissans :
Par eux les plus grands rois et les plus florissans
   Peuvent tomber en extréme disette.

Ces insolens, ces riches, dont l'audace,
   Comme des lions devorans,
Opprimoit dans Sion les petits et les grands,
   Sont effroyez à sa seule menace.

## PSEAUME XXXIII.

Mes chers enfans, que l'amour et la crainte
   Donnent vos cœurs au Roy des rois;
Nous pouvons sur la terre, en observant ses loix,
   Faire une vie aussi douce que sainte.

Ne vomissons aucune calomnie
   Contre la juste autorité;
Haïssons le mensonge, aimons la verité,
   Et maintenons la paix sans tyrannie.

D'un œil benin sa clémence regarde
   L'homme à ses loix obéissant;
Son oreille attentive au cry de l'innocent
   Oit ses soupirs et le prend en sa garde.

Mais quand du ciel sa justice profonde
   Sur les méchans jette les yeux,
Elle veut que leur nom à jamais odieux
   Soit effacé du souvenir du monde

Des gens de bien il reçoit les victimes,
   Il les secoure en leur besoin;
Et des plus grands pecheurs sa bonté prend le soin
   Lorsque leur cœur est contrit de leurs crimes.

Si les eleus vivent dans la souffrance,
   Ce n'est que pour faire admirer
Celuy dont la bonté les en peut retirer
   Quand ils auront exercé leur constance.

De ces martyrs qui nous servent d'exemples
   Les os dans les gesnes brisez,
Sous les perles et l'or en triomphe exposez,
   Seront un jour l'ornement de nos temples.

Mais les mechans dans la flame eternelle,
   Où rien ne les peut secourir,
Brulent sans consumer, et sans pouvoir mourir
   Mourra sans fin leur ame criminelle.

Ceux dont ils font le but de leur envie,
Ces dignes enfans du Seigneur,
Verront à leur merite egaler leur bonheur,
Et dans la mort retrouveront la vie.

## LE XXXIVe PSEAUME.

*Judica me, Domine, etc.*

Puissant Dieu des combats, arbitre d'équité,
Qui de mes ennemis vois l'infidelité,
Sois à mes vœux propice,
Leur fer victorieux brille de nos costez ;
Contre ces grands guerriers, contre ces revoltez,
Je reclame à la fois ta force et ta justice.

Pren les armes en main qui du plus haut des airs
D'une egale terreur font trembler les enfers,
Le ciel, l'onde et la terre,
Et, rassurant les tiens de ta protection,
Et blamant les auteurs de la sedition,
Parle à tous les mortels par la voix du tonnerre.

Tous ceux qui de ma honte élevent leur orgueil,
Qui de mes ans comptez veulent dans le cercueil
Avancer la carriere,
Que l'ange qui confond le complot des mechans
Les puisse par le glaive ecarter dans les champs,
Comme les tourbillons ecartent la poussiere.

Qu'égarez dans les bois et dans l'obscurité,
Tous les flambeaux des cieux refusent leur clarté
A leur honteuse fuite ;
Que la confusion aveugle leurs esprits,
Que dans leur propre embûche ils se trouvent surpris,
Et par un mesme effet leur puissance détruite.

Tandis que ces maudits, dans les vices perdus,
Verront dans les filets par eux-mesmes tendus
   Leur liberté ravie,
Egalement comblé de joye et de bon-heur,
Mon cœur exaltera le pouvoir du Seigneur,
Qui sauve mon Estat, mon honneur et ma vie.

Mes os, que je sentois transis d'etonnement,
Tascheront de montrer le secret sentiment
   De leur réjoüissance.
Est-il rien, ô grand Dieu! qui soit pareil à toy?
Des justes malheureux tu rassures l'effroy,
Quand ils sont opprimez d'une imjuste puissance.

Contre des veritez que l'on ne peut nier
L'esprit des médisans à me calomnier
   Met toute son estude.
Ils tiennent tout de moy, c'est moy qui les maintiens;
Mais tant plus je m'efforce à les combler de biens,
Plus s'augmentent leur haine et leur ingratitude.

Quand de leur tyrannie ils vouloient m'accuser,
Par mes pleurs, par mes cris, je taschois d'appaiser
   Ta divine justice;
Je jeûnois, je veillois, et, d'un cœur genereux,
A ces austeritez que je faisois pour eux
J'ay souvent ajouté la haire et le cilice.

J'estois de leur douleur transporté de pitié,
Je leur rendois par tout des marques d'amitié,
   Comme leur propre frere;
Et lorsque les malheurs m'accablerent d'ennuis,
Passoient-ils pas les jours, passoient-ils pas les nuits,
Dans le jeu, dans la danse, et dans la bonne chere?

Il naist de leurs complots nostre division,
Dont les motifs entre-eux sont par derision
   Tournez en raillerie;
Mais si-tost qu'ils ont vû que tu n'as pas permis

## PSEAUME XXXIV.

Tant de maux dans l'Estat comme ils s'estoient promis,
Leur grincement de dents temoigna leur furie.

Ne m'abandonne point à ces fiers conquerans,
A ton oint plus cruels que lions devorans
   Qui dechirent leur proye;
Délivre-moy des maux dont ils sont les auteurs,
Afin que je raconte à tes bons serviteurs
Le secours qu'au besoin ta clemence m'octroye.

Ne permets, ô grand Dieu! que ces méchans esprits,
D'un discours insolent ou d'un œil de mépris,
   Bravent mon infortune;
Ils fomentent la guerre et demandent la paix,
Et par cet artifice ils font voir les effets
De la deloyauté qui leur est si commune.

Aussi-tost qu'on me croit dénué de pouvoir,
Le peuple en me montrant fait-il pas assez voir
   La haine qu'il me porte?
O Dieu qui prend en main la défense des rois
Fay voir aux contemteurs des legitimes lois
Que la juste puissance est toujours la plus forte.

Leve-toy donc, Seigneur, et, de ces mesmes mains
Dont tu donnes la vie et la mort aux humains,
   Prepare leur supplice;
Puny ces factieux comme ils ont merité.
J'ay par tout eu recours à ta seule bonté,
Mais contre eux j'ay recours à ta seule justice.

A ceux qui de mes maux font leur contentement,
Ren, avec leurs desirs, leur haine et mon tourment,
   Leurs fureurs etouffées,
Et que ces insolens, joyeux de mon malheur,
Ne se puissent vanter, en vantant leur valeur,
D'avoir de ma defaite elevé des trophées.

Que, honteux de leur crime et de leur lacheté,

Ils ne puissent tirer de mon adversité
  Leur gloire ni leur joye;
Et retournant contre eux leurs discours médisans,
Ils soient au lieu de moy, le reste de leurs ans,
La bute du mépris dont ils m'ont fait la proye.

Lors, comblez de richesse et de prosperité,
Ces esprits genereux de qui la charité
  Prenoit part à ma peine,
Et qui blamoient l'horreur d'un si noir attentat,
Du calme general que tu rends à l'Estat
Beniront à jamais ta bonté souveraine.

Pour moy, que ta largesse a comblé de bienfaits,
Et que ton équité conseille dans la paix,
  Protege dans la guerre,
Je veux, d'un cœur épris et d'amour et de foy,
Employer le repos que je tiendray de toy
A publier ton nom aux deux bouts de la terre.

---

## LE XXXVe PSEAUME.

*Dixit injustus, etc.*

Ces esprits forts qui font impunément,
 Dans le torrent de leur débordement,
De leur peché leur bonheur et leur gloire,
Et, méprisant le celeste courroux,
Vont publiant et s'efforcent de croire
Que le Seigneur n'a point de soin de nous;

 Leur jugement, pour s'estre trop flaté,
S'est endurci dans l'incredulité:
L'enfer pour eux est sans peine et sans flame;
Tous ces tourmens ne leur font point d'horreur,

## PSEAUME XXXV.

Et craindroient moins la perte de leur ame
Qu'ils ne feroient celle de leur erreur.

Lorsque la nuit a nos soins relaschez,
Leurs cœurs ne sont remplis que de pechez,
Dont la noirceur tache leur conscience;
Et le desir de les produire au jour
Fait qu'en leur lit avec impatience
Leur ame impie en attend le retour.

Tu nous fais voir comme de ta bonté
Le firmament borne l'immensité;
Là tes grandeurs sont par tout estalées,
Et tes arrests de nos plus hauts sommets
Se font entendre aux plus basses valées
Que le soleil ne visite jamais.

Le mesme soin que tu prens des humains,
Le prens-tu pas des œuvres de tes mains,
Que tu nourris dans l'air, la terre et l'onde?
Mais ceux qui sont tes enfans par la foy,
Lorsque la mort les bannira du monde,
Iront au ciel revivre avecque toy.

Là les plaisirs combleront leurs souhaits,
De ta promesse ils verront les effets;
Jamais les ans ne finiront leurs courses,
Et des rayons de ta divinité
Leur couleront d'inépuisables sources
D'amour, de biens, de vie, et de clarté.

Que ceux qui sont soumis à ton pouvoir
Soient affermis aux loix de leur devoir
Par les douceurs de ta misericorde;
Et pren les tiens en ta protection,
Lorsque contre eux la licence déborde
De l'injustice et de l'ambition.

Mais je connois que nos vœux sont oüis,

Ces insolens se sont evanoüis,
Ou sont restez estendus sur les herbes ;
L'étonnement en dissipe le bruit,
Et dans leur camp leurs menaces superbes
Ne troublent plus le calme de la nuit.

---

## LE XXXVIe PSEAUME.

#### Noli æmulari, etc.

Vous à qui Dieu promet dans son éternité
  Une seconde vie en merveilles feconde,
Ne portez point d'envie à la prosperité
Qui plonge les méchans dans les plaisirs du monde.
La gloire des mortels n'a rien de permanent ;
Leurs grandeurs, leurs honneurs, passent incontinent,
Et sont comme les fleurs que la bize resserre :
Le mesme jour qui voit leur bouton demi clos
Le voit s'épanoüir, fanir, tomber à terre,
Devant que sa clarté retombe dans les flots.

  Mettez vostre esperance aux bontez du Seigneur,
Et sachez qu'en vos champs ces fecondes richesses
Qui comblent vos maisons et vos jours de bonheur
Sont les fruits de vos vœux et ceux de ses largesses.
Que vostre seul plaisir en tout temps, en tout lieu,
Soit d'admirer la gloire et les œuvres de Dieu ;
Consacrez-luy vos cœurs avecque vos offrandes :
Il déploira pour vous ses graces et ses soins ;
Sa liberalité préviendra vos demandes,
Comme sa providence a prévû vos beoins.

  Tel que l'astre du jour dans le milieu des cieux
Divise également sa flame et sa carriere,
Quand ses rayons à plomb penetrant en tous lieux

## PSEAUME XXXVI.

Font que tout l'horizon est vû de sa lumiere :
Telle son équité, du haut du firmament,
Distribuant aux siens sa grace également,
Fait que leur esperance est égale à leur crainte ;
Il reconnoist de là l'impie et l'innocent,
Et leur devotion, ou veritable ou feinte,
Sera par tout en veuë à ce Dieu tout-puissant.

Que dans ses volontez se bornent vos desirs,
Et que vos cœurs soumis contemplent sans envie
Les méchans obstinez passer dans les plaisirs
Leur trop abominable et trop heureuse vie.
Cette vaine splendeur qui les suit icy bas
S'éclipse pour jamais dans la nuit du trépas ;
Il n'est rien de durable au-dessous de la lune.
Ne murmurez donc plus de leur felicité,
Et, pour les imiter en leur bonne fortune,
Ne les imitez point en leur impieté.

L'effort de peu de jours mettra dans le cercueil
Ces contempteurs du Ciel, ces tirans de la terre ;
Le courroux du Seigneur, touché de leur orgueil,
A déja sur leur teste appresté son tonnerre ;
Leurs vains titres d'honneur seront aneantis,
Leurs palais, leurs chasteaux, si richement bastis,
A peine laisseront leurs traces dans les herbes,
Tandis que vous verrez couvrir en la saison
Vos costaux de raisins, vos campagnes de gerbes,
Et la paix en tout temps benir vostre maison.

Le méchant aura beau témoigner sa fureur
En recourbant son arc, en tirant son épée,
Cela ne vous doit point apporter de terreur :
Sa rage sans effet se verra dissipée.
Le Createur de tout, qui tient tout en ses mains,
Qui fait l'évenement du conseil des humains,
Sait punir comme il doit leur injuste licence ;
Et ceux qui contre nous font les peuples armer

Se verront opprimez par la mesme puissance
Dont leur rebellion nous vouloit opprimer.

 Le juste est plus heureux avecque peu de biens
Que ne sont les pecheurs nageant dans l'abondance.
Le Seigneur, qui par tout est l'asyle des siens,
Oste à ses ennemis la force et la prudence ;
Il peut combler d'ennuis l'esprit le plus content ;
Sa seule volonté détruit en un instant
L'impie et la richesse où son espoir aspire,
Et, parmi les douceurs d'une éternelle paix,
A ceux qu'il a choisis pour peupler son empire,
Les biens qu'il leur promet ne perissent jamais.

 Dans la bonne fortune et dans l'adversité
Leur esprit est toûjours en une mesme assiette.
Du Monarque des cieux la liberalité
Défend de leur maison l'entrée à la disette ;
Au lieu que ces ingrats, reprouvez du Seigneur,
Lors qu'ils sont élevez au comble de l'honneur,
Et que leur fausse gloire est par tout estimée,
Il confond leurs desseins les plus audacieux,
Et leur vaine grandeur est comme la fumée
Qui se dissipe en l'air en s'élevant aux cieux.

 Quand leurs profusions ont leur bien consumé,
Leurs emprunts excessifs les rendent insolvables ;
Mais l'homme charitable est des pauvres aimé,
Et de tous ses amis en fait ses redevables.
Dieu les voit de bon œil, ils ne manquent de rien ;
Il prolonge leurs jours, il augmente leur bien,
Et jamais icy bas sa grace ne les quitte.
Mais ceux qui sont jaloux des biens qu'il leur produit
Periront, et verront leur engeance maudite
Confonduë avec eux dans l'éternelle nuit.

 Dieu benit icy bas l'homme juste et pieux ;
Sa clarté de là haut, de peur qu'il se fourvoye,
Le conduit de la terre en la gloire des cieux,

## PSEAUME XXXVI.

Et le comble par tout de bonheur et de joye.
Toutes ses actions, ses pensers, ses discours,
Luy plaisent et luy font augmenter tous les jours
Les tendresses pour luy de l'amour paternelle ;
Que s'il bronche ou s'il tombe avant que d'arriver
Au repos preparé pour la troupe fidelle,
Le Seigneur est toûjours prest à le relever.

Sous le regne inconstant de trois grands potentats
J'ay passé mon printemps, mon esté, mon automne ;
J'ay veû d'un souverain au cœur de ses estats
Tomber sur l'échafaut la teste et la couronne ;
J'ay veû les contempteurs des legitimes loix
S'efforcer d'abolir dans la maison des rois
Par la flame et le fer leurs puissances suprémes ;
Mais je n'ay jamais veû dessous l'oppression
Les gens de bien souffrir des miseres extrémes
Sans estre aidez et plaints en leur affliction.

Combien que leur bonté d'un charitable soin
Assiste l'indigent de pieuses largesses,
Dans les graces du Ciel, qu'ils trouvent au besoin,
Au lieu de s'appauvrir s'augmentent leurs richesses.
Suivons donc leur exemple, et fuions le peché,
Qui retient le méchant à la terre attaché
Et confond aux enfers son ame criminelle.
Le Seigneur tout-puissant voit les siens de là haut,
Et, pour leur recompense, en la gloire éternelle
Leur prepare un bonheur à qui rien de defaut.

Dieu perdra le mechant et sa posterité,
Et des enfans du juste il peuplera le monde,
Jusqu'à tant que le Verbe avec la liberté
Leur redonne la gloire où leur espoir se fonde ;
La justice et la foy feront leur entretien,
Leur cœur purifié ne se remplit de rien
Que de son saint amour, qui par tout le consomme
Et l'innocente ardeur d'un feu si precieux

N'en separe ici bas ce qu'ils avoient de l'homme
Que pour les élever à la gloire des cieux.

 Le méchant qui les voit dans la prosperité
Est rongé nuit et jour d'une mortelle envie ;
Il se veut prévaloir de leur simplicité
Pour ravir leur honneur, leur fortune et leur vie ;
Contre tous ces assauts ils demeurent debout,
Les graces du Seigneur les assistent par tout
Et combattent pour eux la force et l'artifice ;
Ils ne verront jamais leur pouvoir abattu,
Et peuvent s'asseurer que jamais l'injustice
N'aura point de noirceur qui tache leur vertu.

 Attendez donc l'effet de ce qu'il a promis,
Et suivez cependant les loix qu'il a prescrites ;
Ce fatal ennemi de tous vos ennemis
Rendra vostre bonheur égal à vos merites ;
Tous les ans, les estez doreront vos sillons,
Les sommets de vos tours et de vos pavillons
Perceront la nuée où gronde le tonnerre,
Et, dans ces grands palais si pompeux et si beaux,
Vous cueillerez les fleurs et les fruits d'une terre
Qui pour vos ennemis n'aura que des tombeaux.

 Il est vray que j'ay vû quelquefois dans Sion
Ces ames d'interest, orgueilleuses et fieres,
S'élever au-dessus de leur condition,
Comme les cedres font au-dessus des bruieres ;
D'or, de bronze et de marbre ils ornoient leurs palais,
Leur suite fourmilloit d'un nombre de valets
Qui donnoient de l'envie aux plus riches monarques ;
Mais, comme en un instant ils estoient parvenus,
Un instant les détruit, n'en laisse aucune marque,
Et personne ne sait ce qu'ils sont devenus.

 Conservez donc, chrestiens, dans vos cœurs l'équité,
Ne vous emportez point dans l'injuste licence,
Sachez que l'esperance et la tranquilité

Jusqu'au dernier soupir assistent l'innocence ;
Au lieu que le méchant, toujours avecque soy
Portant le desespoir, la tristesse et l'effroy,
Passe de cette vie à la mort éternelle,
Et ces biens, ces thresors, acquis injustement,
Cette suite d'amis si nombreuse et si belle,
Le quittent pour jamais au bord du monument.

L'Eternel de bonheur remplira les desirs
De ceux qui de son nom remplissent leur memoire ;
Ils auront dans la paix la joye et les plaisirs,
Ils auront aux combats le triomphe et la gloire ;
Il les preservera du glaive des méchans,
Fera dans leurs maisons, ainsi que dans leurs champs,
Paroistre les effets de sa bonté profonde,
Jusqu'à tant que son fils, toujours victorieux
De l'enfer, du peché, de la mort et du monde,
Les tire de leurs fers et les éleve aux cieux (1).

---

## LE XXXVIIe PSEAUME (2).

*Domine, ne in furore, etc.*

Ne vien point, mon bon Dieu, reprendre mon erreur;
    Au fort de ta fureur,

---

1. Racan, suivant son usage, fait allusion, dans ce psaume, à la mort de Charles Ier. A cela près, c'est un de ceux où il s'est le plus attaché au sens général, et il s'en est très heureusement inspiré : car, sans être d'un lyrisme bien remarquable, cette pièce est peut-être celle où l'on sent le mieux, dans le mécanisme de la versification, le progrès de l'époque et celui de Racan.
2. Troisième psaume de la Pénitence.

Permets que ta clemence appaise ta justice,
Et, donnant à ma peine un terme limité,
    Qu'elle me garantisse
Du supplice éternel que j'avois merité.

Chasse de mon esprit la cause de mes pleurs,
    Modere ces douleurs
Contre qui mon courage a perdu sa constance;
Jamais tes chastimens n'eurent tant de longueur;
    Fais que ma repentance
Change en traits de pitié les traits de ta rigueur.

Mes maux envenimez gagnent par tout mon corps,
    Et, malgré mes efforts,
Aux remedes humains se rendent invincibles;
Et si tous ces malheurs dont je suis menacé
    Ne me sont point sensibles
Comme le déplaisir de t'avoir offensé.

Tout triste et tout pensif je vais traînant mes pas;
    Mes yeux toujours en bas
N'osent voir seulement le lieu de ta demeure,
Et croy que ce flambleau, dont les jours sont bornez,
    Me reproche à toute heure
D'avoir si mal usé de ceux qu'il m'a donnez.

Mon corps n'a presque plus de sang ni de santé,
    Et, s'il m'en est resté,
Ce n'est que pour nourrir mes flâmes insensées;
Les ruisseaux de mes pleurs ne les éteignent pas,
    Ces trop douces pensées
Mesmes au repentir me tendent leurs appas.

En vain, quand tous ces maux m'accablent à la fois,
    Je crie à haute voix,
Et t'appelle à mon aide afin de me défendre;
Que me servent ces cris jusqu'aux astres poussez,
    Puisque tu peux entendre
Les vœux que je te fais si-tost qu'ils sont pensez?

## PSEAUME XXXVII.

Mon cœur debilité ne peut plus respirer ;
  A force de pleurer,
Je sens que de mes yeux la lumiere s'efface ;
Mais, si je ne perds point, ô Monarque des cieux,
  La clarté de ta grace,
Je n'auray point regret à celle de mes yeux.

Ceux de qui j'esperois un éternel appuy,
  Me laissent aujourd'huy
En proye au déplaisir qui mon âge consume ;
Et tous mes ennemis avecque lascheté
  Ont, contre la coustume,
Augmenté leur envie en mon adversité.

A tous les faux rapports qu'ils sement dans ma cour
  Je suis muet et sourd,
Et temoigne toujours un courage inflexible ;
Mais plus aux factions que je voy projetter
  Je demeure insensible,
Et tant plus ma bonté semble les irriter.

Contre tant d'ennemis qui croissent tous les jours
  A toy seul j'ay recours,
Comme au seul qui des rois conserve les couronnes ;
Toy seul es mon asyle en mon affliction :
  Jamais tu n'abandonnes
Celuy qui se confie en ta protection.

Leurs animositez ne se plaisent ailleurs
  Qu'aux matieres de pleurs,
Que tes justes courroux me rendent si communes ;
Finy donc à la fois leur joye et mon tourment,
  Et que mes infortunes
Ne soient plus le sujet de leur contentement.

Quoique face pourtant ton pourvoir rigoureux,
  Je seray bienheureux
Pourveu que ma constance appaise ta justice ;
Je ne sçaurois souffrir ce que j'ay merité.

Il n'est point de supplice
Qui se puisse égaler à mon impieté.

Je say que ton courroux met la force à la main
A ce peuple inhumain,
De qui ma tolerance a crû la multitude;
Mais, n'osant murmurer contre tes châtimens,
En leur ingratitude
Je cherche le sujet de mes ressentimens.

Si tu me mets en proye à leur inimitié,
Ils feront sans pitié
Tout ce que la fureur contre moy leur propose;
Mais bien que leurs desseins me doivent preparer
A craindre toute chose,
Je puis de ta bonté toute chose esperer.

---

## LE XXXVIIe PSEAUME.

**Dixi : Custodiam, etc.**

J'ay dit : Je veux que mes tourmens
Appaisent leurs ressentimens,
Qui causoient de mes cris la juste violence;
Et, dans mon desespoir, de peur de blasphemer,
Je ne veux plus avoir de voix pour l'exprimer
Que les gemissemens, les pleurs et le silence.

Quand j'estois le plus affligé
Les medisans m'ont outragé,
Mon cœur sans murmurer a souffert cette offense;
Et, quoy que l'on ait pû contre moy controuver,
Et qu'avecque raison je m'en peusse laver,
Je veux que ma raison demeure sans défense.

Cependant mon courroux s'aigrit,

## PSEAUME XXXVIII.

Son feu s'embrase en mon esprit,
Je suis incessamment la bute de l'envie ;
Lors je dis au Seigneur d'un cœur calme et constant :
Quand verray-je arriver ce bienheureux instant
Qui finira d'un coup mon malheur et ma vie ?

Fay-moy connoistre quand mes jours
Doivent mettre fin à leur cours ;
Ce seul espoir rendra ma douleur consolable :
Je say que des plus longs le terme est limité,
Que tout est confondu dans ton éternité,
Et qu'il n'est point de temps qui luy soit comparable.

Comme ces fantômes legers
Se forment des corps dans les airs
Qu'on voit en un instant paroistre et disparoistre,
De mesme tous nos corps, de la terre formez,
Rentrent en un moment, pour estre consumez,
Dans le mesme élement qui leur a donné l'estre.

Saurons-nous, quand nous serons morts,
Qui possedera les tresors
Que nous avons acquis avecque tant de peine ?
Les biens que Dieu promet à sa sainte Sion
Sont à jamais les seuls dont la possession
Nous est la plus utile et la moins incertaine.

Délivre-moy des vanitez
Qui vont troubler de tous costez
Le repos des mortels dans le siecle où nous sommes ;
Que je perde à jamais la raison et la voix
Si mon plus grand desir n'est de voir sous tes loix
Soumettre avecque moy tout le reste des hommes.

Mais, Seigneur, dans tes chastimens,
Tes courroux sont trop vehemens ;
Mon courage contre eux n'a plus de resistance.
Modere les tourmens qui me sont apprestez.
Combien qu'ils soient moins grands que mes iniquitez,
Leur grandeur toutefois estonne ma constance.

Comme le ver, en mille lieux
Rongeant un habit precieux,
Ternit le vif éclat du pourpre et de la soye,
Ainsi le repentir qui me ronge le cœur,
Augmentant tous les jours ma crainte et ma langueur,
Ternit dans mon esprit l'esperance et la joye.

Jamais les malheurs icy bas
Ne cesseront jusqu'au trépas
De nous persecuter et nous faire la guerre.
L'homme n'a de repos que dans l'éternité;
Le ciel est sa patrie, et nous n'avons esté,
Ni mes peres ni moy, qu'estrangers sur la terre.

Donne-nous la paix, ô grand Dieu!
Afin qu'on te croye en tout lieu
Le nompareil ouvrier des œuvres nompareilles,
Et qu'en ce temps heureux qu'on ne peut acquerir,
Mon esprit en repos puisse, avant que mourir,
Joüir de tes bienfaits et chanter tes merveilles.

---

## LE XXXIXe PSEAUME.

### Expectans expectavi, etc.

En vain j'ay, de l'abisme où mon iniquité
  M'avoit precipité,
Long-temps de mon Sauveur imploré l'assistance;
Mais enfin son courroux, qui me faisoit perir,
Contre les traits d'Amour n'eut plus de resistance :
Il écoute mes cris et me vient secourir.

Mon trosne par ses mains est fondé sur un roc
  Qui ne craint point le choc
Des flots dont la fortune agite les provinces,
Et par luy ma conduite à regir les Estats

## PSEAUME XXXIX.

Instruit les plus vaillans et les plus sages princes,
Et donne de l'envie à tous les potentats.

Quand son esprit m'anime à chanter sa grandeur,
      D'une nouvelle ardeur
Il renforce ma voix, il inspire mes veilles,
Et de mon ignorance il fait naistre des vers
Qui feront admirer son nom et ses merveilles
Par tout où le soleil éclaire l'univers.

Heureux l'homme qui peut en tout temps, en tout lieu,
      Se donnant à son Dieu,
De sa seule loüange occuper sa memoire,
Qui l'exalte en la paix, qui l'invoque aux combats,
Et dont l'esprit, ravi de l'éclat de sa gloire,
Voit avecque mépris les choses d'icy bas!

Les clartez dont sa main orne le firmament
      Passent le jugement
De ceux que sous le ciel on voit mourir et naistre.
Qui pourroit, ô grand Dieu! tes œuvres celebrer,
De qui l'immensité ne se sauroit connoistre,
De qui la quantité ne se sauroit nombrer?

Tu méprises l'encens qu'offrent à tes autels
      Les superbes mortels
Dont la devotion dans les pompes se passe :
Le feu n'est point si pur dans leur riche bûcher
Qu'en l'ame d'un pecheur enflamé de ta grace,
Dont la contrition ne te veut rien cacher.

Ton registre, Seigneur, qui ne te trompe point,
      T'apprend comme ton oint
Est soumis pour jamais à ton obéïssance,
Et t'apprend que le sort, tes loix et la raison
Luy firent de tout temps adorer ta puissance,
Qui le fit triompher en sortant de prison.

Tes eleus m'entendront chanter à haute voix
      L'équité de tes loix

Et le juste devoir où la foy me convie.
Les flâmes ni les feux n'ont point de cruautez
Où la peur de la mort ni l'amour de la vie
M'empeschent d'annoncer tes saintes veritez.

Je publieray ton nom et mon ressentiment
   Des biens qu'incessamment
Je reçois icy bas de ta main charitable,
Et d'une mesme voix feray savoir à tous
Ta bonté, ton amour et ta grace équitable,
Ta haine, ta fureur et ton juste courroux.

Ne m'abandonne point en proye à la douleur :
   Tu vois que le malheur
S'efforce de me mettre au rang de ses victimes;
Fay-moy misericorde, et dans mon oraison
Donne quelque relâche aux remors de mes crimes,
Qui viennent à la foule accabler ma raison.

Si tu ne viens bien-tost soulager mes ennuis,
   En l'estat où je suis,
Leur extréme longueur vaincra ma patience.
Mes pechez sont si grands qu'ils m'accablent sous eux;
Leur énorme laideur noircit ma conscience,
Et leur nombre a passé celuy de mes cheveux.

Change en honte l'orgueil de ces petits esprits,
   Dont l'insolent mépris
Elance contre moy tant de haine et d'envie,
Et ceux qui, par ma mort, veulent troubler l'Etat,
Soient eux-mesmes troublez le reste de leur vie
D'avoir eu le desir d'un si noir attentat.

Rabaisse la fierté de ces nouveaux tribuns
   Et ces cris importuns
De leurs dérisions aussi vaines que folles;
Mais ceux de qui la voix celebre ton honneur
Puissent voir leurs effets, ainsi que leurs paroles,
Les combler à jamais de gloire et de bonheur !

Avant que la disette opprime les humains,
    Tes liberales mains
Leur offrent dans les champs des richesses nouvelles,
Et, couvrant ta splendeur de nostre humanité,
De ton affection ne prens-tu pas des aisles
Pour secourir les tiens en leur necessité (1)?

---

## LE XLe PSEAUME.

### Beatus qui intelligit, etc.

O bienheureux celuy qui prend le soin
    De secourir les pauvres au besoin !
  Dieu largement ses graces luy dispense,
Et, tandis que le ciel luy prepare là haut
Des honneurs éternels à qui rien ne defaut,
Il veut que dés la terre il ait sa recompense ;

  Que, de ses jours éloignant le malheur,
  Son corps, rempli de force et de valeur,
    Soit animé d'une ame non commune ;
Que, toujours son bon ange accompagnant ses pas,
Jamais ses ennemis ne puissent icy bas
  Retarder le progrez de sa bonne fortune ;

  Que Dieu toujours le vienne secourir,
  Qu'en tous ses maux Dieu le vienne guerir
    Et luy redonne une santé parfaite,
Jusqu'à tant que son ame, en s'élevant aux cieux,
Change son corps mortel en un corps glorieux
  Franc des infirmitez où la vie est sujette.

  Pour moy, qui suis de crimes entaché,

---

1. Ce psaume a toujours été considéré comme devant s'appliquer à Jésus-Christ. Du reste, la manière dont il a été généralement rendu par notre poète suffiroit pour justifier les éloges de Trévoux et de l'abbé Goujet.

Dans le remords dont mon cœur est touché,
Je dis au Dieu qui m'éclaire et m'enflame :
Redonne-moy ta grace et fay que tes bontez,
En guerissant mon corps de ses infirmitez,
Me guerissent aussi de celles de mon ame.

Ce peuple ingrat, dont le cœur sans pitié
N'a point de borne à son inimitié,
En sa fureur attentoit à ma vie,
Et ces fiers contempteurs des legitimes loix
S'efforçoient d'effacer avecque mes exploits
Mon nom, qui survivra leur haine et leur envie.

Quand par devoir ils grossissent ma cour,
A mon sujet ils exposent au jour
Ce que produit l'art de la flatterie ;
Mais hors de mon palais on entend ces esprits
Censurer ma conduite, et, parlant par mépris,
Retourner leur éloge en une moquerie.

Alors chacun murmure contre moy,
Disant tout haut que le devoir d'un roy
Est de veiller quand son peuple repose ;
Et si, par accident ou par quelque attentat,
Le desordre causoit la cheute de l'Estat,
Ils veulent à moy seul en imputer la cause.

Dans mes ennuis, rien ne me toucha tant
Que quand je vis ce disciple inconstant
Paroistre au front de la troupe rebelle,
Celuy qui, s'estant joint avec mes ennemis,
Leur tint contre moy seul ce qu'il avoit promis,
Et n'eut jamais de foy que pour m'estre infidelle.

Grand Dieu, qui seul ne manqueras jamais
A nous tenir ce que tu nous promets,
Tu recevras ma plainte legitime.
Le traistre en son remors sera sans reconfort ;
Un juste desespoir avancera sa mort,
Sans pouvoir recueillir le loyer de son crime.

Si quelque jour ton amour paternel
Me donne place en l'empire éternel,
Qui n'est peuplé que des saints et des anges,
Que ta grace me prenne en sa protection :
Tu verras à jamais, en ta sainte Sion,
Les cœurs comme les voix celebrer tes loüanges.

## LE XLIe PSEAUME.

### Quemadmodum desiderat, etc.

Tel qu'un cerf aux abois d'une trop longue course
Va chercher dans les eaux sa derniere ressource,
    Quand il se voit prés de mourir,
Ainsi, quand le peché de l'Eglise me chasse,
    Afin de me faire perir,
Je cherche mon salut dans les eaux de ta grace.

Au miserable estat où mon ame affligée,
En se noyant de pleurs, tasche d'estre allegée
    De son juste et cruel ennuy,
L'impie injurieux, en sa rage insensée,
    Me demandoit à voir celuy
Qu'on ne voit qu'en la foy, des yeux de la pensée.

Je passe en cet exil le plus beau de mon âge
A souffrir le mépris de ce peuple sauvage,
    Dont le Seigneur est offensé,
Et dans le souvenir des douceurs innocentes
    De mon contentement passé
Je soulage l'ennuy de mes peines presentes.

Ton seul nom, ô grand Dieu ! remplissant ma memoire,
Tous mes vers ne l'estoient que de ta seule gloire
    Et des grandeurs de nostre foy,

Et mon cœur n'avoit point de plus grandes delices
    Que de s'élever jusqu'à toy,
Avecque les parfums qu'offroient nos sacrifices.

Mais à quoy me sert-il d'entretenir ma vie
Du regret de Sion, que l'exil m'a ravie,
    Et du desir d'y revenir ?
Dieu n'a-t-il pas promis à la troupe fidelle
    Qu'un jour elle verroit finir
Ses ans et ses ennuis dans la joye éternelle ?

En ces vagues pensers de mon inquietude,
Quelquefois mon esprit vole en la solitude
    Où le Jourdain espand ses eaux,
Et la cime d'Hermon, toujours verte et fleurie,
    Si delicieuse aux troupeaux,
Quelquefois entretient ma douce rêverie.

De ces objets cheris, dont je n'ay que l'idée
Et les jours et les nuits mon ame est possedée,
    Ainsi que d'un mauvais demon ;
Le Jourdain me paroist agité de tempeste,
    Et du haut du petit Hermon
Je pense voir lancer les foudres sur nos testes.

Loin des lieux où l'Eglise est à present banie,
Dieu fera voir un jour sa misere finie,
    Avecque l'ennui qui la suit,
Et se verra suivi le jour plein de merveilles
    D'une heureuse et devote nuit,
Où sa seule loüange occupera nos veilles.

Je lui diray : Mon Dieu, pren pitié de ma vie,
Tu vois, en cet exil où tu l'as asservie,
    Toutes mes forces défaillir ;
Si ta grace en tous lieux est mon pole et mon phare,
    Pourquoy me laisses-tu vieillir
Parmi l'impieté de ce peuple barbare ?

Tous mes os fremissoient des horribles blasphêmes
Dont leur rage offensoit tes puissances suprêmes,
  Qu'ils s'efforçoient de décrier;
Lorsque ces nations grossieres et sauvages
  Font semblant d'ignorer l'ouvrier
Dont tous les yeux du monde admirent les ouvrages.

Mais, mon ame, en ce lieu seras-tu toujours triste ?
Sais-tu pas que celui qui t'aime et qui t'assiste
  Jamais n'abandonne les siens ?
Estein ces vains soucis où ta raison s'égare,
  Dans l'espoir de joüir des biens
Qu'à nostre heureux retour Israël nous prepare.

## LE XLIIe PSEAUME.

### Judica me, Deus, etc.

Sois mon juge, Seigneur, comme tu l'as promis;
N'écoute point les vœux que font mes ennemis,
Mais consulte plûtost tes bontez paternelles :
Aprés tant de bienfaits qu'autrefois tu me fis,
Te voudrois-tu servir, pour chastier ton fils,
  Du bras des infidelles ?

Que la foy me conduise en la sainte Sion,
Où de nos cœurs épris l'ardante affection
Avecque leur encens éleve leurs prières;
Confond l'idolatrie et l'incredulité,
Et, pour me retirer de leur obscurité,
  Preste moy ta lumiere.

Lors, d'un esprit content et d'un cœur assuré,
J'iray dans ta maison, et te remerciray
De ce comble d'honneur que ta grace m'octroye;
Et les justes accords de ma voix, et mon luth,
Te publiront partout l'auteur de mon salut,
  En publiant ma joye.

Mais quoy ? veux-tu toujours, mon ame, sans besoin
Redouter et prévoir les malheurs de si loin (1) ?
Dieu ne t'offre-t-il pas sa maison pour refuge ?
N'y dois-tu pas un jour, aprés tant de combats,
Benir le Roy des cieux, qui des rois d'icy-bas
      Est le maistre et le juge ?

---

## LE XLIIIe PSEAUME.

### Deus, auribus nostris, etc.

Les enfans d'age en âge apprendront de leurs peres
Comme autrefois, Seigneur, ta puissance voulut
Contre les artisans de nos longues miseres
Combattre pour ta gloire et pour notre salut.

  Ils sauront comme aprés nos guerres étouffées
Nos ayeuls ont posé leurs arcs et leurs écus,
Et que leurs bras, lassez d'élever des trophées,
Ont imprimé le soc dans le champ des vaincus.

  Ils ne l'eussent pas fait par la force des armes ;
Mais tes mains et tes yeux, par des effets divers,
Ne s'armerent pour eux que d'attraits et de charmes,
Et pour leurs ennemis de foudres et d'éclairs.

  O mon Maistre ! ô mon Roy ! si-tost que ta presence
Rend le cœur à ton Oint et la force à son bras,

---

1.     Je ne sais point prévoir les malheurs de si loin,
dit Pyrrhus à Oreste dans *Andromaque*. L'on aura beau répéter, ce qui est vrai, que le génie est en droit de puiser partout, il doit nous être permis de signaler, au profit de notre vieux poëte, cette première source d'un des vers de Racine les plus cités, un vers devenu proverbe, et digne, à ce titre, de figurer dans le livre si ingénieusement secourable de l'*Esprit des autres*, où M. Edouard Fournier a tant mis du sien.

# PSEAUME XLIII.

L'orgueil de l'univers a-t-il quelque puissance
Qu'il ne puisse choquer, briser et mettre à bas ?

Ce n'est ni par les dards, ce n'est ni par la lance
Qu'on soumet l'ennemi sans l'avoir combattu :
Toy qui mets le respect où regnoit l'insolence,
Ren son esprit confus et son cœur abattu.

Aprés cette victoire en merveilles feconde,
Je publiray sans fin tes bontez en tous lieux,
Et mon ressentiment fera le tour du monde,
Tandis que le soleil fera le tour des cieux.

Mais à quoy nous sert-il de sortir d'esclavage
Pour vivre sous un maistre aussi juste que doux,
S'il faut qu'en le perdant nous perdions le courage
Et fuyons devant ceux qui fuyoient devant nous ?

Quoy donc ? ta bergerie à jamais vagabonde
Se verra loin des bords du Jourdain et du Nil
Errer en tant de lieux qu'à peine tout le monde
Pourra dans sa grandeur contenir son exil ?

Veux-tu laisser les tiens en proye à l'injustice,
Où, leurs biens devorez par ces lâches esprits
Ne pouvant assouvir leur infame avarice,
Leurs corps chargez de fers se verront mettre à prix ?

Si l'ennemi pour eux modere sa furie,
Tous ses gestes témoins de sa ferocité
Semblent par le mépris et par la mocquerie
Appesantir les fers de leur captivité.

Nos voisins, dont l'orgueil voyoit avec envie
Les progrez qu'autrefois faisoit nostre valeur,
Dans le sort inconstant qui conduit nostre vie,
Voient avecque plaisir ceux de nostre malheur.

Et, lorsque le desir de sortir d'esclavage
D'un genereux dépit nous anime le cœur,
La honte luy succede et nous monte au visage,
Nous voyant sous le joug d'un si lasche vainqueur.

Dans cette oppression d'infamie et de blâme,
Nous avons toujours mis nostre esperance en toy,
Et conservons toûjours dans le fond de nostre ame
Ce glorieux desir de mourir pour la foy.

Au milieu des serpens et des bestes cruelles,
Ils font à nos terreurs succeder les tourmens,
Et de leurs noirs cachots les ombres éternelles
Semblent de nos prisons faire nos monumens.

Si parmi tant d'horreurs, d'aspics et de viperes,
Nous effaçons ton nom de nostre souvenir,
Pour servir d'autres dieux que celuy de nos peres,
Qui le peut mieux que toy reconnoistre ou punir?

Quand tu vois entraîner dans les fers des rebelles
Ceux que tu cherissois avec tant d'amitié,
Quand tu vois comme agneaux égorger les fidelles,
Ton bras est-il sans force, ou ton cœur sans pitié?

Es-tu donc insensible en voyant de la sorte
Qu'on traite en cet exil nostre invincible foy,
Toy qui sçais qu'icy bas la haine qu'on nous porte
Ne vient que de l'amour que nous avons pour toy?

Réveille-toy, Seigneur, releve ta puissance:
Nulle juste raison ne t'en peut dispenser;
Réveille-toy, Seigneur, releve l'innocence,
Que l'orgueil des méchans s'efforce d'abaisser.

---

## LE XLIVe PSEAUME.

*Eructavit cor meum, etc.*

Ce grand Artisan des merveilles,
   Jesus, mon Sauveur et mon Roy,
Fait que je produis en mes veilles

## PSEAUME XLIV.

Des vers qui ne sont point de moy ;
Plus vite qu'un torrent ne roule,
Il sort de mon esprit, en foule,
Des pensers plus divins qu'humains ;
Et ma voix, dictant ces mysteres,
Fournit les plumes et les mains
Des plus diligens secretaires.

Beauté qui jamais ne s'efface,
Feu dont les anges sont épris,
Que les doux attraits de ta grace
Ont de pouvoir sur nos esprits !
Que ta parole est delectable,
Que ton épée est redoutable,
O digne vainqueur des vainqueurs !
Et que d'une douce contrainte
Tu sais imprimer dans les cœurs
L'amour, la raison et la crainte !

Si ta valeur et ta puissance
Sont l'effroy des scadrons épais,
Ta pompe et ta magnificence
Sont les delices de la paix.
Poursuy doncques ton entreprise,
Le bonheur toûjours favorise
Les desseins de ta Majesté.
La verité qu'on nous enseigne,
Ta clemence et ton équité
A l'envy maintiennent ton regne.

Si ta clemence nous inspire
L'obeïssance et le devoir,
Si les justes traits de ton ire
Nous font redouter ton pouvoir ;
Les cœurs les plus impenetrables,
Percez de coups inévitables,
Reconnoistront tes justes loix,
Et qu'en vain on resiste aux charmes

De tes beautez et de ta voix,
Pour estre vaincu par tes armes.

    Grand Roy, grand ennemi du vice,
Ton regne n'est point limité ;
Son fondement est la justice,
Sa durée est l'éternité.
Dieu te fait part de sa puissance ;
Il t'a sacré dés ta naissance
De ses plus pures onctions,
Et tu n'es point, comme nous sommes,
Sujet aux imperfections
Dont la terre souille les hommes.

    Cette Vierge en qui l'on admire
Des vertus sans nombre et sans prix,
Qui passent l'odeur de la mirrhe,
De l'encens et de l'ambre gris ;
Ce beau chéf-d'œuvre de la gloire,
De qui la blancheur de l'ivoire
N'égale point la pureté,
En sa couche chaste et feconde
T'a vestu de l'humanité
Dont tu te couvres dans le monde.

    Des filles des plus grands monarques
Les cœurs percez de mille traits
Porteront à jamais les marques
Des triomphes de tes attraits.
Et, parmi la pompe et la joye,
Est brillante d'or et de soye
La Reine assise à ton costé,
Celle dont la magnificence,
La modestie et la beauté
Témoignent la haute naissance.

    O Fille dignement placée !
Ton espoux avecque raison
Doit effacer de ta pensée

## PSEAUME XLIV.

La memoire de ta maison.
Ne songe donc plus aux caresses
Dont tes parens, dans leurs tendresses,
T'entretenoient avant ce jour ;
Que jamais il ne t'en souvienne ;
A Dieu seul donne ton amour
Afin qu'il te donne la sienne.

 Les dames de tout son empire
Feront leurs presens à la fois
A la seule que l'on peut dire
Fille et mere du Roy des rois ;
Les plus illustres de naissance
Se soûmettront à ta puissance,
Comme font les moindres de nous ;
Et ta gloire, par tout semée,
Par la grandeur de ton Espoux
Augmentera ta renommée.

 Tu verras des beautez l'élite,
Tous les jours, au palais du Roy,
Pour donner lustre à ton merite,
Tenir le cercle avecque toy.
Ces beaux ouvrages de nature,
De qui l'ame innocente et pure
N'a que la vertu pour conseil,
Te reconnoissant la premiere,
Viendront comme de leur soleil
Emprunter de toy la lumiere.

Pour ces peres qui t'ont fait naistre
Dans l'esclavage et dans l'exil,
Et qui ne t'avoient fait connoistre
Qu'aux bords du Jourdain et du Nil,
Tu vois déjà dans les oracles
Tes enfans de qui les miracles
Combattent l'incredulité,
Et qui sans armes ni sans guerre

Estendent ton autorité
Sur tous les sceptres de la terre.

La fureur des vents et des ondes
N'empesche point leurs saints projets :
Ils vont dans tous les nouveaux mondes
Te faire de nouveaux sujets.
Les conquestes de leur parole
Passent de l'un à l'autre pole,
Rien n'en peut arrester le cours;
Et ce jour de flâme et de gloire
Qui finit tous les autres jours
N'en finira point la memoire.

## LE XLVe PSEAUME.

*Deus noster refugium, etc.*

Le Seigneur, qui de tout est le maistre et le juge
   Sera nostre refuge,
Pour nous mettre à l'abry des tempestes du sort :
Jamais dans son navire on ne fait de naufrage;
   Au plus fort de l'orage
On y peut posseder les delices du port.

Que l'Ocean éleve en montagnes roulantes
   Ses vagues écumantes,
Que les cieux soient voilez de nuages épais,
Et soient, comme au cahos, l'air, la mer et la terre
   En éternelle guerre,
Nous y trouvons toûjours la lumiere et la paix.

Que l'on voye ébranler par la fureur de l'onde
   Les fondemens du monde,
Et Dieu changer pour nous ses graces en rigueurs,

Par les eaux de nos pleurs et celles du baptesme,
    Sa puissance supresme,
En lavant nos pechez, rassurera nos cœurs.

Il est de la vertu le support et l'exemple ;
    Il fait dans nous un temple
Où son pouvoir paroist tel qu'il est dans les cieux ;
Et, si-tost que nos jours commencent leur carriere,
    Sa grace et sa lumiere
Eclairent à la fois nos ames et nos yeux.

Quand des aigles romains les nombreuses armées,
    A leur perte animées,
Déchiroient les estats qu'ils avoient usurpez,
De tous ces grands guerriers l'invincible proüesse
    Témoigna leur foiblesse
Et la force du bras qui les a dissipez.

Peuple, vien voir l'effet des couches de Marie,
    Qui calment la furie
Des flots qu'avoient émeus ces vents seditieux,
Et mettent, par la paix generale et profonde,
    Tous les sceptres du monde
En une seule main comme celuy des cieux.

Voy nager dans le sang aux plaines philippiques
    Les débris magnifiques
De tant de legions et de peuples divers ;
Voy par là réunir sous le regne d'Auguste
    Cette puissance injuste
Dont la division divisoit l'univers.

Sache que le Seigneur, pitoyable à nos larmes,
    Dit, en brisant ses armes,
De qui le monde entier souffroit l'oppression :
« Croyez qu'à l'avenir on verra ma puissance
    Maintenir l'innocence
De ceux qui la mettront sous sa protection. »

## LE XLVIe PSEAUME.

### Omnes gentes, etc.

Que par la plume et par la voix des hommes
Du temps futur et du temps où nous sommes
L'on die en l'univers, de l'un à l'autre bout,
Que le seul Dieu qu'adorent les fidelles
Est seul ouvrier des œuvres éternelles,
Seul createur, seul juge, et seul maistre de tout.

Pour témoigner par quelque marque auguste
L'affection aussi forte que juste
Dont il cherit Jacob et sa posterité,
Ce Dieu les fait triompher dans la guerre,
Et de son thrône il leur inspire en terre
Les visibles rayons de sa divinité.

Comme un vainqueur aprés une défaite
N'entre-t-il pas au son de la trompette
Dans Sion, où sa gloire a choisi son sejour ?
Et ce grand peuple, au-dessous des portiques,
Par les accords de ses sacrez cantiques
Luy témoigne-t-il pas sa joye et son amour ?

C'est le seul Roy des astres et des anges,
C'est le seul Roy digne de nos loüanges,
Le seul qui voit le jour nous luire sous ses pas
Et le seul Roy qui sur la terre et l'onde,
Dans la rondeur qui limite le monde,
A soumis à ses loix tous les rois d'icy bas.

Si pour un temps l'aveuglement des princes
Adore encor en diverses provinces

Ces dieux d'or et d'argent forgez par les mortels,
   Le Tout-Puissant verra dans peu d'années
   Humilier les testes couronnées
Du Tibre et de la Seine au pied de ses autels.

---

## LE XLVIIe PSEAUME.

### Magnus Dominus, etc.

Il n'est rien de si grand que le Dieu des batailles,
   Rien de si fort que nos murailles,
Quand il en prend la garde et la protection ;
Rien n'est plus éclatant que sa magnificence,
   Lorsque la paix et l'innocence
Triomphent avec luy sur le mont de Sion.

Bien que les vents du Nort de leurs froides haleines
   Battent incessamment nos plaines,
Nos parcs et nos jardins les plus délicieux,
Dieu leur fait respecter leur fleur et leur verdure,
   Et rend utile leur froidure
A purger des estez le chaud contagieux.

En vain nos ennemis ont battu nos courtines
   De leurs redoutables machines
Et bordé nos dehors de picques et d'écus,
Nos remparts sont debout, nos maisons sont tranquilles,
   Et leurs attaques inutiles
N'ont comblé nos fossez que des corps des vaincus.

Dans les mêmes regrets qu'ont les femmes enceintes
   Qui dans les travaux et les craintes
Perdent ce que neuf mois dans leurs flancs ont produit,
Ils virent avorter les complots temeraires

De leurs cœurs vains et sanguinaires,
Et leur conception n'enfanter aucun fruit.

Comme aux mers de Tarsis les barques vagabondes
　　Errent à la mercy des ondes,
Ainsi s'écartent ceux qui nous ont oppressez;
Du sommet de nos tours nous voyons ces rebelles
　　Fuir les lances des fidelles
Et rentrer triomphans ceux qui les ont chassez.

Nostre ville sera d'éternelle durée :
　　Seigneur, tu l'en as assurée;
Tu veux avecque nous partager tes lauriers;
Déja tout l'univers est rempli de ta gloire,
　　Et la renommée et l'histoire
S'accordent au recit de tes actes guerriers.

Innocentes beautez, qui parmi tant d'alarmes
　　Arrousiez vostre teint de larmes,
Rendez à vos attraits leur aimable fierté,
Et reverez sans fin sa grace et sa puissance,
　　Qui de la brutale licence
Conserve vostre honneur et vostre liberté.

Et vous qui contempliez de dessus nos montagnes
　　Ces tentes qui dans nos campagnes
Egaloient leur hauteur à celle de nos tours,
Admirez nostre gloire et leur perte funeste,
　　Voyant leur deplorable reste
Servir dans nos fossez de pasture aux vautours.

Voyez comme à l'entour de nos fortes murailles
　　Ces corps privez de funerailles
Sont justement punis de leur temerité,
Contemplez nos palais, dont les superbes faistes
　　S'affermissent dans les tempestes,
Et dont les fondemens sont pour l'éternité.

## LE XLVIIIe PSEAUME.

Audite hæc omnes, etc.

Peuples, venez tous m'écouter :
La sainte fureur qui m'inspire
Va sur les accords de ma lyre
De grands mysteres raconter.
Ceux dont la doctrine profonde
Se fait admirer dans le monde
N'y seront que des apprentis;
Et les vers que je vais produire
Peuvent également instruire
Les plus grands et les plus petits.

A quoi sert de s'inquieter
De ce dernier jour où la vie
Nous sera pour jamais ravie,
Puisqu'on ne le peut éviter ?
Ces grans qu'une illustre naissance
Comble de biens et de puissance
Descendent comme nous là bas;
Les tributs de mille provinces
Ne sauroient payer pour leurs princes
Celuy qu'ils doivent au trépas.

L'on n'enfraint jamais cette loy,
L'on n'est point receu pour son frere
Au parquet du juge severe,
Chacun y comparoist pour soy;
Mais les fins sont bien differantes
Des ames icy bas errantes
Sous la servitude du sort :
L'une est juste, l'autre infidelle;

L'une aura la vie éternelle,
Et l'autre l'éternelle mort.

Ces cœurs remplis d'ambition,
Ces heros, ces foudres de guerre,
A peine de six pieds de terre
Garderont la possession ;
Leurs maisons changeront de maistre,
L'on menera les brebis paistre
Sur leurs magnifiques pignons,
Et verront les races futures
La mousse au front de leurs mazures
Couvrir leurs armes et leurs noms.

Le bonheur qui pour un moment
Les éblouït de ses lumieres
Les rend comme bestes grossieres
Et leur oste le jugement ;
Comme l'aigneau qui se fourvoye
Suit celuy qui hors de la voye
S'est dans un abisme jetté,
Ainsi leur mauvaise conduite
Attire la perte, à leur suite,
De toute leur posterité.

Mais le vrai soleil se levant
Rendra par ses premieres flames
Le mesme lustre aux belles ames
Qu'elles avoient auparavant ;
Celles que sa juste colere
Pour le peché du premier pere
Retient esclaves dans les fers,
Passant de la peine à la gloire,
Verront, pour marque de victoire,
La croix triompher des enfers.

Justes, ne soyez pas jaloux
De voir qu'au pecheur en ce monde
Le bien de toutes parts abonde,

Il en sort aussi nud que vous;
Son esprit, plongé dans les vices,
Qui ne croit point d'autres délices
Que celles que goûte son corps,
Ne s'attachant qu'aux choses basses,
Croit que Dieu le comble de graces
Quand il le comble de thresors.

Et, combien que dans les douceurs
Exemptes de trouble et d'envie
Il puisse prolonger sa vie
Autant que ses predecesseurs,
Il a la mesme sepulture
Que les bestes que la Nature
Fait dessous la fange pourrir,
Sinon que l'on verra son ame
Mourir à jamais dans la flame
Du regret de ne point mourir.

---

## LE XLIXe PSEAUME.

### Deus deorum, etc.

Le Roy des rois et le Maistre de tout
Se fait oüir de l'un à l'autre bout
De l'onde et de la terre;
Il nous va prononcer son jugement final;
Sa voix, comme un tonnerre,
Cite tous les mortels devant son tribunal.

Sa majesté se rend visible à tous;
De toutes parts l'on entend son courroux
Gronder sur nostre teste;
Il chemine à grands pas dessus les élemens;

La foudre et la tempeste
Sont les executeurs de ses commandemens.

Le ciel, qui doit témoigner contre nous,
De ses regards voit dessus et dessous
  Toute la terre et l'onde,
Et découvre icy bas, de ses yeux immortels,
  Depuis l'estre du monde,
Tous ceux dont le peché profane ses autels.

Tous les méchans sont par luy confondus;
Ses jugemens déja sont entendus
  De l'un à l'autre pole.
Si la seule Sion vit son humanité,
  Il veut que sa parole
Face à tout l'univers savoir sa volonté.

« Peuples, dit-il, apprenez qu'en tout lieu
C'est moy qui suis le seul et le vray Dieu
  Qui reçoit vos offrandes
Et qui hait ces bûchers, ennemis de nos sens,
  Qui meslent des viandes
Les épaisses vapeurs aux douceurs de l'encens.

« Ne soyez plus cruels à vos taureaux,
Ne croyez plus par le sang des aigneaux
  Que vos graces s'augmentent,
Ni que ce que le luxe et la foy des humains
  A l'envy me presentent
Enrichisse celuy qui tient tout dans ses mains.

« Ces dains, ces cerfs, ces animaux craintifs
Qui dans vos rets deviennent vos captifs,
  Ces hostes des bocages,
Tous ceux qu'on voit dans l'air et la terre mouvoir,
  Ou privez, ou sauvages,
Sont tous également soumis à mon pouvoir.

« Que si mon corps, pour ses necessitez,

## PSEAUME XLIX.

Avoit besoin de ces mets apprestez
    Par l'art et la nature ;
Puis-je pas comme vous, pour contenter mes sens,
    Prendre ma nourriture
Ou des bœufs engraissez, ou des aigneaux naissans ?

« Ne m'offrez plus vos aigneaux ni vos bœufs,
Mais seulement vostre cœur et vos vœux,
    Quand le besoin vous presse ;
Ce veritable zele, en espargnant vos biens,
    Peut avecque largesse
Contenter à la fois vos desirs et les miens.

« Quoy ! penses-tu, méchant, me decevoir
Lorsque tu feins d'admirer mon pouvoir
    Et craindre ma justice ?
Crois-tu que je me plaise à m'entendre nommer
    D'un cœur noirci de vice,
Qui ne retient mon nom que pour le blasphemer ?

« Ton lasche esprit, au vice complaisant,
De l'imposteur comme du médisant
    Suit les mauvais exemples :
Avec le factieux tu déchires l'Estat,
    Et profanes les temples
Avec le libertin, l'athée et l'apostat.

« De ton bonheur vint le déreglement
Qui te faisoit médire impunément
    De l'honneur de ton frere ;
J'ay souffert ta foiblesse et ta legereté,
    Pendant que ma colere
Forgeoit les traits vengeurs de ton impieté.

« Tu me dépeins sans pouvoir comme toy ;
Tu dis par tout que ce qui vient de moy
    Se fait à l'aventure ;
Mais tu reconnoistras dans le prompt chastiment

Qu'aura ton imposture
Ma force, ma justice et mon ressentiment.

« Tu sauras donc, ô mortel insensé,
Que mon courroux, tant de fois offensé
    Par de si noires ames,
Ne reçoit plus les vœux que des cœurs innocens,
    Dont les voix et les flames
Eslevent ma loüange avecque leurs encens. »

## PSEAUME LI[1].

#### Miserere mei, Deus, etc.

Pardon, mon Dieu, pardon, je reconnois mon crime.
Il est vrai, mon supplice est juste et legitime,
Je ne merite point d'en avoir un plus doux ;
Mais, puisque de tout temps ta force est ma défense,
Pren encore le soin de laver mon offense,
Et souffre que ta grace appaise ton couroux.

L'esprit pasle et sanglant du miserable Urie
Me comble nuit et jour de crainte et de furie ;
Je pense à tout moment qu'il s'apparoist à moy,
Et m'imagine alors (tant mon ame est confuse)
Que par tout où je suis tout le monde m'accuse,
Encor que mon peché n'y soit seu que de toy.

Au thrône où tu m'as mis je ne puis reconnoistre
Autre Seigneur que toy pour arbitre et pour maistre ;
De toy seul mon offense attend les chastimens ;
Ton pouvoir absolu ne rend compte à personne ;

---

1. Quatrième psaume de la pénitence.

Ou soit qu'il me punisse, ou soit qu'il me pardonne ;
On ne peut murmurer contre tes jugemens.

J'estois sans ton secours de ta grace incapable,
Avant que d'estre né tu m'as jugé coupable,
J'ay toûjours en croissant veû croistre mon peché ;
Toutefois ta bonté m'aida dés ma naissance,
Et de tous les secrets hors de ma connoissance
Ton esprit qui sait tout ne m'avoit rien caché.

Après tant de bienfaits vivans dans ma memoire,
J'ay commis contre toy l'offense la plus noire
Qui jamais soit tombée en l'ame d'un pecheur ;
La mienne toutefois s'est toûjours confiée,
Quand les eaux de ses pleurs l'auront purifiée,
De pouvoir à la neige égaler sa blancheur.

Lors de mes longs ennuis l'heureuse délivrance
Remettra dans mon cœur la joye et l'assurance,
Ma seule peur sera celle de t'offenser ;
Et, voyant tous mes soins se porter à te plaire,
Tu n'auras plus pour moy ce front plein de colere,
Qui semble ne me voir que pour me menacer.

Mon ame, qui déja croit sa mort arrestée,
Pensera par ta grace estre ressuscitée,
Quand elle reviendra luy servir de soustien ;
Et mes yeux cesseront de pleurer son absence,
Lorsque ton saint Esprit, ami de l'innocence,
N'aura plus en horreur d'accompagner le mien.

Il me rendra l'espoir de la vie éternelle ;
Si ton affection veille pour ma tutelle,
Mon esprit satisfait n'aura que desirer ;
Et ses sages avis, m'apprenant à mieux vivre
M'apprendront à remettre au chemin qu'il faut suivre
Tous ceux que mon exemple en a fait égarer.

Vien donc laver le sang dont j'ay taché mon ame,

Chasse de mon esprit cette impudique flame
Qui le comble de honte et de timidité,
Permets que ta pitié l'assure et le console ;
Seigneur, ouvre ma bouche, et me ren la parole,
Afin que je l'employe à loüer ta bonté.

J'aurois mainte victime en cendre consumée,
Mais je say que cela n'est qu'un peu de fumée
Dont ton juste courroux ne se rappaise pas ;
La seule qui te plaist et qui toutes surpasse
Est quand l'on sacrifie à l'amour de ta grace
L'amour que nous portons aux choses d'ici bas.

Si jamais, ô Seigneur, ta bonté coustumiere
Remet Jerusalem en sa beauté premiere,
Et la voit de bon œil comme aux siecles passez,
Nous t'y presenterons dedans nos sacrifices
Avecque nos taureaux, nos cœurs et nos services,
A l'envi de tous ceux qui nous ont devancez.

---

## PSEAUME LI.

### Quid gloriaris in malitia ? etc.

Pourquoy, pour couvrir ta malice,
  Uses-tu de tant d'artifice,
Esprit traistre et dissimulé ?
Pourquoy ta langue envenimée,
Pour dechirer ma renommée,
A-t-elle son glaive affilé ?

  Tes jugemens déraisonnables
  Aux crimes les moins pardonnables
Donnent une fausse couleur ;
La fraude y passe pour finesse,

La timidité pour sagesse,
Et la cruauté pour valeur.

   Ton nom, se voyant sans estime,
Tasche par quelque illustre crime
D'acquerir l'immortalité;
Mais, pour punir ta vaine gloire,
Dieu veut avecque ta memoire
Confondre ta posterité.

   Ceux qui verront dans les supplices
Expier à jamais les vices
De ton esprit et de ton corps
Se moqueront de ta prudence,
Qui dans le luxe et l'abondance
N'avoit pour dieu que ses thresors.

   Pour moy, dans ma longue souffrance,
Je mets en luy mon esperance;
Il exauce mon oraison,
Et me promet qu'en ses deux rives
Le Jourdain verra les olives
Reverdir en toute saison.

   Dans cette paix douce et profonde,
J'exalteray par tout le monde
Mon Sauveur, mon Maistre et mon Roy,
De qui les graces éternelles
Remplissent le cœur des fidelles
D'amour, d'asseurance et de foy.

## LE LIIe PSEAUME.

*Dixit insipiens, etc.*

Celuy qui veut pecher avec impunité
Dit qu'il n'est point de Dieu qui dans l'éternité
    Dispense et la peine et la gloire,
Et que c'est un abus que nostre vanité
    S'efforce de nous faire acroire.

Rien ne peut, que la foy, purger nostre raison,
Quand la corruption de ce mortel poison
    A nostre ame s'est attachée ;
Dieu, qui voit sous ses pieds l'un et l'autre horizon,
    N'en voit point qui n'en soit tachée

Leur valeur ne paroist qu'aux actes inhumains,
Leur esprit ne paroist qu'aux injustes desseins,
    Et ces protecteurs des rebelles
Ne vivent que du pain que leurs cruelles mains
    Pestrissent du sang des fidelles.

Ils passent tous leurs jours sans trouble et sans ennuy,
Du Seigneur tout-puissant ils méprisent l'appuy ;
    Mais, quand il leur faut comparoistre,
Leur secret repentir leur fait craindre celuy
    Qu'ils feignoient de ne pas connoistre.

Quand le bonheur les quitte et se retire ailleurs,
Dieu décoche sur eux tous les traits des malheurs
    Que sa colere nous envoye ;
Et des justes ennuis qui les comblent de pleurs,
    Les justes sont comblez de joye.

## LE LIIIe PSEAUME.

*Deus, in nomine tuo, etc.*

Seigneur, encore un coup détourne la tempeste
    Qui menace ma teste ;
Nos ennemis communs conspirent contre moy.
Des forces d'icy-bas je ne puis rien attendre ;
A toy seul j'ay recours, je n'espere qu'en toy,
    Toy seul me peux défendre.

Ces legions en haye au devant de mes portes,
    Ces nombreuses cohortes,
Dont la pompe guerriere a tant d'admirateurs,
Ces marques de grandeur si fieres et si belles,
Donnent plus de respect à mes bons serviteurs
    Que de crainte aux rebelles.

J'opposerois en vain les puissances humaines
    A ces ames hautaines
De qui jamais le ciel ne reçoit aucun vœu,
Et dont les yeux, ouverts quand le tonnerre gronde,
Semblent braver l'éclair qui menace du feu
    L'impieté du monde.

Contre ces furieux ton secours invisible
    Rend mon sceptre invincible,
Et le met en estat de n'apprehender rien ;
Tu renchaînes les vents, tu dissipe l'orage,
Et ton pouvoir conserve, en conservant le mien,
    Son œuvre et son image.

Ta justice a déjà creusé leur precipice,
    Et de mon sacrifice
Uni la pure flame à tes celestes feux ;

Et sur ces orgueilleux j'auray cet avantage,
Que, de dessus le port où j'accomplis mes vœux,
    Je verray leur naufrage.

---

### LE LIVe PSEAUME.

*Exaudi, Domine, orationem, etc.*

O Dieu, qu'en mes besoins jour et nuit je reclame,
Qui voit pour mes pechez les peines que mon ame
    Souffre sans murmurer,
Permets que ta clemence, à mes desirs propice,
Accorde à mon remords ce que de ta justice
    Je ne puis esperer.

La haine des méchans m'est injuste et fatale,
J'en voy déjà sortir la Mort sanglante et pasle
    Qui s'approche de moy ;
Le glaive est dans sa dextre, et déjà la cruelle
Pour me saisir le cœur fait marcher devant elle
    La tristesse et l'effroy.

Je connois que mon crime est cause des alarmes
Qui ne couvrent l'Etat que de sang et de larmes
    Et d'actes inhumains ;
Et dis, environné de troupes infidelles :
« Que n'ay-je du pigeon l'innocence et les aisles,
    Pour sortir de leurs mains ?

« J'irois passer ma vie en une solitude,
Pour fuïr des méchans et de l'inquietude
    Qui me suit en tout lieu.
Le vice est si commun dans le siecle où nous sommes
Que je suis assuré qu'en m'éloignant des hommes
    Je m'approche de Dieu. »

## PSEAUME LIV.

Voy, Seigneur, en pitié les miseres publiques,
Dissipe pour jamais de ces ames tragiques
    Le funeste attentat;
Fay descendre sur nous tes graces éternelles,
Et la division dans ces troupes rebelles,
    Qui divisent l'Estat.

L'on n'oit sur nos remparts vomir que des blasphémes,
Les comptenteurs des loix et des pouvoirs suprémes
    Font garde sur nos tours;
L'impieté produit la licence et l'audace,
L'avarice a logé l'usure dans la place
    Et dans les carrefours.

Que si de ce méchant la rage envenimée
M'eust fait la guerre ouverte en commandant l'armée
    D'un contraire parti,
Et que ce traistre eust mis sa haine en évidence,
Quelque puissant qu'il fust, la force ou la prudence
    M'en eussent garanti.

Mais, dans cet attentat si noir et si visible,
Ce qui rend dans mon cœur plus grande et plus sensible
    Sa persecution
Est que ce factieux dont j'ai receu l'offense
Avoit dans mon Estat partagé ma puissance
    Et mon affection.

Que tes foudres, portez sur le dos des orages,
Confondent aux enfers ceux de qui les courages
    N'ont rien de belliqueux;
Leur maison de tout temps est l'asyle du vice,
Et semble que l'orgueil, l'envie et l'avarice
    Y naissent avecque eux.

Pour moy, dans les ennuis dont ma vie est atteinte,
C'est au Dieu tout-puissant à qui je fais ma plainte
    D'un cœur triste et contrit;
Et, que le jour paroisse, ou que la nuit l'efface,

Je n'ay point de clarté que celle que sa grace
  Inspire en mon esprit.

Le seul roy qui regnoit avant l'estre des âges
Confondra de ces cœurs si fiers et si sauvages
  Les funestes complots;
Et son bras, seul ouvrier des œuvres merveilleuses,
Rangera sous ses loix ces troupes orgueilleuses,
  Qui troubloient mon repos.

Mais d'un bon sentiment ils ne sont point capables;
Quoique Dieu leur inspire, ils demeurent coupables,
  Et tout leur est suspect;
Mesme des chastimens la juste violence
Ne peut faire regner, où regne l'insolence,
  La crainte et le respect.

Dans le mépris des loix l'on a veû ces perfides
Faire contre leur Roy, de leurs mains parricides,
  Des actes odieux;
Le Seigneur leur pardonne, il reçoit leurs victimes,
Il les remet en grace, il efface leurs crimes,
  Et se rapproche d'eux.

L'huile vierge n'est point plus douce et plus coulante
Que fut pour adoucir cette troupe insolente
  La voix du Tout-Puissant,
Et leur fleche n'est point si perçante et si dure
Qu'est leur langue d'aspic, lorsque leur imposture
  Déchire l'innocent.

Mais atten, mon esprit, avecque patience,
Ce que son équité, ses loix, sa patience,
  De tout temps ont promis;
Il te consolera des peines que tu souffres,
Et fera dans la terre, au plus creux de ses gouffres,
  Perir tes ennemis.

De ces ames de sang aux meurtres adonnées

On verra dans le sang retrancher les années,
  Au milieu de leurs cours;
Mais, si j'ay pour appuy ta bonté paternelle,
Verray-je pas, Seigneur, ta lumiere eternelle
  Multiplier mes jours?

---

## LE LVe PSEAUME.

### Miserere mei, Deus, etc.

Toy qui vois le rebelle opprimer l'innocent,
Ô mon Dieu, mon Sauveur, ô seul Roy tout-puis-
  Pren pitié de mes peines:     [sant,
Les rangs des ennemis contre moy conjurez
Paroissent plus nombreux que les espics dorez
Qui sous l'ardent lion s'élevent dans nos plaines.

Je ne redoute rien de ces seditieux,
Je sçay que ta clemence a, du plus haut des cieux,
  Receu ma juste plainte;
Déjà ces grands appresles dont nous fûmes surpris
Font à l'estonnement succeder le mépris,
Le repos à la peine, et la joye à la crainte.

Tous mes libres discours, toutes mes actions,
Sont à leur jugement des imperfections
  Dignes de la censure;
Et déjà leur esprit commence à concevoir
Les fondements futurs de l'injuste pouvoir
Qu'ils veulent élever dessus ma sepulture.

Que si tu prens pitié de nos maux intestins,
Les tonnerres vengeurs foudroiront des mutins
  Les injustes licences;
Et, touché de m'ouir soûpirer mes douleurs,

Tu feras dans le ciel registre de mes pleurs
Et les balanceras avecque mes offenses.

L'effroy desunira ces princes inhumains,
De qui l'ambition mit les armes aux mains
  De ce peuple farouche;
Et tous ces furieux, ô grand Dieu des combats!
Sauront que la valeur ne vainc que par ton bras,
Comme la verité ne sort que de ta bouche.

Je diray que tu tiens ce que tu m'as promis,
Que tu m'as dans Sion sauvé des ennemis,
  Comme aux terres estranges;
Et, pour me revancher de ces bienfaits divers,
Mon esprit, qui sans art sait produire des vers,
Ne les employera plus qu'à chanter tes louanges.

Mais l'âge à pas comptez me guide en ce sejour
Où la mort doit ceder son regne à ton amour,
  Dont nostre ame est ravie;
Et ce brouillart d'ennuis qui me trouble ici bas
Ne m'egarera point dans la nuit du trespas
Si ta grace me rend la lumiere et la vie.

---

## LE LVIe PSEAUME.

*Miserere mei, Deus, miserere mei, etc.*

Encore un coup, Seigneur, fay-moy misericorde;
Tu vois des factieux la fureur qui déborde,
Tu connois le hazard qu'ils m'avoient preparé;
Mais, quelque grands efforts que fassent les rebelles,
N'auray-je pas toûjours à l'abry de tes aisles
  Un refuge assuré?

## PSEAUME LVI.

Ah! combien je te dois de vœux et de victimes!
De ces seditieux l'orgueil que tu reprimes
Sera dans peu de jours à mon pouvoir soûmis;
Les rayons de ta grace, aussi douce que sainte,
Rassurent mon courage et rejettent la crainte
      Au cœur des ennemis.

Ta clemence, en calmant leur colere obstinée,
Me rend ma liberté, qu'ils tenoient enchaisnée
Et vouloient resserrer d'indissolubles nœuds;
Au lion acharné contre une bergerie
Il ne paroist pas tant de rage et de furie
      Qu'il en parut en eux.

J'en reçoy tous les jours de nouvelles offenses,
Leurs dards ne piquent point comme les médisances
Que lancent contre moy ces esprits factieux;
Et leurs impietez, fecondes en blasphémes,
Ont l'orgueil d'attaquer tes puissances suprémes
      Jusqu'au dessus des cieux.

Aux pieges, aux complots, aux embûches secrettes,
Aux lacs qu'ils m'ont tendus, aux fosses qu'ils m'ont fai-
Ces esprits factieux sont eux-mesmes tombez; [tes,
Je veux, pour ce bonheur qui me rend si paisible,
Celebrer ici bas ton pouvoir invincible,
      Dont les cieux sont courbez.

Avant que le soleil dore les bords du Gange,
Je veux dessus mon luth celebrer ta louange,
De qui mon ame fait ses plus doux entretiens,
Et par tout l'univers je luy veux faire dire
Ton nom et ta bonté, de qui tout mon empire
      A receu tant de biens.

Quand ta clemence veut nous sauver du naufrage,
De dessus le soleil tu menaces l'orage,
Les vents seditieux rentrent dans leur devoir;
Ton amour dans la paix, ton courroux dans la guerre,

Font, du plus haut des cieux, voir à toute la terre
Ta grace et ton pouvoir.

---

## LE LVIIe PSEAUME.

*Si vere utique justitiam, etc.*

Arbitres de nostre fortune,
Qui reglez dessus la tribune
Tous les differends des humains,
Sans crainte et sans espoir rendez-nous la justice,
Et de concussions ne souillez point vos mains
Pour assouvir vostre sale avarice.

Mais n'ont-ils pas, dés leur naissance,
Perdu cette pure innocence
Qu'ils receurent du Createur ?
Si-tost qu'en leur erreur la raison les conseille,
Comme l'aspic qui craint la voix de l'enchanteur,
Ne voit-on pas qu'ils se boûchent l'oreille ?

Ces gens, qui dans ma bergerie
Font paroistre plus de furie
Que ne font les lions ardens,
Contre le Tout-Puissant seront sans resistance
Lors qu'il arrachera leurs griffes et leurs dens,
Qui devoroient le peuple et sa substance.

Tel qu'un debord sur un rivage
Laisse à peine, aprés son ravage,
Des sables qu'emporte le vent,
Tels ces biens mal acquis, dont leur maison est pleine,
Ainsi qu'ils sont venus s'en retournent souvent,
Sans augmenter leur ancien domaine.

Le Seigneur, des traits de son ire,
Les fondra comme de la cire;
Ils seront de flames couverts,
Et l'astre qui s'éleve et se couche dans l'onde
Cachera sa clarté sous celle des éclairs,
Qui seule alors rendra le jour au monde.

Aprés leurs funestes rapines,
Que voyons-nous que des épines
Croistre dans nos fertiles champs,
Où nous esperons voir nos troupes glorieuses,
Dans le sang répandu par la mort des méchans,
Venir laver leurs mains victorieuses?

Par leur generale défaite,
D'une tranquilité parfaite
Nous joüirons également,
Et l'on connoistra mieux dans la paix qu'en la guerre,
Par nostre recompense et par leur chastiment,
Qu'il est un Dieu qui gouverne la terre.

## LE LVIIIe PSEAUME.

*Eripe me de inimicis meis, etc.*

Delivre-moy, Seigneur, de cette injuste guerre
Qui, choquant ton pouvoir et celuy de la terre,
Les met en mesme rang;
Et bannis loin de moy ces cœurs noircis de crimes,
Ces ennemis de l'ordre et des loix legitimes,
Qui n'aiment que le sang.

Les grans de mon Estat, de leurs mains sacrileges,
Pour troubler mon repos, tendent partout des pieges
Contre ma liberté;

Et les plus grands excez où s'emporte leur rage
Est lors qu'injustement leur cruauté m'outrage
    Sans l'avoir merité.

Les yeux toûjours ouverts de ta toute-puissance
Jusqu'au fond de mon cœur jugent mon innocence
    Et s'en rendent témoins;
Leve-toy donc, Seigneur, pour assurer ma vie :
Au danger où je suis, ta bonté t'y convie,
    Mes vœux et mes besoins.

Arme tes bras vainqueurs d'un foudroyant tonnerre,
Pour terracer l'orgueil de ces fils de la terre
    Contre nous animez.
Le desir d'émouvoir une émeute civile
Les a fait assembler et rôder par la ville,
    Comme chiens affamez.

Tantost, pour opprimer la liberté publique
Ils complotoient tout bas quelque dessein tragique
    En secret ébauché;
Mais à quoy se cacher, pour en ourdir la trame,
A tes yeux, qui partout penetrent dans nostre ame?
    Rien ne leur est caché.

Ta seule volonté, qui peut d'un coup de foudre
Reduire en un instant tout l'univers en poudre
    Et conserver Sion,
Peut-elle pas encore oüir ma juste plainte,
Me sauver du peril et rassurer ma crainte
    Sous ta protection?

Je say quel est le bras dont tu nous dois défendre.
Qu'il peut tout ce qu'il veut; mais, afin de nous rendre
    Sages à l'avenir,
Pour mettre en leurs devoirs nos ames insensées,
Permets que nous puissions des miseres passées
    Garder le souvenir.

N'extermine donc point cette armée ennemie,

## PSEAUME LVIII.

Mais fay-leur reconnoistre, avec leur infamie,
    Leur fausse opinion ;
Et que, dans le cahos d'un éternel divorce,
Ils perdent à jamais le courage et la force
    Avecque l'union.

Qu'en tout temps, en tout lieu, ton courroux legi-
Puisse dans leur memoire imprimer de leur crime [time
    L'éternel repentir ;
Qu'autant que leur bonheur éleve leur audace,
Autant le desespoir d'avoir perdu ta grace
    Les puisse aneantir.

Fay de ces factieux cesser le monopole,
Arreste le progrez de leur camp, qui desole
    Nos villes et nos champs,
Et fay qu'en ce grand tout, dont toy seul es le mais-
Ta justice se face également connoistre     [tre,
    Des bons et des méchans.

Que ces chiens affamez, ces nations impies,
Qui sur les gens de bien, non moins que des harpies,
    Se vouloient assouvir,
Renonçant à l'erreur qu'ils avoient publiée,
Fassent voir à tes pieds leur ame humiliée,
    Soûmise à te servir.

Quand par toute la terre, en mendiant leur vie,
L'impitoyable sort qui la tient asservie
    La poursuivra partout,
Alors je chanteray ta justice profonde,
Qui du plus haut des cieux gouverne toute le monde
    De l'un à l'autre bout.

Je diray qu'à ta grace est mon ame obligée,
Qu'elle reçoit de toy, quand elle est affligée,
    Son plus doux reconfort ;
Et mes vers, exaltant ta suprême puissance,
Diront qu'elle est sans fin de la foible innocence
    L'asyle et le support.

## LE LIXe PSEAUME.

*Deus, repulisti nos, etc.*

Seigneur, quand tu fis luire et gronder dessus nous
Ces orages bouffis d'éclairs et de tempestes,
Ta bonté détourna de ton juste courroux
Les tonnerres lancez sur nos coupables testes.

Ta seule volonté, par des effets divers,
Esbranle en un instant et raffermit la terre;
Jusques au plus profond des gouffres des enfers
Ton ire et ton amour l'entr'ouvre et la resserre.

De la main dont l'on voit les verges apprester
Pour punir tes enfans et ceux de ton Eglise,
Ne nous promets-tu pas qu'on te verra planter
Nos drapeaux triomphans sur la terre conquise?

Ne te lasse donc point de proteger les tiens,
Accumule pour eux conquestes sur conquestes,
Et fay que tes faveurs, en les comblant de biens,
Témoignent que ta grace accorde leurs requestes.

Suis-je pas assuré, puisque tu l'as promis,
Malgré ces ennemis et leur forte défense,
Que Sichem et Jacob seront un jour soûmis
Par une juste guerre à ma juste puissance?

Manassé, Galaad, et leurs larges pourpris,
Reconnoissent déja les loix de mon empire,
De mesme qu'Ephraïm, fecond en beaux esprits,
Dont le sage conseil la prudence m'inspire.

Sur Juda je dois voir, après tant de combats,

Estendre ma puissance en dépit de l'envie,
Et les champs de Moab produiront sous mes pas
Des biens qui combleront de delices ma vie.

Aprés tant de perils et d'etats surmontez,
Ne dois-je pas encor aller à main armée,
Pour finir les travaux qui me sont apprestez,
Estendre mon empire en la plaine Idumée ?

Mais qui dans ces exploits assurera nos cœurs,
Que celuy qui nous fait estre ce que nous sommes,
Et qui dans les combats rend les hommes vainqueurs,
Et n'a jamais besoin de la force des hommes ?

Pren donc pitié des tiens, assiste-les toûjours;
Quelque armée innombrable où l'ennemy se fonde,
Nous sommes assurez, avecque ton secours,
De ranger sous nos loix tous les sceptres du monde.

---

## LE LXe PSEAUME.

### Exaudi, Deus, etc.

Seigneur, enten les vœux, exauce les prieres,
   Que je te fais du bout de mes frontieres,
Où je fuis d'Absalon et du trouble civil;
Je ne pren mon repos que dans l'inquietude,
Je voy changer ma Cour en une solitude
Et mon regne paisible en un honteux exil.

Tu m'as toûjours servi de guide en ma retraite;
   Mais, si tu veux faire une œuvre parfaite,
Sois encore mon guide à rentrer dans Sion :
Aprés m'avoir sauvé d'un complot si funeste,

Veux-tu pas sous ton aisle, en la maison celeste,
Assurer mon repos en ta protection?

Que si ton seul appuy raffermit mon courage,
  Et me remet en ce riche heritage,
Où la seule vertu nous peut rendre contens,
Prolonge, ô Tout-Puissant! mon empire et ma vie,
Afin que sur le thrône, en depit de l'envie,
Je te puisse servir et regner plus long-temps.

Je n'y fuiray pas moins le vice et la licence
  Que si j'estois toûjours en ta presence,
Comme ceux qui là haut bruslent de ton amour.
Ma voix n'y chantera que tes seules loüanges,
Et le feu qu'à jamais y conservent les anges
Dans mon cœur embrasé croistra de jour en jour.

---

## LE LXIe PSEAUME

### Nonne Deo subjecta, etc.

Je n'apprehende point la haine ni l'envie
  Qui contre mon honneur, mon Estat et ma vie,
    Ont soulevé mon peuple tant de fois;
Quoy qu'on ose par ruse ou par force entreprendre,
L'esprit sage et puissant qui veille pour les rois
    M'en saura bien défendre.

A quoy sert d'employer l'artifice et la force
Pour abatre un vieil tronc qui n'a plus que l'écorce
    Et que les vers rongent de toutes parts?
A quoy sert d'employer et la sape et la mine
Pour combler des fossez et battre des remparts
    Qui tombent en ruine?

Ils taxent mon esprit et mon corps de foiblesse;
Dans l'injuste dédain qu'ils ont de ma vieillesse,

## PSEAUME LXI.

Leur jugement ne revient point à soy,
Et, sous le vain éclat qui brille en ma couronne,
Leur lasche flaterie, en estimant leur roy,
    Mesprise ma personne.

Et toutefois, mon ame, aprés ces longues peines,
Il faut avoir recours aux grandeurs souveraines
   D'un Dieu tout bon, qui t'offre son appuy;
L'univers n'est regi que par sa providence :
Il faut plutost fonder ton esperance en luy
    Qu'en l'humaine prudence.

Ce n'est point par mon bras que j'obtiens la victoire;
Je tiens de sa bonté mon salut et ma gloire,
   Et mon malheur de son juste courroux.
Peuples à qui l'ennuy rend la vie importune,
En imitant ma foy, vous m'imiterez tous
    En ma bonne fortune.

Mais, toutefois, combien que les esprits des hommes
Naissent tous malheureux dans le siecle où nous som-
   Ils ne sauroient quitter leur vanité;     [mes,
Sa pesanteur en eux a tant de violence
Qu'elle emporte souvent le poids de l'équité
    Dans leur fausse balance.

Dans le soin trop ardent d'acquerir des richesses,
Gardez de vous servir de ces lasches finesses
   Où le parjure à la fraude se joint;
Tous ces biens amassez d'une main infidelle
N'ont rien de permanent, et ne nous suivent point
    En la vie éternelle.

C'est-là que le Seigneur à jamais nous accorde
Et sa protection et sa misericorde,
   Pour nous sauver des malheurs d'icy bas;
C'est-là qu'également sa bonté tutelaire
Départ à ses enfans, aprés tant de combats,
    La peine et le salaire.

## LE LXIIe PSEAUME.

*Deus, Deus meus, etc.*

C'est inutilement que le flambeau du monde
   Sort au matin de l'onde
Pour nous rendre le jour, qu'il porte avecque soy;
Seigneur, je ne croy pas que la nuit soit passée:
   Il n'est point jour pour moy
Si ta grace n'éclaire aux yeux de ma pensée.

De ce feu tout divin la pure et sainte flame
   Illumine mon ame;
Fay, Seigneur, que je puisse en joüir à jamais:
Ces antres où je vis loin de la multitude
   Me seront des palais,
Et n'auront plus pour moy d'ombre et de solitude.

Quand sera-ce, Seigneur, que je me pourray dire
   Habitant de l'empire
Où le flambeau du jour ne luit que sous tes pas?
Quand sera-ce, Seigneur, que la prison mortelle
   Qui m'arreste icy bas
Me laissera jouir de ta gloire éternelle?

Quand je pense en moy-mesme à la magnificence
   De ta toute-puissance,
Qu'on ne peut contempler que des yeux de la foy,
Mon ame, dans ce corps esclave et vagabonde,
   Est si fort hors de soy
Qu'elle a peine à souffrir les delices du monde.

Ces captifs innocens engraissez dans nos cages,
   Ces hostes des bocages,
Ces vieux, ces grands poissons, ces animaux naissans;

Tous ces mets somptueux dont ma table est servie,
  Ne touchent plus mes sens
Que pour les dégouster des plaisirs de la vie.

La nuit, où tous les soins dans l'ombre et le silence
  Calment leur violence,
Ne finit point les miens en finissant le jour;
Quand de son voile humide elle en esteint la flâme,
  Le feu de ton amour
Avecque plus d'ardeur se rallume en mon ame.

Dans l'asyle où je suis, à l'abry de tes aisles,
  Tes graces éternelles
Joindront un jour la gloire à la tranquilité,
Et ceux qui par le fer ont ma perte jurée
  D'un glaive ensanglanté
Auront la mesme mort qu'ils m'avoient preparée.

Ces demons tenebreux dont la noire malice
  N'use que d'artifice
Et nous attaque moins en lions qu'en renards,
Ceux dont la vaine horreur sans raison nous effroye,
  Viendront de toutes parts
Faire de ces maudits leur legitime proye.

Tu fermeras la bouche à l'esprit de mensonge,
  De qui l'erreur nous plonge
En un gouffre éloigné du jour et de tes yeux :
Tes saintes veritez luy declarent la guerre,
  Et font regner aux cieux
Le prince qui maintient leur regne sur la terre.

## LE LXIIIe PSEAUME.

*Exaudi, Deus, orationem meam, etc.*

Toy de qui le pouvoir se voit par les effets,
Toy qui ne laisses point d'ouvrages imparfaits,
   Dieu tout-puissant, enten mes justes plaintes;
Si tu fais de grans rois des plus petits bergers,
Si tu m'as si souvent délivré des dangers,
   Délivre-moy des ennuis et des craintes.

Déjà ces factieux, par leurs sanglans efforts,
Me retiennent tout vif dans le sejour des morts,
   Où j'ay sans fin ta grace reclamée;
Et, de ce lieu profond, j'entens de toutes parts
Que leurs discours, picquans plus que ne sont leurs [dards,
   Impunément blessent ma renommée.

Toute leur haine estoit contre l'Oint du Seigneur,
Et, bien que, pour ravir ma gloire et mon honneur,
   Ils employoient leur ruse et leur puissance,
De leur complot secret il n'estoit rien paru;
Ils se cachoient si bien qu'ils n'eussent jamais crû
   Qu'homme vivant en eust la connoissance.

C'est dans cette assurance où leur iniquité
Témoigna tant d'ardeur et d'animosité
   A s'attaquer aux pouvoirs legitimes;
Ces cœurs, dont la valeur n'éclate que pour eux,
Aux belles actions n'ont rien de genereux,
   Et ne sont grans qu'à faire de grans crimes.

Mais, lorsque leur pouvoir est le plus triomphant,
On les voit terracez par la main d'un enfant,
   Qui du berceau ses foudres leur envoie;

Ils quittent les autels qu'ils avoient usurpez,
Et du coup imprévû qui les a dissipez
   L'estonnement se mesle à nostre joye.

Ceux qui de te connoistre ont fait tant de refus
Dans leur impieté demeureront confus,
   Voyant l'effet de ta toute-puissance ;
Et ceux que la raison a soumis à tes loix
Publiront à jamais la gloire et les exploits
   Du bras vainqueur qui maintient l'innocence.

---

## LE LXIVe PSEAUME.

*Te decet hymnus, Deus, in Sion, etc.*

Dieu tout-puissant, puisque tu veux
   Dans Sion recevoir les vœux
   Et les hymnes à ta loüange,
Quels peuples, s'ils ne sont dépourvûs de raison,
Ou des rives du Tage, ou des rives du Gange,
Ne viendront à la foule offrir leur oraison ?

   Si ceux qui servent aux faux dieux
   Par leurs discours pernicieux
   Qelquefois ébranlent mon ame,
Ton esprit, qui la sait de tes graces munir,
A la seule foiblesse en impute le blasme,
Et de l'erreur éteinte éteint le souvenir.

   Bienheureux seront tes eleus,
   Ces grans courages resolus
   Que l'amour de la gloire inspire !
Ils seront assurez de jouir avec toy
Des thresors dont ta grace enrichit son empire,
Où tu rends l'équité compagne de la foy.

## PSEAUME LXIV.

Grand Dieu, qui fais naistre et calmer,
Et sur la terre et sur la mer,
Nostre crainte et nostre assurance,
Preste l'oreille à ceux qui reverent tes loix,
Dont ta misericorde est la seule esperance,
Et dont le cœur ouvert est conforme à la voix.

Par toy les monts audacieux
Contre la colere des cieux
Exposent leurs testes chenuës ;
Les tonnerres par toy se forment dans les airs ;
Par toy l'orgueil des flots s'éleve dans les nuës
Et semble s'efforcer d'éteindre les éclairs.

Tous les peuples de l'univers
S'estonnent des effets divers
De ta main juste et souveraine :
Elle opere en tous lieux toute chose à propos ;
Aux esprits affligez de tristesse et de peine,
Le jour leur rend la joye et la nuit le repos.

Ta providence également
Dispense generalement
L'eau qui rend la terre feconde ;
Et ta source de grace, où la foy se nourrit,
En ruisseaux infinis s'épand pour tout le monde ;
Elle coule sans cesse et jamais ne tarit.

La pluye, en maints petits bouillons,
Tombe et jaillit sur les sillons
Au retour des saisons nouvelles ;
Tout abonde en tout tems des biens que tu produis,
L'esté pave les champs de nombreuses javelles,
Le printemps a des fleurs et l'automne des fruits.

Les plus durs rochers des deserts
Sont de fleurs et d'herbes couverts
Comme les plus gras pasturages ;
Et des fines toisons qui vestoient nos brebis,

Dans sa loge paisible, à l'abry des orages,
Le pasteur voit filer le drap de ses habits (1).

    Les marais les plus noyez d'eaux
    Produiront, au lieu de roseaux,
    Le fourment à pleines faucilles ;
Tes liberales mains enrichiront les tiens,
Et feront qu'à jamais leurs heureuses familles
Beniront le pouvoir qui les comble de biens.

## LE LXVe PSEAUME.

*Jubilate Deo, omnis terra, etc.*

Que la grandeur du Dieu que nous servons
    Soit jour et nuit, tandis que nous vivons,
Aux deux bouts de la terre exaltée en nos veilles ;
Jusqu'à tant qu'à nostre ame il ait donné des yeux
Capables d'admirer sa clarté dans les cieux,
Admirons icy bas ses visibles merveilles.

    Ces apostats, ces lasches imposteurs,
    Se trouveront injustes et menteurs
Au jugement qu'ils font de sa toute-puissance.
Qui ne voit que sa main decore l'univers
De tous ces ornemens, si beaux et si divers,
Qui témoignent son soin et sa magnificence ?

    Venez donc tous admirer les effets
    Du seul ouvrier des ouvrages parfaits ;
Consacrez-luy vos vœux avecque vos hommages ;
Et, comme tous nos yeux reverent ses grandeurs,

---

1. Cette image n'est pas dans la Vulgate. Racan s'est plu à la reproduire ici après l'avoir placée avec tant de bonheur dans le 5e acte des Bergeries :

    Et qui de leur toison voit filer ses habits.

Tous nos yeux soient épris de ses saintes ardeurs,
Et que toutes nos voix exaltent ses ouvrages.

   Combien pour nous eut-il d'affection
     Quand sa bonté restablit dans Sion,
Aprés un long exil, l'Eglise vagabonde!
La mer Rouge en fureur ne la put retenir;
Elle vit sous nos pas ses gouffres s'aplanir,
Et passer à pied sec au milieu de son onde.

   Ce ne fut point la force de nos bras
     Qui nous rendit vainqueurs dans les combats,
Ce bonheur ne nous vint que de sa force mesme;
Nostre pouvoir par luy s'est toûjours conservé,
Et l'orgueil de la terre en vain s'est eslevé
Pour ravir de ses mains l'autorité supréme.

   Beni soit donc ce Dieu dont la bonté
     Nous retira de la captivité
Où la mort retenoit nostre ame criminelle!
Il nous rend la lumiere en la nuit du peché,
Nous guide et nous soustient, quand nous avons bron-
Dans le chemin glissant de la vie éternelle.    [ché,

   Comme au fourneau l'argent est épuré,
     Le long malheur qu'a ton peuple enduré
Peut-il pas, comme un feu, purifier leurs ames?
Quoi! dans ta prescience, as-tu donc arresté
Qu'aucun de nous là-haut ne verra la clarté
Qu'il n'ait esté purgé dans le milieu des flâmes?

   Mais ces tourmens, ces ennuis et ces fers,
     Que nous avons tant de siecles soufferts
Qu'à la fin nos langueurs tournoient en habitude,
Ne remirent-il pas ton peuple en son devoir?
Et nostre repentir n'eut-il pas le pouvoir
De finir ta colere et nostre servitude?

   Sur tes autels de mes plus gras aigneaux
     Je répandray le sang à longs ruisseaux,

Pour rendre à ta bonté les biens qu'elle m'octroye;
Et les vœux que j'ay faits durant ces tristes nuits
Que j'estois accablé de chaisnes et d'ennuis,
Je les accompliray comblé d'heur et de joye.

   Bien que ma plainte élevast à la fois
    Jusques au ciel et mes yeux et ma voix,
Il ne m'a pas si-tost receu sous ses auspices.
O vous que le Seigneur a bruslé de ses feux!
Sachez que sa bonté n'exauce point mes vœux
Que quand je les conçois d'un cœur purgé de vices.

   Benissons donc à jamais l'Eternel,
    Dont la puissance et l'amour paternel
Dans mes necessitez prévenoient mon envie;
Benissons sa bonté, dont j'ay tout à souhait,
Et que le souvenir des graces qu'il me fait
M'oblige à le servir le reste de ma vie.

---

## LE LXVIe PSEAUME.

#### Deus misereatur nostri, etc.

Que l'Eternel ouvrier des œuvres éternelles,
    Par qui tous les fidelles
Sont regis sous un regne aussi juste que doux,
Aprés tant de faveurs qu'à nos vœux il accorde,
    Fasse encore pour nous
Paroistre les effets de sa misericorde.

C'est par elle, Seigneur, plus que par le tonnerre,
    Que tu verras la terre
Ne reconnoistre plus d'autre maistre que toy;
Et regnera la paix generale et profonde,
    Lors qu'une mesme foy
Comme un mesme soleil éclairera le monde.

L'on verra sans travail nos campagnes fertiles,
         Et nos bœufs inutiles
Se nourrir des espics égrenez sous leurs pas;
La saison où l'amour rajeunit toutes choses
         N'aura que des appas,
Et ne meslera plus les espines aux roses.

Dans ces prosperitez que tes mains liberales
         Rendront si generales,
Nous joüirons des fruits de ton affection;
La justice et la paix, qui par ta providence
         Reviendront dans Sion,
Auront à leurs costez la joye et l'abondance.

Ta main, qui foudroyoit l'impie et le profane,
         En nous versant la mane
Engraissera ton peuple, engraissera nos champs;
Ta grace et ton pouvoir, d'une égale contrainte,
         Forceront les méchans
A recevoir ton nom par amour ou par crainte.

---

## LE LXVIIe PSEAUME.

### Exurgat Deus, etc.

Que Jesus se levant ralume son flambeau,
    Pour témoigner à ceux qui l'ont mis au tombeau
Que son corps glorieux jamais ne s'y consomme,
Et que, si pour un temps il cede à leur effort,
Et que dans les douleurs il meure comme un homme,
Il pouvoit comme un Dieu triompher de la mort.

 Comme la cire fond au regard du soleil,
Dés que de ce bel astre ils verront le réveil
Leurs incredulitez s'en iront en fumée;
Et les justes, voyans des esprits libertins

L'aveugle idolatrie à jamais supprimée,
Adjousteront la joye aux mets de leurs festins.

Celebrons les grandeurs du Sauveur des humains ;
Disons que l'univers est l'œuvre de ses mains,
Que les cieux sont ornez de ses magnificences ;
Disons que ce grand tout par luy seul se maintient,
Et qu'estant seul puissant sur toutes les puissances,
Le titre de Seigneur à luy seul appartient.

Cependant que le sage est comblé de plaisirs,
Les mutins, ne pouvant accomplir leurs desirs,
Font jusque dans le ciel éclater leur murmure ;
Mais ils verront bien-tost de leur complot malin
Les yeux du Tout-Puissant découvrir l'imposture,
Et proteger contre eux la vefve et l'orphelin.

La paix qui l'accompagne en terre comme aux cieux,
Dans un regne aussi doux comme il est glorieux,
Rend de ses serviteurs les familles heureuses ;
Et l'interest, autheur des animositez,
Ne conseille jamais ces ames bienheureuses
A rompre le lien qui joint leurs volontez.

Par la vertu du sang qu'a le Verbe espanché,
Ceux qui du premier homme expioient le peché
Sont vestus de splendeurs en quittant la matiere ;
Mais ces esprits de chair que le monde seduit,
Qui de ces veritez mesprisent la lumiere,
Sont punis au tombeau d'une éternelle nuit.

La main qui les tira de leur captivité
Leur fit voir au desert sa liberalité,
Les cieux de toutes parts la mane leur verserent ;
Et, si-tost qu'il parut sur le mont Sinaï,
La terre s'entr'ouvrit, et les roches tremblerent
Sous les pieds des tyrans qui l'avoient envahi.

Cet esprit tout-puissant qui veille pour les siens

## PSEAUME LXVII.

Couvre dés le printemps les campagnes de biens,
Aprés ces longs hivers dont la terre s'ennuye ;
Et, lorsque le soleil a beû l'humidité,
Ses rayons attirans se déchargent en pluye,
Et rendent à nos champs ce qu'ils leur ont osté.

Il témoigne sans fard combien il nous cherit ;
Dans les rochers deserts, les troupeaux qu'il nourrit
Ne mettent leur espoir que sous sa providence ;
Et, pour planter la foy dans l'ame des pecheurs,
Il n'a point employé de plus haute éloquence,
Que la naïveté des plus simples pescheurs.

D'invisibles guerriers sa suite fourmilloit,
Son supréme pouvoir la terre émerveilloit,
Quand sur nos ennemis il gagna la victoire ;
Par elle ses enfans sont délivrez des fers,
Par elle sa maison voit augmenter sa gloire,
Et par elle les cieux triomphent des enfers.

Ceux qui furent aux feux si long-temps detenus,
Aprés s'estre purgez, sont-ils pas devenus
Plus blancs que la colombe aux plumes argentées ?
Sa grace, dont ils font leur plus riche thresor,
Et ses perfections jusqu'au ciel exaltées,
Ne passent-elles pas les merites de l'or ?

Aprés qu'il eut chassé ces princes indomptez
Dont les flots du Jourdain furent ensanglantez,
Et ses deux bords couverts de leurs superbes tentes,
Les neiges de Selmon reprirent leur blancheur,
Et, pour nous garantir des chaleurs violentes,
Rendirent à nos champs la graisse et la frescheur.

Dés l'heure ses sommets sont couverts de troupeaux,
Le vin comme le lait en distile à ruisseaux,
L'herbe y lasse la faulx comme aux valons humides,
Et, pour ne rien ceder aux plus fertiles champs,
Les rochers les plus durs de ces costes rapides
Se laissent cultiver sous les coutres tranchans.

## PSEAUME LXVII.

Tous les monts d'alentour avec humilité
Admirent la hauteur, l'aspect et la beauté
Dont celuy de Selmon se rend incomparable ;
Le soleil le saluë en ramenant le jour,
Et ce qui le fait voir encor plus admirable,
C'est que le Roy des rois y choisit son sejour.

Là maints guerriers autour du char de ce grand
Marchant dessus les airs sans occuper de lieu, [Dieu,
D'imperceptibles lacs enchaisnent la victoire,
Et d'escadrons aislez à son pouvoir soûmis
Percent, ouvrent les rangs, combattent pour sa gloire,
Et sans se faire voir défont ses ennemis.

Son front fut couronné de rayons triomphans,
Lors qu'il eut de la mort délivré ses enfans
Et de leur long ennuy les causes étouffées ;
Ceux que son bras vainqueur remet en liberté
Environnent son char, et font que ses trophées
Sont decorez des fers de leur captivité.

Par un soin équitable autant que liberal,
Il rend de ces combats le bonheur general
Et de tous les mortels écoute la priere ;
Ceux mesme dont l'erreur a ses temples pollus,
Par l'amour et la foy recouvrent sa lumiere,
Qui les conduit au ciel au rang de ses eleus.

Benissons donc l'Esprit à jamais glorieux
Dont la grace nous vient d'ouvrir les mesmes cieux
Où les foudres grondoient sur nos coupables testes ;
Benissons le seul Dieu nostre unique support,
Qui par tout est vainqueur, et de qui les conquestes
Ont soûmis à ses loix l'empire de la mort.

« J'abaisseray, dit-il, ces princes reprouvez,
Ils verront à leur dam qu'ils n'estoient eslevez
Que pour rendre en tombant leur cheute plus profonde ;
Et Bazam connoistra que mon bras tout-puissant

Peut fermer et rouvrir un chemin dans les ondes,
Pour abysmer l'impie et sauver l'innocent.

« Je veux exterminer à jamais ces méchans,
Je les feray tomber sous les glaives tranchans
De ceux qui ressentoient la rigueur de leur haine ;
Ils mordront la poussiere, et ceux que je maintiens
Marcheront dans leur sang, qui baignera la plaine,
Et dont j'abreuveray les corbeaux et les chiens. »

Quand il aura défait ses puissans ennemis,
Et qu'il triomphera de leur sceptre soûmis,
Les princes en concert chanteront sa victoire ;
Et ces fieres beautez qui dessus les mortels
Par les traits de leurs yeux obtiennent tant de gloire
Mettront les armes bas au pied de ses autels.

Benissez le Seigneur, race de Benjamin ;
De palme et de laurier tapissez son chemin,
Vous, dignes possesseurs du sceptre de Judée ;
Que ceux de Zabulon et ceux de Nephthali
Benissent tous sa grace à nos vœux accordée,
Qui fait que des faux dieux l'empire est aboli.

Donc toûjours, ô grand Dieu, reçoi nos justes vœux ;
Conserve, comme à nous, à nos derniers neveux,
Les celestes faveurs dont ta grace est feconde,
Afin que tous les rois de qui l'autorité
Dans les siecles futurs gouvernera le monde
Puissent ainsi que nous reverer ta bonté.

Déja de toutes parts la fureur des taureaux
S'efforce de chasser tes timides aigneaux
Des valons que tu rends feconds en pasturage ;
Et ces peuples armez qui vont tout ravageant
Dans les afflictions éprouvent nos courages,
Comme dans la fournaise on éprouve l'argent.

Acheve ton ouvrage, ô grand Dieu des combats !

Mets de ces factieux les puissances à bas,
Et confon aux enfers l'idolatre et l'impie ;
Par là tu remettras le monde en son devoir,
Et les peuples d'Egypte et ceux d'Ethiopie,
Par crainte ou par amour, beniront ton pouvoir.

 Royaumes de la terre, exaltez le Seigneur,
Recitez à l'envy des vers à son honneur,
Dont son nom glorieux soit la seule matiere ;
Et vous de qui la foy, jamais ne variant,
Avec impatience attendoit la lumiere,
De ce nouveau soleil saluez l'orient.

 Par ses faits merveilleux, qu'on ne peut imiter,
Comme par ses exploits, fit-il pas exalter
Sa force et sa justice aux deux bouts de la terre ?
Et l'on connut l'excés de son affection
Quand, d'une voix égale à celle du tonnerre,
Il publia ses loix au peuple de Sion.

 Mais, dans tout ce grand tout où sa dexterité
Accorde l'industrie avec l'immensité
Et fait que toute chose à sa gloire conspire,
Rien de plus merveilleux n'estonne les humains
Que lorsque des enfers il peuple son empire,
Et que de grands pecheurs il en fait de grands saints.

---

## LE LXVIIIe PSEAUME.

### Salvum me fac, Deus, etc.

O grand Dieu, calme cet orage
 Qui m'abysme dans les ennuis.
Toy seul, dans l'estat où je suis,
Me peux garantir du naufrage.
La mer enflée en un moment

Pousse ma barque au firmament,
La precipite dans la bouë;
Et, malgré l'art des matelots,
Le vent contraire qui se jouë
La piroüette sur sa prouë
Et la rejette sur les flots.

   Fay (1) appaiser cette revolte,
De qui les glaives et les feux
Passent en nombre mes cheveux
Et les espics dans la recolte.
Le vain espoir de m'opprimer
Les a fait contre moy s'armer;
Tu peux mettre fin à ma crainte.
Ma voix, en ces maux inoüis,
Lasse de t'élever ma plainte,
Demeure enroüée et contrainte,
Et mes yeux en sont ébloüis.

   Leur camp tous les jours se renforce,
Mon salut est hors de saison;
Ce qu'on défendoit par raison,
Ils l'ont exigé par la force.
Tes yeux, ausquels rien n'est caché,
Connoissent si c'est mon peché
Qui rend mon malheur incurable.
O Tout-Puissant! exauce-moy,
Entend les cris d'un miserable,
Et voy d'un regard favorable
Mon ame qui s'adresse à toy.

   Défend le peuple d'infamie
Qui te reconnoist pour son Roy,

---

1. Cet *hiatus* est aussi dans l'édition de 1660. Racan les évitoit de son mieux, et, comme il craignoit beaucoup moins une faute d'orthographe, il est très possible qu'il ait écrit *fays*, contrairement à la règle du temps.

N'imprime la honte et l'effroy
Qu'au front de l'armée ennemie.
Pour m'estre mis sous ton appuy,
Chacun me reproche aujourd'huy
Que j'ay l'ame foible et legere,
Et me mettent au mesme rang
Ceux qui doivent l'estre à mon pere
Et qui dans les flancs de ma mere
Sont conceus de mon mesme sang.

Mon malheur a cela d'estrange
Que, quand ces esprits sans pitié
Ont pour toy de l'inimitié,
C'est contre moy qu'elle se vange.
Si dans le jeusne et l'oraison
Je sens naistre dans ma raison
Quelque legitime scrupule,
Si je fais quelque austerité,
Voy-je pas leur ame incredule
Qui me traite de ridicule
Et rit de ma simplicité?

Ils ont fait passer pour des fables
Ou pour des superstitions
Mes devotes intentions,
Au libre entretien de leurs tables.
C'est à toy seul que j'ay recours;
Je n'implore d'autre secours
Que de ta main juste et puissante.
Ne verray-je point le retour
De ta grace toûjours absente?
N'est-il pas temps que je ressente
Quelque marque de ton amour?

Exauce mes vœux, et m'accorde
Que ton nom me serve d'appuy.
Tout mon espoir n'est aujourd'huy
Qu'en ta seule misericorde.

## PSEAUME LXVIII.

Permets, Seigneur, que mes beaux jours
Puissent recommencer leur cours,
Que leur orage et ta justice
Pour moy se puissent assoupir,
Et qu'enfin ta bonté propice
Me tire du gouffre où le vice
Me fait dans la fange croupir.

Sauve-moy de ces mers profondes
Où je nageois dans les plaisirs,
Tandis que mes jeunes desirs
Sucroient l'amertume des ondes.
O toy qui connois le danger
Où ma barque peut s'engager !
Exauce mes justes requestes,
Conduy mes timides nochers,
Et que tes bontez toûjours prestes
Les preservent, dans les tempestes,
Des abysmes et des rochers

Grand Dieu, voudrois-tu méconnoistre
Ton serviteur et ton enfant,
Lorsque l'ennemi triomphant
Sur mes estats se veut accroistre ?
Me laisseras-tu bien perir
Sans songer à me secourir ?
Ton bras, par qui tout se surmonte,
Ne les humilira-t-il point
D'une disgrace juste et prompte,
Ceux qui d'infamie et de honte
Couvrent la face de ton Oint ?

De ce faux pretexte de blâme
Que ces méchans m'ont imputé,
Tu connois leur iniquité
Et le venin qu'ils ont dans l'ame.
Pas un de ceux que je cheris,
Et dont je fais mes favoris,

Ne m'ont offert leur assistance.
Chacun, en l'estat où je suis,
Admire ma longue constance,
Mon courage et ma resistance,
Et pas un ne plaint mes ennuis.

 Ce peuple arrogant et sauvage,
Qui méprise l'ire du ciel,
M'a pour viande offert du fiel,
Et du vinaigre pour breuvage.
Pour punir l'inhumanité
De leur fausse hospitalité,
Que, gorgez des mets delectables,
Dans la joye et dans le bonheur,
Ces fiers courages indomptables
Dans des perils inévitables
Perdent leur vie et leur honneur.

 Que de ses plus épaisses voiles
La nuit environnant les cieux,
En un moment oste à leurs yeux
Toutes les clartez des estoiles.
Estant accablez sous le faix
De leurs execrables forfaits,
Fay sur les ames criminelles
Flamber tes foudres allumez,
Et fay qu'aux flames éternelles
Ces peuples ingrats et rebelles
Bruslent sans estre consumez.

 Fay que de leurs maisons desertes
Et de leurs domaines ingrats
Jamais le labeur de leurs bras
Ne puisse reparer leurs pertes.
Lorsque je mourois par leur main
Pour le salut du genre humain,
Dont mon sang lave la soüillure,
Leur dure persecution,

Ne croyant ma mort assez seure,
A de blessure sur blessure
Augmenté mon affliction.

 Que ce peuple à son injustice
Puisse adjouster l'impieté,
Et qu'il ne soit point écouté
Quand il excusera son vice;
Que ces méchans soient rejettez
Des graces et des charitez
Où ta clemence te convie,
Et que, toûjours sourd à leurs cris,
Ils bruslent de rage et d'envie
De voir qu'en ton livre de vie
Leurs noms ne seront point écrits.

 Pour moy, qui me vois à cette heure
Abattu par mes ennemis,
J'espere un jour d'estre remis
En une fortune meilleure.
Lors, de ma plume et de ma voix,
A la gloire du Roy des rois,
Mes productions seront telles
Que leur prix pourra surpasser
Les offrandes rares et belles
Des bœufs dont les cornes nouvelles
Commencent à peine à pousser.

 Ces miracles dont ma souffrance
Rendra mes ennuis soulagez
Aux esprits les plus affligez
Rendront la vie et l'assurance,
Et feront connoistre aux mortels
Qui font des vœux à ses autels
Que, pour revivre dans sa gloire
Et sortir des fers du trespas,
Il faut bien aimer et bien croire
Et n'entretenir sa memoire
Que de ses celestes appas.

Dieu nous oste, par sa sagesse,
La prison et la pauvreté ;
Aux uns il rend la liberté,
Aux autres il rend la richesse.
Que les cieux, la terre et la mer
Chantent le seul qu'on doit aimer
Comme le seul objet aimable ;
Que luy seul est le createur
De tout ce qu'on voit de palpable,
Et que toute ame raisonnable
Adore en luy son protecteur.

Toutes les villes de Judée
Recevront la punition,
A la reserve de Sion,
Qui par sa grace en est gardée ;
L'on jouira dans ses palais
De l'abondance et de la paix ;
Et, dans le general ravage
De tant de peuples déconfits,
Israel sera l'heritage
Qu'auront ses esleus en partage,
Et qu'ils laisseront à leurs fils.

---

## LE LXIXe PSEAUME.

### Deus, in adjutorium, etc.

Seigneur, vien à mon aide, et confon d'infamie
Ces bataillons nombreux de l'armée ennemie
Qui viennent à grans flots mes terres submerger ;
Calme ces tourbillons, dissipe la tempeste,
Contre ces furieux retourne le danger
    Qui menace ma teste.

Chasse ces legions dont la plaine est couverte ;
Dissipe leurs conseils, qui complotent ma perte ;
Que la peur du trespas se glace dans leur cœurs ;
Change dans les combats en crainte leur furie,
Et fay que nous puissions rendre à ces fiers vainqueurs
    Leur vaine raillerie.

Ceux qui cherchent en toy leur principale gloire,
Ton nom, qu'ils ont toûjours present dans la memoire,
Fait par tout prosperer leurs desseins genereux ;
Jamais le changement ne trompe leur attente,
Tes mains, qui peuvent tout, affermissent pour eux
    La fortune inconstante.

Mais moy, qui du malheur suis la digne victime,
Accablé de soucis, repentant de mon crime,
J'implore ton secours sans l'avoir merité.
A mon cœur abatu redonne l'assurance :
Contre tant d'ennemis j'ay mis en ta bonté
    Toute mon esperance.

---

## LE LXXe PSEAUME.

### In te, Domine, speravi, etc.

Seigneur, c'est en ta grace où mon espoir se fonde :
Pren soin de mon salut dans les troubles du monde,
Afin de confirmer tes peuples dans la foy ;
Et, pour confondre ceux qui n'en font point de conte,
    Fay paroistre à leur honte
Qu'ils n'ont pas, comme nous, un protecteur en toy.

Permets que ton oreille, attentive à mes plaintes,
Calme dans mon esprit mes soupçons et mes craintes ;
Fay-moy voir des effets de ton affection :

## PSEAUME LXX.

Je ne puis opposer aux armes infidelles
      Ni forts ni citadelles
Où je sois mieux gardé qu'en ta protection.

C'est d'elle d'où me vient la force et l'assurance;
C'est d'elle dont j'espere avoir la delivrance
De ceux de qui l'erreur aveugle nos esprits;
S'ils ont contre ton nom et tes grandeurs suprémes
      Vomi tous les blasphêmes,
Qu'auront-ils plus pour moy qu'injure et que mépris?

Ton amour paternel, triomphant de l'envie,
Assure mon repos, ma fortune et ma vie;
Elle est de mes ennuis l'unique reconfort;
Et, depuis que mon ame anime la matiere
      Qui la tient prisonniere,
Toy seul es mon Sauveur, ma force et mon support.

Mes vers exalteront ta clemence infinie,
Qui rend à mes Estats leur liberté bannie,
Et ton nom, aussi grand comme il est redouté;
Et le monde fera passer pour des merveilles
      De m'entendre en mes veilles
Soûpirer mon malheur et chanter ta bonté.

Si ma bouche autrefois fut ouverte aux oracles,
Si dés mes jeunes ans j'ay predit tes miracles
Et publié par tout tes équitables loix,
Ne dois-tu pas, Seigneur, au declin de mon âge,
      Animer mon courage
Et redonner la force à ma mourante voix?

Mes ennemis, d'une ame aussi noire qu'ingrate,
S'en-vont disant tout bas, dans l'espoir qui les flatte:
N'est-il pas temps de faire éclater nos desseins?
Puisqu'un seul Dieu défend sa cause et sa couronne,
      Si ce Dieu l'abandonne,
Quel autre le pourra retirer de nos mains?

Ne me laisse donc point en bute à leur malice;

Que ton œil, qui des cœurs penetre l'artifice,
Découvre les complots de ces mauvais sujets;
Fay que dés en naissant leurs factions avortent,
  Et jamais ne remportent
Que honte ou repentir de tous leurs vains projets.

Quelque mal qui m'arrive et quoi qu'ils puissent faire,
N'ay-je pas pour support ta grace tutelaire
Et ton nom, en mes vers si souvent recité?
C'est le digne sujet de mes odes sacrées,
  Et, si tu les agrées,
Je tiendray ce bonheur de ta seule bonté.

Mes premieres chansons n'avoient rien que de rude,
Mes vers alloient rempant sans ordre et sans estude,
Et ne produisoient rien qui les fist estimer;
Mais tu m'as inspiré ces divines merveilles
  Qui charment les oreilles,
Et l'art, dans mon esprit, de les bien exprimer (1).

Si j'ay chanté ton nom, ta gloire et ta sagesse;
Si tu m'as dans ton sein, dés ma tendre jeunesse,
Découvert les secrets qui sont les plus obscurs,
Permets que mes vieux ans disent de tes miracles
  L'histoire et les oracles,
Et des siecles passez et des siecles futurs.

Je diray que ton nom est la terreur du vice,
Que jusques dans les cieux a parû ta justice
A foudroyer l'orgueil, contre toy declaré,
Et qu'aussi-tost qu'elle eût éprouvé ma constance
  En ma longue souffrance,
Aussi-tost ton amour m'en avoit retiré.

---

1. Il n'y a pas, dans la Vulgate, un seul mot qui indique ce rapprochement : c'est Racan qui veut constater, comme nous l'avons déjà fait nous-même, la supériorité de ses derniers vers sur les premiers.

Je diray qu'en sortant de ces lieux de tenebres,
Tu m'as voulu combler de tes graces celebres,
Qui mettent mes soucis en d'éternels deposts (a),
Et feront dans le ciel, où la nuit est sans voiles,
   Sur un thrône d'estoiles
Egaler pour jamais ma gloire à mon repos.

Quel luth harmonieux, quelle harpe éclatante,
Dira que par ta main, liberale et puissante,
Ta promesse accomplie a comblé mes souhaits?
Et quand, dans ces concerts, le zele me transporte,
   Quelle voix douce et forte
Chantera mieux que moy les biens que tu me fais?

Lors que des factieux j'obtiendray la victoire,
Pour louër amplement ta puissance et ta gloire
Je veux des plus grans jours employer la longueur;
Et ne sera jamais mon ame satisfaite
   De chanter leur défaite
Et la force du bras qui me rendit vainqueur.

---

## LE LXXIe PSEAUME.

### Deus, judicium tuum, etc.

Toy qui, de toute éternité,
 Sur tes plus glorieux modelles
 Prepares au Roy des fidelles
Une illustre prosperité (b),
Beny du dauphin la naissance;
Que, pour l'appuy de l'innocence,

(a) *Qui me feront jouir de l'immortalité*
 *Et dans un ciel serain où la nuit est sans voilles,*
  *Sur un thrône d'estoilles,*
 *Egaleront ma gloire à ma félicité.*

(b) Une illustre *postérité.*

     (Var. des *Documents sur Racan.*)

De la justice et de la foy,
Il témoigne dés son enfance
Un courage digne d'un roy.

Que, sur les monts audacieux,
Les orgueilleux fils de la terre
Se lassent de faire la guerre
Contre la puissance des cieux,
Et, par des conseils plus utiles
Que ceux dont nos rages civiles
Arment la dextre des méchans,
Ils mettent la paix dans nos villes
Et l'abondance dans nos champs.

Qu'à ceux que la necessité
Rend esclaves de la fortune
Il rende sa bourse commune
D'une liberale équité ;
Que le bon ange qui l'inspire
Luy donne tout ce qu'il desire
Dans la paix et dans les combats,
Et qu'il unisse à son empire
Tous ceux des tyrans d'ici bas.

Les astres des ans et des mois
Cesseront d'éclairer le monde
Que l'on verra la terre et l'onde
Obeïr à ses justes loix ;
Ses fils acheveront l'ouvrage
De son invincible courage,
Et, sous des lauriers toûjours vers,
Donneront jusqu'au dernier âge
Des monarques à l'univers.

Aux ardeurs d'un trop long esté,
L'eau de l'égail et de la pluye,
Qui dans la plaine, qui s'ennuye,
Redonne la fecondité,
N'est point aux fleurs plus profitable,

Plus douce ni plus souhaitable,
Qu'est au peuple de ce lieu saint
D'estre sous le regne équitable
D'un roy qui t'aime et qui te craint.

   Son pouvoir durera toûjours,
Et de son illustre fortune,
Moins inconstante que la lune,
Le croissant sera sans decours;
Et, quand la Paix et la Justice
Auront soûmis à son service
L'onde et la terre en leurs deux bouts,
Son pouvoir, dissipant le vice,
Sera craint et cheri de tous.

   C'est par la valeur de son bras
Que la bruslante Ethiopie
Verra son audace assoupie
Baiser la terre sous ses pas;
Les rois de Tharsis dans nos villes
Porteront des thresors utiles,
Magnifiques et de grand prix,
Et l'Arabie aux champs steriles
Du storax et de l'ambre-gris.

   Tous les princes, ravis de voir
Sa clemence aprés la victoire,
Mettront leur principale gloire
D'estre soûmis à son pouvoir.
Ceux qui sont vaincus par les armes
En ses bontez trouvent des charmes.
Dont leurs ennuis sont soulagez,
Et par elles cessent les larmes
Des esprits les plus affligez.

   D'une paternelle amitié,
Ce roy clement et secourable
Aux cris du peuple miserable
Se rendra sensible à pitié.

Les conquestes qu'il a conceuës
N'auront que d'utiles issuës,
Et ses ambitieux projets
Ne gorgeront point nos sangsuës
Du meilleur sang de ses sujets.

L'histoire et nostre souvenir
Publiront aux races futures
Ses glorieuses avantures,
En tous les siecles à venir ;
Ils rendront la terre amoureuse
De sa puissance genereuse ;
Et le Jourdain en ses deux bords
Aura de l'Arabie heureuse
Les delices et les thresors.

Du fourment à l'espic doré
Passeront les fertiles gerbes
La hauteur des cedres superbes
Dont le Liban est decoré.
Son nom et sa bonté profonde
Seront benis par tout le monde ;
Et des astres et du soleil
N'éclairera la course ronde
Jamais rien qui luy soit pareil.

Les plus barbares nations
Dont la terre soit habitée
A sa vertu par tout chantée
Donneront leurs affections.
Les moissons à pleines faucilles
Combleront de biens nos familles ;
Et les plus braves, déconfits,
Craindront les attraits de nos filles
Et le courage de nos fils.

Donc, du seul Roy des immortels
Conservons sans fin la memoire ;

Confessons qu'à sa seule gloire
L'on doit des vœux et des autels,
Qu'en accomplissant les oracles
Il surmonte tous nos obstacles,
Que sa puissance est nostre appuy,
Et que, s'il se fait des miracles,
Ils ne proviennent que de luy.

---

## LE LXXIIe PSEAUME.

#### Quam bonus Israel Deus, etc.

En vain nous desirons d'avoir la connoissance
Des secrets de celuy dont la toute-puissance
    N'obéit qu'à sa volonté;
C'est dans ce labyrinthe où nostre esprit s'égare.
Dieu fait tout pour le mieux, et jamais ne separe
    Sa justice de sa bonté.

Cependant ma pensée a commis un blasphème
Quand j'ay vû les méchans dont le bonheur extrême
    N'est d'aucun malheur combattu;
Je disois : Le Seigneur est un Dieu d'injustice,
Qui d'un aveugle choix recompense le vice
    Du salaire de la vertu.

L'abondance et la joye accompagnent leur table;
Ce que l'onde et la terre ont de plus delectable
    Est commun à tous leurs repas;
Parmi les voluptez ils passent leur jeunesse,
Et jamais autre mal que l'extrême vieillesse
    Ne conduit leurs jours au trespas.

La creance qu'on a des peines éternelles
Que souffrent loin du jour les ames criminelles

En leur esprit n'a point de lieu.
Et par cette ignorance ils s'exemptent des craintes
Qu'ont au dernier soupir les ames les plus saintes
　　Des justes jugemens de Dieu.

Leur esprit tout de chair, qui se perd dans les vices,
S'imagine qu'ailleurs il n'est point de delices
　　Qui puissent rendre l'homme heureux.
Et la peur de donner un seul jour de leur vie
Aux charitables soins où le Ciel les convie
　　Fait qu'ils ne sont bons que pour eux.

Ce long aveuglement de leur bonne fortune
Ne leur laisse rien voir au-dessous de la lune
　　Qui soit égal à leurs esprits;
Et parlant sans respect des puissances suprêmes,
Leur orgueil fait le Ciel l'objet de leurs blasphêmes,
　　Et la terre de leur mépris.

Les plus sales plaisirs sont doux à leur memoire;
Ces beaux faits dont leurs cœurs pensent tirer leur gloire
　　Font rougir les plus effrontez;
Les lieux où l'oraison nous impose silence,
C'est où ces esprits forts avec plus d'insolence
　　Vomissent leurs impietez.

Tout mon peuple en murmure, et ne peut sans envie
Voir qu'un si long bonheur accompagne leur vie,
　　Que jamais rien ne leur defaut.
Mais Dieu ne les éleve aux grandeurs de ce monde
Qu'afin de rendre un jour leur cheute plus profonde,
　　Et les renverser de plus haut.

On voit les vrais devots d'une égale constance
Persister dans le jeusne et dans la penitence,
　　En un continuel ennuy,
Et, n'ayant d'autre espoir qu'en sa misericorde,
Mourir assez contens, pourveu qu'il leur accorde
　　La gloire de mourir pour luy.

## PSEAUME LXXII.

L'astre qui sort des eaux brillant d'or et de flâme
En commençant son tour réveille dans leur ame
    Le sentiment de leur douleur,
Et l'ombre de la nuit, dont sa course est suivie,
En augmentant d'un jour leur miserable vie,
    L'augmente d'un nouveau malheur.

De tant d'ennuis meslez parmi leurs destinées
Et d'injustes faveurs aux indignes données
    Dont tous les siècles sont témoins,
Si l'on n'apprehendoit de commettre un blasphême,
Ne jugeroit-on pas que son pouvoir suprême
    Nous croit indignes de ses soins?

Mais il n'exerce point sa justice éternelle
Que nous n'ayons quitté cette robe charnelle
    Dont la terre nous a vestus.
Il reçoit d'icy bas nos vœux et nos victimes,
Et se reserve ailleurs à chastier les crimes
    Et recompenser les vertus.

Pour punir comme il doit l'impieté du monde
Où pourroit-il trouver, sur la terre et sur l'onde,
    D'assez effroyables tourmens?
Et que luy peut fournir, digne des ames pures,
Cette boule de fange exposée aux ordures
    De tous les autres elemens?

Ces hautes qualitez des testes couronnées,
Ces thrônes, ces Estats, pendant quelques années
    Contentent nostre vanité;
Mais toute cette gloire est courte et variable,
Et n'en reste non plus que d'un songe agreable,
    Quand on est dans l'eternité.

Là les soupirs des cœurs accablez de tristesse
Seront mieux entendus que les chants d'allegresse
    Qui sortent des esprits contens;
Et là les vieux lambeaux qui couvrent l'innocence,

Seront plus estimez que la magnificence
　　Des habits les plus éclatans.

Tous nos sens sont confus en ces hautes merveilles :
Il faut qu'à l'avenir nos yeux et nos oreilles
　　N'en soient que les admirateurs ;
Pour juger les motifs de sa bonté divine,
Les animaux grossiers que le frein discipline
　　Sont égaux aux plus grands docteurs.

Comme je me perdois à rechercher la cause
De l'heur et du malheur dont le Seigneur dispose
　　Avec tant d'inégalité,
J'ay veu combien ce monde est peu considerable,
Que ses biens et ses maux n'ont rien de comparable
　　A ceux de l'immortalité.

C'est un port à l'abry des tempestes du monde,
Où Dieu seul peut anchrer nostre nef vagabonde,
　　Malgré tous ces flots inconstans ;
Souffrons donc sans murmure et sans impatience
Les decrets arrestez dedans sa prescience
　　Avant la naissance du temps.

Sa presence visible en est la recompense ;
Là sa grace éternelle à jamais nous dispense
　　De nos peines et de nos soins ;
C'est-là qu'il fait cesser le feu des sacrifices,
Qu'il exauce et prévient nos vœux et nos services,
　　Nos prieres et nos besoins.

Là se voit un soleil sans ombre et sans nuages
Conserver ses rayons aprés la fin des âges,
　　Tout puissans, tout beaux et tout purs ;
Et son éternité, qui les siecles devore,
Ne fait là qu'un seul jour sans nuit et sans aurore
　　Des temps passez et des futurs.

En de si doux pensers mon cœur brusle d'envie.

De s'unir à son Dieu le reste de sa vie,
    Et de l'avoir toujours en soy.
Cette essence impassible à qui tout doit son estre,
A des attraits divins, qui ne se font connoistre
    Qu'à des yeux d'amour et de foy.

Ceux qui, se confians en leur fausse prudence,
Ont osé murmurer contre sa providence,
    Sont morts en leur presomption :
Pour moy, je n'emploiray ni ma voix ni mes veilles
Qu'à reciter sans fin son nom et ses merveilles
    Au pied des autels de Sion.

Je chanteray si haut ses grandeurs immortelles,
Que les échos du temple et les cœurs des fidelles
    Y répondront tout à la fois,
Et les marbres courbez dans ces voûtes antiques
Par le resonnement que feront mes cantiques
    Prendront l'usage de la voix.

---

## LE LXXIIIe PSEAUME.

### Ut quid, Deus, repulisti, etc.

Veux-tu, grand Dieu, pour jamais nous quitter ?
    Quand ton courroux contre nous se déborde,
Est-ce un torrent qu'on ne puisse arrester ?
Est-il plus fort que ta misericorde ?

    Ne veux-tu plus que d'un œil de dédain
Voir aux deserts errer ta bergerie
Que tu gardois aux rives du Jourdain,
    Et que ton soin a tendrement cherie ?

    Ressouvien-toy de quelle affection

Ton bras vainqueur détourna les miseres
Que preparoit au peuple de Sion
La cruauté des armes estrangeres;

Qu'en nous vengeant, tes équitables mains
A ces méchans firent mordre la terre,
Lorsque leur rage aux temples les plus saints
Portoit l'effroy, le mépris et la guerre.

Ces furieux entrent de toutes parts,
Par nostre prise ils augmentent leur gloire,
Et leurs drapeaux déja sur nos remparts
Sont arborez pour marque de victoire.

Sur nos portaux, sur nos lambris dorez,
Ils ont d'abord leur rage témoignée,
Et ces bois secs de leur tronc separez
Encore un coup tombent sous la coignée.

Au sanctuaire on les voit s'animer
A profaner ce que plus on adore;
Et si le fer ne le peut consumer,
Il le resigne au feu qui le devore.

Et non contens d'avoir dans ces saints lieux
Fait eclater leurs profanes conquestes,
La vanité de ces ambitieux
S'est-elle pas attaquée à nos festes!

Quand verrons-nous nos miseres finir ?
Quand pourrons-nous reparer nos defaites ?
Que devons-nous juger de l'avenir ?
L'on n'entend plus la voix de nos prophetes.

Quand verrons-nous les legitimes loix
Donner un frein à l'injuste licence,
Qui doit bien-tost ennuyer, à la fois,
Et ta colere et nostre patience ?

Où peux-tu mieux te servir de tes mains,

# PSEAUME LXXIII.

Toy qui te dis le meilleur des monarques,
Qu'à chastier ces actes inhumains
Dont à jamais nous porterons les marques ?

N'est-ce pas toy dont le pouvoir fatal,
Ouvrant la mer pour perdre les rebelles,
Entre deux murs de liquide cristal
Fit un chemin aux troupes des fidelles ?

Comme serpens que l'on voit écumer,
Ces apostats, de leur charogne impie,
Aprés avoir pollu l'eau de la mer,
Ont engraissé les champs d'Ethiopie.

Ce fut alors qu'au recit de ton nom
Des durs rochers sortirent des eaux vives,
Et qu'en leur lit le Jourdain et l'Arnon
Ont arresté leurs courses fugitives.

La nuit, le jour, la lune et le soleil,
Le froid, le chaud, le beau temps, les orages,
S'entresuivant d'un ordre si pareil,
Sont de tes mains les visibles ouvrages.

Mais à quoy sert ce concours merveilleux
Dont les mortels ont par tout connoissance,
S'il ne remet ces esprits orgueilleux
Dans le respect qu'on doit à ta puissance ?

Tu sais combien ces méchans sont jaloux
De la creance où nostre ame est soumise ;
Mais si l'epouse est unie à l'epoux,
C'est t'offenser qu'offenser ton Eglise.

Souffriras-tu ces esprits factieux,
Qui dans l'Estat, d'une injuste licence,
Vont usurpant les honneurs que les Cieux
Ont refusez à leur basse naissance ?

Ressouvien-toy que tu nous as promis

Que ton pouvoir viendroit à main armée
Humilier l'orgueil des ennemis,
Et relever l'innocence opprimée.

Leve-toy donc, fay que l'eternité
Ne soit pour eux qu'un éternel supplice;
Pour nous sauver témoigne ta bonté,
Pour les punir témoigne ta justice.

---

## LE LXXIVe PSEAUME.

#### Confitebimur, etc.

Seigneur, nous voulons que nos vers
Recitent par tout l'univers
De tes faits merveilleux la veritable histoire,
 Et que de nostre souvenir
Les plus obscures nuits des siecles à venir
Ne puissent effacer les clartez de ta gloire.

 Celuy qui de tous les mortels
 Reçoit les vœux à ses autels
Nous a dit de la nuë où gronde le tonnerre :
 Je connois de tous le defaut,
Et quand le temps viendra, je jugeray là haut,
Ceux qui devant le temps vous jugent sur la terre.

 Je puis, par mes commandemens,
 En ébranler les fondemens;
Je puis dans sa rondeur disposer des couronnes :
 Depuis l'estre de l'univers
Que j'arrestay son poids dans le vague des airs,
Mes seules volontez sont ses fermes colomnes.

 J'ay dit à ces audacieux

Qui s'elevent jusques aux cieux,
Et qui n'ont de grandeur que celles de leurs crimes :
    Insensez, ne differez plus
A ployer sous le joug des pouvoirs absolus,
Que le choix du Seigneur a rendus legitimes.

    Il punit la temerité
    Qui contre leur autorité
Esmeut dans les Estats les tempestes civiles ;
    Il les rend, quand il est pour eux,
Sur l'Euphrate et le Tage également heureux,
Non moins dans les deserts qu'aux campagnes fertiles.

    C'est luy dont les fatales mains
    Terracent l'orgueil des humains,
Et relevent là haut celuy qui s'humilie,
    Reçoit ses eleus dans le ciel,
Et prepare aux enfers un breuvage de fiel,
De qui les reprouvez boiront jusqu'à la lie.

    Pour moy, de bon cœur je promets
    De chanter sa gloire à jamais,
Sa bonté, sa splendeur et sa magnificence ;
    C'est celuy seul de qui le bras
Sait abaisser la corne aux grandeurs d'icy bas,
Et relever là haut l'umble et foible innocence.

---

## LE LXXVe PSEAUME.

*Notus in Judæa Deus, etc.*

Bien que du Dieu des armées
    Tout l'univers soit rempli,
Ce n'est qu'aux champs Idumées
Qu'il a son throne establi ;

## PSEAUME LXXV.

De cette demeure sainte
Il marche, et porte la crainte
Au front des plus grans guerriers,
Et ses puissances suprêmes
Arrachent des diadémes
Les palmes et les lauriers.

Au seul bruit de son tonnerre
Tremblent la terre et les cieux,
Ces grans appareils de guerre
Disparoissent de nos yeux ;
Le fier tyran d'Assyrie
Change en terreur sa furie :
Il nous demande la paix,
Voyant, sans tirer l'épée,
Sa phalange dissipée
Et ses escadrons défaits.

Tels que du haut des montagnes
Roulent à larges boüillons
Les flots qui dans les campagnes
Applanissent les sillons :
Tels de dessus l'hemisphere
Dieu descendant en colere
Aux méchans oste le cœur,
Et de piques émoussées
Sur les escus entassées
Dresse un trophée au vainqueur.

Il rend leur nombre inutile,
Et, sans courage et sans bras,
Fait de leur main immobile
Tomber les armes à bas ;
De ces légions impies
Les fureurs sont assoupies,
Dans un morne estonnement,
Et leurs bataillons superbes
Sont estendus sur les herbes,
Sans force et sans mouvement.

## PSEAUME LXXV.

Grand Dieu, tes justes coleres
Qui portent par tout l'effroy,
Font voir les plus temeraires
S'humilier devant toy :
Tes jugemens équitables
Qui tonnent sur les coupables
Te font par tout redouter ;
Et leur audace abaissée
Fuit ta face courroucée,
Et n'ose s'y presenter.

Dans ton thrône de justice
De lumiere revestu,
Ton pouvoir confond le vice
Et releve la vertu :
Aussi l'on verra les hommes
Chanter, au siecle où nous sommes,
Ta louange et leur bonheur,
Et par d'éternels suffrages
Ordonner pour tous les âges
Des festes en ton honneur.

Vous qui voüez vos services
Aux autels du Roy des cieux,
Honorez de sacrifices
Ces saints jours et ces saints lieux ;
Son pouvoir juste et supresme
Confond la prudence mesme
D'un timide aveuglement,
Et peut aux plus sages princes
Oster, avec leurs provinces,
Le cœur et le jugement.

## LE LXXVIe PSEAUME.

*Voce mea ad Dominum, etc.*

J'ay toûjours au Seigneur élevé mes pensées,
J'ay toûjours au Seigneur mes plaintes adressées;
Jour et nuit je l'invoque en mon affliction :
C'est celuy dont la force est l'appuy des monarques;
Il exauce mes vœux, et me donne des marques
    De son affection.

Toy seul peux, ô grand Dieu! me rendre consolable;
Toy seul peux empécher mon mal d'estre incurable;
Toy seul es le remede à tous mes déplaisirs :
Tu sais que, quand ma voix me manque de foiblesse,
Pour exprimer l'excés de l'ennuy qui me presse
    J'ay recours aux soûpirs.

Quelquefois je medite aux siecles de nos peres,
Où tes justes courroux, se monstrant moins severes,
Laissoient couler nos jours sous un plus beau destin;
Et pendant que la nuit je pense à mes desastres,
Mes yeux, toûjours ouverts, veillent avec les astres,
    Du soir jusqu'au matin.

Combien j'ay dit de fois en mon inquietude :
Quoy donc! le Tout-puissant nous sera-t-il si rude,
Luy qui pour nous souloit exercer ses bontez,
Et qui nous en promet aussi long-temps des gages
Qu'on verra sur les ans les siecles et les âges
    Marcher à pas contez ?

Quoy! ce Dieu qui n'estoit que douceur et clemence,
Veut-il sur ses enfans, avecque vehemence,
Exercer la rigueur de son juste courroux ?

## PSEAUME LXXVI.

Nous voudroit-il priver de sa grace éternelle ?
Que seroit devenu cette amour paternelle
    Qu'il témoignoit pour nous ?

Quand je ressens l'effet de ta misericorde,
Dans le comble des biens que ta grace m'accorde,
J'admire en mon esprit tes ouvrages divers,
Et connois que tes mains, qui de tout sont capables,
Font autant de merveille à sauver les coupables
    Qu'à creer l'univers !

Tous les yeux sont ouverts sur la terre et sur l'onde
Aux visibles bienfaits que tu depars au monde,
Et tous les cœurs à ceux que tu caches au jour ;
En tous l'on voit ta grace et ta magnificence,
Aux uns tous les mortels admirent ta puissance,
    Aux autres ton amour.

C'est par la douce ardeur de tes plus saintes flames
Que tu te vois unir à tant de belles ames
Qui se donnent à toy par un vœu solennel.
Est-il quelque autre Dieu predit par les oracles,
Est-il quelque autre Dieu qui fasse des miracles,
    Que le Verbe éternel ?

Quand les fils de Jacob mirent fin à leurs peines,
Le monarque du Nil, dont ils brisoient les chaisnes,
Fut assisté contre eux de tous les élémens ;
De tout ce vain effort tu domptes la puissance,
L'ocean s'humilie et rend obeissance
    A tes commandemens.

Jamais on ne le vit plus enflé de tempestes,
Jamais l'ire du Ciel sur nos coupables testes
Ne fit tant éclater de foudres dans les airs ;
Les astres nous cachoient leur clarté coustumiere,
Et la terre et les cieux n'avoient autre lumiere
    Que celle des éclairs.

Si-tost que ta splendeur paroist sur le rivage,
Elle nous rend le calme, elle appaise l'orage,
Et laisse aux ennemis le peril et l'effroy ;
De ce fier element la fureur diminuë,
Tu traces dans les flots une voye inconnuë
  A tout autre qu'à toy.

De Moyse et d'Aaron la prudente conduite
En triomphe a changé la honte de leur fuite ;
Ton secours invisible assiste leur valeur ;
Tout paroist devant eux sans force et sans défense,
Et ta grace prepare au lieu de leur naissance
  La fin de leur malheur.

---

## LE LXXVIIe PSEAUME.

*Attendite, popule meus, etc.*

Peuples que le Seigneur a soûmis à mes loix,
Prestez l'attention et l'oreille à ma voix :
Je veux de mes ayeux vous reciter l'histoire,
Afin de la graver dedans vostre memoire,
Et ce que du passé nos peres m'ont appris ;
Je veux que vos enfans, en lisant mes écrits,
Y puissent remarquer ces tragiques merveilles,
Qui font l'estonnement des yeux et des oreilles.
Ces faits miraculeux, ces grands évenemens
Ne nous donnent-ils pas des éclaircissemens,
Des projets que faisoit sa haute sapience,
Lorsqu'ils n'estoient connus que dans sa prescience ?
En ces effets si prompts, si grands et si divers,
Et dont la renommée entretient l'univers,
Ce Dieu ne fit-il pas, en punissant le vice,
Admirer sa puissance, et craindre sa justice ?

Que puissent nos neveux, aux siecles à venir,
Dans leur ame graver l'éternel souvenir
Des peines, de l'exil et de la servitude
Qu'ont souffert nos ayeux pour leur ingratitude,
Afin que les mortels, bouffis d'un faux honneur,
Rentrent dans le respect qu'ils doivent au Seigneur,
Et que dans leur esprit, insensible à sa grace,
Ce que ne peut l'amour, que la crainte le face;
Plutost que d'imiter ces peuples malheureux
Qui n'ont jamais rien fait ni pour Dieu ni pour eux,
Qui ne l'ont point connu pour pere ni pour juge,
Bien que de leur malheur il fust le seul refuge.
Aussi dans son courroux ne leur fit-il pas voir
Et quelle est sa justice et quel est son pouvoir,
Quand les fils d'Ephraïm, pour leur méconnoissance,
Perdirent aux combats le cœur et la puissance?
Ceux qui, toûjours vainqueurs et toûjours conquerans,
Parmi les grands guerriers tenoient les premiers rangs,
Qui témoignoient par tout une égale vaillance,
Soit à courber un arc, soit à rompre une lance,
Ou d'un coursier nerveux bondissant les sillons
Fendre les rangs pressez des nombreux bataillons,
Par leur honteuse fuite, avecque la victoire,
Perdirent en un jour leur espoir et leur gloire.
Le supplice fut grand, mais la Divinité
Vouloit desabuser leur incredulité,
Et leur faire avouër d'un general suffrage
Qu'ils tenoient de luy seul la force et le courage;
Et voyant que les biens dont avec tant de soin
Il les avoit toûjours assistez au besoin,
Tant aux champs de Tanis qu'aux rives de l'Euphrate,
Estoient ensevelis d'une oubliance ingrate,
Dieu voulut témoigner à ce peuple obstiné,
Qu'il peut toujours oster ce qu'il nous a donné.
Le vit-on pas ouvrir et refermer les ondes,
Pour retirer des fers leurs troupes vagabondes,
Qu'il conduisoit le jour d'un nuage argenté,
Et la nuit d'un flambeau d'éternelle clarté?

Ne fit-il pas encor, pour soulager leurs peines,
Distiller des rochers de nouvelles fontaines ?
Mais lors que toute chose obéït au Seigneur,
Pour combler leurs souhaits et leur vœux de bonheur,
C'est lors que ces ingrats, par de nouveaux blasphêmes,
Mesprisoient sa puissance et ses bontez suprêmes,
Et d'un murmure égal disoient insolemment :
N'aurons-nous que de l'eau pour tout nostre aliment ?
Ces deserts pourront-ils produire pour nos tables
Des viandes, des fruits et des vins delectables ?
Ce discours de mepris, ce doute criminel,
Au lieu d'armer le bras du monarque eternel
Pour foudroyer l'orgueil de ce peuple profane,
Ses charitables mains luy verserent la mane,
Le nourrissant encor de ce pain precieux,
Dont les anges faisoient leurs mets delicieux,
Et de tout ce grand air que le monde respire
En chassa tous les vents, hormis le seul Zephire(1),
Qui de ses doux souspirs parfuma l'horison,
Et fit que le printemps revint hors de saison.
Aussi-tost les oiseaux des bois et des campagnes
Aux delices d'amour invitent leurs compagnes,
Qui de leurs lits feconds peuplerent les deserts,
Et le camp d'Israël de renaissantés chairs.
Les sablons que les vents élevent des rivages,
Les feuilles que le froid fait tomber des bocages,
Et les bleds aux sillons ne sont point si nombreux,
Que ces hostes de l'air qui tomberent sur eux,
Quand, lassez de couvrir l'horison de leurs aisles,
Ils fournirent leur camp de viandes nouvelles.
Et quand ce peuple ingrat eut, sans en faire cas,
Rassasié sa faim de ces mets delicats,
Et qu'il se vit comblé de tout ce qu'il souhaite,
La justice de Dieu, qui n'est pas satisfaite,
Les remplit de bienfaits pour les mettre en leur tort

1. Heureux détail, vers charmant, qui semble de cent ans plus près de nous.

## PSEAUME LXXVII.

Tandis qu'il meditoit leur sentence de mort;
Ceux qui s'estoient nourris dans la delicatesse,
Joüissant en repos, dans leur grande richesse,
De tout ce que la vie a d'aimable et de doux,
Sentirent les premiers les traits de son courroux:
Les uns dans le tombeau mirent fin à leur peines,
Les autres dans les fers prolongerent leurs gesnes.
De tous ces chastimens ils ne sont point touchez,
Ils entassent sur eux pechez dessus pechez,
Et feignoient d'ignorer ces divines merveilles,
Eux-mêmes dementant leurs yeux et leurs oreilles.
Aussi dans les enfers ils n'ont rien emporté
Que le vain souvenir de leur prosperité,
Et quand la mort, forçant l'ordre de la nature,
Voulut avant le temps creuser leur sepulture,
Alors de l'Eternel ils recherchent l'appuy,
Et de vœux et de cris ils s'adressent à luy;
Ils feignent qu'en luy seul estoit leur esperance,
Témoignent dans leur foy de la perseverance,
Implorent sa clemence au fort de leur langueur;
Mais leur bouche parloit autrement que leur cœur;
Et Dieu, qui voit le fond de nostre conscience,
Connut qu'ils n'avoient point gardé son alliance;
Differant neanmoins de les exterminer,
Et doutant s'il devoit encor leur pardonner,
N'employa, pour punir cette méconnoissance,
Ni toute sa fureur, ni toute sa puissance,
Jugeant que pour son bras il estoit mal-seant
De les aneantir en sortant du neant;
Que, naisssant de la terre et retournant en terre,
Ils n'avoient rien en eux digne de son tonnerre.
Combien ont-ils médit dans ces rochers deserts
De ce mesme pouvoir qui les tira des fers!
Et combien méprisé sa puissance infinie,
Qui surmonta du Nil l'injuste tyrannie,
Et tasché d'ignorer les faits inopinez
Dont les plus resolus demeuroient estonnez:
Quand les eaux dont Tanis vit arrouser ses plaines

Se changerent en sang en sortant des fontaines ;
Que leurs cœurs, redoutans la divine fureur,
A leur soif incurable adjousterent l'horreur ;
Que les mouches alors, se joignant aux grenoüilles,
Desoloient de leurs champs les fecondes dépoüilles ;
Qu'aux arbres des vergers, pour comble de malheurs,
Les chenilles rongeoient les feuilles et les fleurs,
Et laissoient sur la terre, en proye aux sauterelles,
L'espoir des laboureurs et des saisons nouvelles !
Sur les monts élevez au-dessus des éclairs,
Comme dans les vallons, l'inclemence des airs
Par la gresle et le vent, complices des tempestes,
Brise des plus hauts pins les orgueilleuses testes,
Et du pampre rampant dont leurs flancs sont plantez
Le pourpre ni l'argent n'y sont point respectez ;
Du figuier qui sans fleur sous un humide ombrage
Pousse et cache son fruit à l'abry de l'orage,
Le sicomore épais, ornement de nos parcs,
Qui de sa large feüille orne ses bras épars,
De l'un et l'autre on voit, par le choc de la gresle,
Branches, feüilles et troncs terrassez pesle-mesle,
Et leur chute froisser la verdure et les fleurs
Que depuis tant d'estez ils sauvoient des chaleurs ;
Et, pour les accabler sous le faix des miseres,
Par les anges vengeurs des celestes coleres
Des vents seditieux on ouvre la prison,
Qui le trouble ont émeu dessus nostre horison.
En vain par la terreur du foudre et de l'orage
Les timides troupeaux quittent leur pasturage,
Les éclairs redoublez font en vain aux humains
Fuir le courroux des Cieux dans les lieux sousterrains ;
Et bergers et brebis sont reduits par la foudre,
Sous les toits comme aux champs, également en poudre,
D'hommes et d'animaux l'on voit les premiers nez,
Sur les rives du Nil, à la mort condamnez ;
Et Cham perdit alors dans ces communs supplices
De ses thresors vivans la gloire et les premices.
Mais, tandis qu'il tonnoit sur les rives du Nil,

Dieu regardant des siens l'esclavage et l'exil,
Un sentiment d'amour le presse et le convie
De les tirer des fers et leur sauver la vie.
Il leur trace un chemin au fond des mesmes eaux
Où ceux qui les suivoient trouverent leurs tombeaux.
Ce pere et ce pasteur des fils de son Eglise
Les rendit possesseurs de la terre conquise,
Et fit que de leur soc les champs sont traversez
Sur les corps des geans qu'ils avoient terrassez.
Les vœux qu'ils avoient faits sont mis en oubliance,
Ils enfraignent ses loix, quittent son alliance,
Et ce qu'ils promettoient ne fut pas mieux gardé
Qu'est un arc qui s'échape et ne tient point bandé.
De ces grandes faveurs ils perdent la memoire,
Et d'une ingratitude aussi lasche que noire
Ils ont aux plus hauts lieux eslevé des autels
A des dieux fabriquez par la main des mortels.
Pour tant d'impieté, pour tant d'idolatrie,
Le Seigneur pour jamais delaissa leur patrie,
Et de tous ces beaux lieux dont il estoit épris,
Il en fait desormais l'objet de son mépris.
Lors le sang de Jacob avecque la victoire
Perdit sa liberté, son estat et sa gloire.
Dans le milieu des dards ce peuple est enfermé,
Et déja le vainqueur dont il est opprimé
Entraisne des maisons, aussi mortes que vives,
Celles que la pudeur rend tristes et craintives,
Quand dans les durs liens de leur captivité
Elles perdent la fleur de leur virginité.
Par une cruauté qui n'eut jamais d'exemple,
Les prestres égorgez au milieu de leur temple
Ensanglantent l'autel honoré de leurs vœux,
Et leurs vefves, qu'on voit traisner par les cheveux,
A peine ont eu le temps de respandre des larmes
Sur leurs époux mourans dans les chaudes alarmes.
Alors Dieu se réveille, et, comme ces guerriers
Qui, jaloux de planter lauriers dessus lauriers,
Croissent, pour s'acquerir quelque gloire nouvelle,

De la force du vin leur force naturelle,
Sa fureur charge à dos l'escadron des mutins,
Et l'arche qu'il tira des mains des Philistins
Change alors comme luy de garde et de demeure.
Il connut qu'Ephraïm l'offensoit d'heure en heure;
Il le quitte, et fait choix de sa chere Sion
Pour seul et digne objet de son affection.
Là, dans ce mont sacré dont la gloire est sans borne,
Il éleva sa croix, et, comme la licorne,
Qui ne souffre auprés d'elle aucune impureté,
Il en chassa l'erreur et l'incredulité;
Et, pour rendre en ce lieu sa puissance assurée
Dessus un fondement d'éternelle durée,
Il commet à David le suprême pouvoir
De regir les Hebreux dans les loix du devoir.
Il veut que sa houlette, en sceptre convertie,
Rende des factieux la discorde amortie;
Il veut que, d'âge en âge, à la posterité,
Se conserve en luy seul la juste autorité,
Et qu'il puisse à jamais sous son obeissance
Unir la pieté, la paix et l'innocence (1).

1. Plus enchaîné au texte que de coutume, parce qu'il s'agissoit de raconter le passé du peuple d'Israël, Racan s'est cru obligé de le faire en vers alexandrins, et n'est pas mal sorti de cette épreuve. Ce morceau renferme des passages pleins de grâce, d'autres qui sont loin de manquer de force; en un mot, à quelques taches près, comme parfois un léger défaut de clarté, il est remarquablement écrit.

## LE LXXVIIIe PSEAUME.

ACCOMMODÉ A LA GUERRE DES TURCS EN CANDIE.

*Deus, venerunt gentes, etc.*

O grand Dieu! les peuples de Thrace,
Poussés d'avarice et d'audace,
 Se sont de nos biens emparez;
Ils n'arrousent nos champs que de sang et de larmes,
Et la mort qu'on reçoit au milieu des alarmes
Est le moindre des maux qu'ils nous ont preparez.

 Ils rasent à l'égal des herbes
 Les bastimens les plus superbes;
 Ils mettent ta gloire à mépris;
Et ta maison sacrée, où leur haine se vange,
Par le marbre et le jaspe abatu dans la fange,
Se fait encore voir pompeuse en son débris.

 Ces ames brutales et fieres
 Vont jusques dans nos cimetieres
 Troubler le repos des tombeaux;
Ils font de nostre sang des rivieres nouvelles;
Et les corps des martyrs et ceux des infidelles
Servent également de pasture aux corbeaux.

 Nos bastions et nos courtines
 Ne couvrent plus que des ruines,
 Ils les ont minez en cent lieux;
Leurs foudres, dont l'éclat fait tant de violences
Par un effet contraire à ceux que tu nous lances
Se forment dans la terre et s'élevent aux cieux.

 Quand nos voisins les plus illustres

## PSEAUME LXXVIII.

  Ont attisé pendant trois lustres
  Un déplorable embrasement,
Nostre repos estoit l'objet de leur envie;
Mais, lors qu'en nos malheurs elle s'est assouvie,
Ils ont de nos malheurs fait leur contentement.

  Ils contemplent avecque joye
  Nos meilleures villes en proye
  De cette injuste oppression,
Et, voyant contre nous ta colere embrasée,
Ils font de nostre perte un sujet de risée,
Au lieu de compatir à nostre affliction.

  Le repentir de nos offenses,
  Plus que l'excés de nos souffrances,
  S'est fait le sujet de nos pleurs.
Plus tes courroux sont grans, plus ils sont legitimes;
Mais ne regarde point à l'horreur de nos crimes;
Considere plûtost celle de nos malheurs.

  Ce peuple est digne de ton ire,
  Qui, dans le débris de l'empire,
  Vint usurper le premier rang,
Et dont l'impieté, qui ne s'est point masquée,
A dessus le Calvaire eslevé la mosquée
Et pollu ces saints lieux consacrez par ton sang.

  Invincible Dieu des alarmes,
  Fay voir que par nos seules larmes
  Tu consens d'estre surmonté;
Fay que toute la terre en ait la connoissance,
Fay que tes ennemis redoutent ta puissance,
Et que tes serviteurs benissent ta bonté.

  Desabuse ces incredules
  Qui nous estiment ridicules
  De combattre sous ton aveu;
Tu n'as que trop souffert leurs brutales licences;
Ces verges ont assez chastié nos offenses,
Il est desormais temps de les jetter au feu.

N'es-tu pas ce monarque mesme
De qui le sanglant diadéme
Délivra nos ames des fers,
Quand sur nos ennemis tu gagnas la victoire,
Et que, pour triompher avecque plus de gloire,
Tu poursuivis la mort jusques dans les enfers ?

Si tes bontez sont sans mesure,
Et si tu rends avec usure
Ce peu que l'on ose t'offrir,
Fay le mesme aujourd'huy de tes justes coleres ;
Ren à ces furieux, auteurs de nos miseres,
Sept fois autant de maux qu'ils nous en font souffrir.

Ce sera lors que tes merveilles
Seront le sujet de nos veilles,
Comme le ciel l'est de nos vœux :
Ton nom se publiera sous les deux hemispheres,
Et ce que les enfans en sauront de leurs peres
Passera d'âge en âge à leur derniers neveux.

---

## LE LXXIXe PSEAUME.

Qui regis Israël, etc.

O toy de qui le soin aussi juste qu'humain
Guide ta bergerie, et d'une mesme main
Tient la houlette et lance le tonnerre,
Toy qui te rends visible aux esprits glorieux,
Comme pasteur conduy-nous sur la terre,
Et comme Dieu conduy-nous dans les cieux (1).

1. Le début du 79e psaume ayant fourni à Racan ces simples mots : *qui conduit Joseph comme une brebis*, aussitôt

## PSEAUME LXXIX.

Au chemin de la gloire as-tu pas adressé
  Les peuples d'Ephraïm et ceux de Manassé,
    Par ces clartez que toy seul nous inspire ?
Ne veux-tu pas toûjours de ce mesme flambeau,
    D'où vient le jour qui luit en ton empire,
    Nous éclairer en la nuit du tombeau ?

O grand Dieu des combats, voy-nous d'un œil plus doux !
Veux-tu, pour satisfaire à ton juste courroux,
    Nous exposer à la fureur des armes,
Et que toûjours ton peuple accablé du malheur
    N'ait pour son vin qu'un vin meslé de larmes,
    N'ait pour son pain que du pain de douleur ?

Ceux qui mettent leur joye en nos calamitez
Ne la peuvent celer, voyant de tous costez
    Que dans l'Estat le trouble recommence.
O grand Dieu des combats, voy-nous d'un œil plus doux !
    Encor un coup permets à ta clemence
    De moderer l'excés de ton courroux.

Sommes-nous pas issus de ces fameux captifs
Toûjours victorieux, et toûjours fugitifs,
    Dont le renom a fait le tour du monde,
Et qui, comme une vigne espand ses pampres verds,
    Ont, des rejets de leur souche feconde,
    De toutes parts ombragé l'univers ?

Quand tu voulus du Nil ces beaux seps transporter,
De ces lieux que ton soin choisit pour les planter,
    N'en as-tu pas arraché les espines,
Et tout le mauvais bois, dont l'ombre et la hauteur,
    En occupant sans besoin nos collines,
    Du bon terroir estoit usurpateur ?

la verve de l'auteur des *Bergeries* s'est éveillée. Il en est venu d'abord cette strophe, à la fois forte et gracieuse, et une suite d'autres qui ne déparent point celle-ci.

## PSEAUME LXXIX.

Aussi-tost ses provins, estendus en serpens,
Couvrent les plus hauts monts de leurs rameaux rampans,
 Depuis la mer jusqu'au bord de l'Euphrate ;
Et leur douce liqueur, en sa maturité,
 Dans les rochers et dans la terre ingrate,
 Joint l'excellence à la fecondité.

D'où vient qu'aprés avoir par tout cet univers
Fait pulluler ta plante aux lieux les plus deserts
 Avecque tant d'abondance et de joye,
Qu'en brisant son enclos tes jugemens secrets
 Semblent vouloir l'abandonner en proye
 Aux animaux qui peuplent les forests ?

O grand Dieu des combats, voy-nous d'un œil plus doux !
Que nos justes remords moderent ton courroux :
 N'est-il pas temps de finir nos miseres ?
Pourras-tu, sans regret, delaisser au besoin
 Ces beaux rejets que tes mains ménageres
 Ont cultivez aveque tant de soin ?

Considere ta gloire et la gloire des tiens,
Permets que ton pouvoir leur conserve les biens
 Dont ta largesse a comblé leur envie :
A ton ardent courroux rien ne peut resister,
 Ton seul regard pourroit oster la vie
 A l'ennemi qui nous la veut oster.

Que si tu nous secours en nostre affliction
Et remets les enfans en ta protection,
 Dont autrefois tu te disois le pere,
Jamais rien ne pourra nous separer de toy,
 Et la fortune, ou sinistre ou prospere,
 Ne pourra plus ébranler nostre foy.

O grand Dieu des combats, appaise ton courroux,
Ren-nous par ta bonté ce temps serein et doux
 Qui paroissoit n'agueres sur nos testes :
Nous esperons encor, aveque ton support,

Que tous les flots qu'émeuvent ces tempestes
Ne serviront qu'à nous jetter au port.

---

## LE LXXXe PSEAUME.

#### Exultate Deo, etc.

Vous de qui la musique anime les paroles,
Soustenez vostre voix des luths et des violes,
Pour loüer le Seigneur au pied de son autel ;
Et vous qu'il a doüez de vertus plus parfaites,
Faites par tout ouïr son renom immortel
     Par le bruit des trompettes.

Puisque c'est aujourd'huy que sa toute-puissance
Veut que nous témoignions nostre reconnoissance
D'avoir brisé nos fers et chassé nos soucis,
Benissons-le ce jour du bien qu'il nous octroye,
Et ce que nous faisons par ses ordres précis,
     Faisons-le aveque joye.

Délivrez des fardeaux des fers et des miseres
Dont les tyrans du Nil ont accablé nos peres,
Confessons qu'à luy seul on doit leur liberté,
Qu'il exauça leurs vœux, consola leur tristesse,
Et fit voir, par la fin de leur captivité,
     L'effet de sa promesse.

« N'adorez plus, dit-il, ces dieux d'or et de cuivre,
Sachez que c'est moy seul qui fais mourir et vivre,
Et que mon seul pouvoir regit tout icy bas ;
Que si tu crois en moy, je n'auray plus de foudre,
Que pour te secourir et mettre sous tes pas
     Tes ennemis en poudre.

« Ce fut moy qui brisay les prisons et les chaisnes
Où l'Egypte te fit endurer tant de gesnes,
Moy qui suis d'Israël le seul et le vray Dieu ;
Tandis que tu feras ce que je te commande,
Tu verras mes bienfaits en tout temps, en tout lieu,
  Prévenir ta demande.

« Mais, s'il ne suit toûjours l'avis que je luy donne
Je veux que pour jamais ma grace l'abandonne
Et le delaisse en proye à ses mauvais desirs ;
Si-tost qu'il cessera d'estre sous mes auspices,
Sa raison aveuglée, en suivant ses plaisirs,
  Se perdra dans les vices.

« Aprés avoir pour luy surmonté tant d'obstacles,
Aprés avoir pour luy produit tant de miracles,
Si ce peuple incredule eust voulu m'écouter,
Contre mon bras vainqueur, qui l'eust comblé de gloire,
L'effort des ennemis n'auroit fait qu'augmenter
  L'honneur de sa victoire.

« Il eust de ces mutins les fureurs estouffées,
Il eust sur leurs tombeaux élevé des trophées
De tout ce que leur pompe a d'honneur et d'appas,
Il eust paistri son pain du fourment de leurs terres,
Et radouci du miel les mets de ses repas
  Qu'il eust tiré des pierres.

---

## LE LXXXIe PSEAUME.

### Deus stetit in Synagoga, etc.

Vous de qui l'interest est le principal soin,
 Senat où le bon droit croit trouver son refuge,
Apprenez qu'ici bas vous avez pour témoin
Celuy qui dans le ciel doit estre vostre juge.

# PSEAUME LXXXI.

Souffrirez-vous toûjours que ces esprits malins
Par ruse ou par faveur corrompent la justice ?
Ces vautours engraissez du sang des orphelins
N'assouviront-ils point leur gloutonne avarice ?

Que vos graves arrests leur fassent ressentir
Que vos ames n'ont rien de bas ni de servile,
Et que par leur clarté se puissent garantir
De leurs pieges couverts la vefve et le pupile.

Sur l'Eglise et sur vous la prudence des rois
Pose les fondemens de leurs pouvoirs suprémes ;
Pour peu que vous panchiez sous le fardeau des loix,
Nous voyons sur leur front pancher leurs diadémes.

Ce long habit de pourpre et ce grave ornement,
Qui vous égale aux dieux dans le siecle où nous sommes,
Ne vous empéche point, au fond du monument,
D'estre mangez des vers comme les autres hommes.

Grand Dieu, quand tu les vois, envieillis dans le mal,
D'une fausse candeur couvrir leur artifice,
Leve-toy de ton thrône, et, sur le tribunal,
Vien te mettre en leur place, et nous rend la justice.

Que l'on t'y voye armé de foudres et d'éclairs,
Que ton autorité s'y monstre toute entiere,
Prononçant tes arrests, pour les rendre plus clairs,
De ceste mesme voix qui crea la lumiere.

## LE LXXXIIe PSEAUME.

*Deus, quis similis, etc.*

O toy, qui seul es sans pareil,
Et qui seul aux hommes dispenses
Par ton seul et sage conseil
Les peines et les recompenses,
Assez l'on connoist ta bonté
A tirer de captivité
La troupe des ames fidelles :
N'est-il pas temps de faire voir
Et ta justice et ton pouvoir
Au chastiment de ces rebelles ?

Ces ennemis de mon repos
Vont faire éclater leur orage ;
Ils témoignent dans leurs complots
Plus de ruse que de courage.
Pour nous ruiner de tout point,
Déja l'Ismaëlite a joint
Les habitans de l'Idumée,
Et desirent, dans leur fureur,
Que par la force ou par l'erreur
Ton Eglise soit opprimée.

Les fleches des Agariens,
Les traits et les dards pesle-mesle
De Moab et des Tyriens
Tombent sur nous comme une gresle ;
D'Ammon, de Gebal, d'Amalec,
Le peuple, en arme à nostre aspect,
A toute la plaine couverte ;
D'Assur et Loth, chefs des mutins,

Sont portez par les Philistins,
Et tous conspirent nostre perte.

    Quand sera-ce qu'on les verra
Foudroyez des mesmes tempestes
Que Madian et Sisara
Virent éclater sur leurs testes?
Le camp de Jabin fut-il pas
Au bord de Cison mis à bas
Par ton bras armé du tonnerre?
Leurs riches harnois dans Endor
Faisoient-ils pas éclater l'or
Quand leurs corps fumoient nostre terre?

    Oreb, Zebée et Salmana
Perdirent, quoi qu'ils fussent princes,
Quand Gedeon les déthrôna,
La vie avecque leurs provinces.
Ces tyrans, de l'honneur jaloux,
Pensoient augmenter contre nous
Leurs thresors, leur force et leur gloire;
Et déja, d'un esprit leger,
Ils proposoient de partager
Le butin avant la victoire.

    Mais, grand Dieu, fay que ton pouvoir,
Qui de nos fortunes se jouë,
Mette la leur et leur espoir
Au plus bas degré de la rouë;
Et, tel qu'au caprice du vent
S'envole le sable mouvant,
Telle passe leur entreprise;
Et que les flots de leur erreur
Escument en vain leur fureur
Contre le roc de ton Eglise.

    Que si la foudre également
Peut, comme au chaume des campagnes,
Porter la flame en un moment

Dans les bois et dans les montagnes,
Comble-les d'un mortel effroy ;
Grand Dieu, venge-nous, venge-toy
De leur inique tyrannie ;
Et que ton bras, toujours vainqueur,
Grave en mesme temps dans leur cœur
La terreur et l'ignominie.

 Fay que, dans ce triste penser
De leur défaite et de leur crime,
Leur orgueil se puisse abaisser
Sous la puissance legitime ;
Que tes merveilles en tout lieu
Leur fassent voir qu'il est un Dieu,
Qui forme et lance le tonnerre,
Et qu'à toy seul, qui nous maintient,
Le nom de Seigneur appartient
Du ciel, de l'onde et de la terre.

---

## LE LXXXIIIe PSEAUME.

*Quam dilecta tabernacula tua, etc.*

O mon bon Dieu, que j'avois de plaisir
Quand je pouvois mediter à loisir
Sur l'estat de ta gloire aux mortels invisible !
 Et supportant l'exil et la prison,
 Le seul ennuy qui m'est le plus sensible,
C'est de ne pouvoir plus visiter ta maison.

 Que ces oiseaux sont heureux et contens,
 Qui dans leurs nids peuvent tous les printems
D'eux et de leurs petits establir la demeure !
 Dans les ennuis de leur éloignement,

Leur vol leger leur peut rendre à toute heure
Ton temple, leur patrie et leur contentement.

Que de bonheur esperent les mortels
Qui, consacrant leur vie à tes autels,
Travaillent pour ta gloire avec perseverance !
Par ces degrez ils y pourront monter,
Et dans le ciel joüir en assurance
D'un bonheur que le temps ne leur sçauroit oster.

Dieu des combats, secoure tes enfans,
Ren-les toûjours heureux et triomphans
Dans ce débordement d'envie et de licence ;
Dieu d'équité, sois le support des loix,
Qui sont l'appuy de la foible innocence,
Et par qui se maintient la puissance des rois.

J'aime mieux estre un jour dans ta maison,
Dans les transports d'une ardente oraison,
Que des siecles entiers dans les plaisirs du monde,
Et le dernier en ce honteux exil,
Dans ton Eglise à jamais vagabonde,
Que d'estre aux premiers rangs sur les rives du Nil.

Ne fais-tu pas paroistre chaque jour
Tes veritez, ta grace et ton amour,
En t'acquittant des biens promis par les oracles ?
Ne fais-tu pas joüir paisiblement
Nos rois guerriers, malgré tous les obstacles,
De ce qu'ils ont acquis si genereusement ?

C'est ton pouvoir qui preside aux combats,
C'est luy qui met les empires à bas
Des tyrans dont la force arme pour l'injustice ;
L'homme est heureux qui n'espere qu'en luy,
Et dont l'esprit est si net de tout vice,
Qu'il le peut prendre seul pour juge et pour appuy.

## LE LXXXIVe PSEAUME.

Benedixisti, Domine, terram, etc.

Seigneur, c'est doncques aujourd'huy
Que par la fin d'un long ennuy
Nostre felicité commence,
Et que, hors de captivité,
Nous voyons combien ta clemence
Surpasse nostre iniquité.

Par tant de pechez pardonnez,
Par tant de malheurs terminez,
Par tant de guerres estouffées,
Ne nous fais-tu pas assez voir
Les merveilles et les trophées
De ta grace et de ton pouvoir?

Si l'on connoist par les effets
Que les ouvrages imparfaits
Sont indignes de ta puissance,
Toy qui nous tiras du neant,
Ren-nous cette mesme innocence
Où tu nous mis en nous creant.

Change nos espines en fleurs;
Ne renouvelle point nos pleurs,
Dont tes bontez ostent la cause;
Et que ta grandeur soit pour nous
Infinie en toute autre chose,
Hormis en ton juste courroux.

Adjouste la tranquilité
Au bonheur de la liberté
Que ta grace vient de nous rendre;

## PSEAUME LXXXIV.

Aprés nous avoir pardonné,
Voudroit-elle encore reprendre
Le bien qu'elle nous a donné ?

Mais à ce coup je m'apperçoy
Que mon Dieu veut parler à moy ;
Dans mon cœur ses graces s'épandent,
Elles confondent ma raison ;
Ses discours muets ne s'entendent
Qu'au silence de l'oraison.

C'est par de semblables appas
Qu'il detache avant le trespas
Ses saints des passions humaines,
Qu'il est la fin de leurs desirs,
Qu'il fait de nos plaisirs leurs peines,
Et de nos peines leurs plaisirs.

Quand il ne les visite pas,
Les contentemens d'ici bas
Ne sont pour eux que des supplices ;
Rien ne soulage leur ennuy ;
Ils languissent dans les délices,
Et n'en goustent qu'avecque luy.

Sion est maintenant le lieu
Où la grace de ce vray Dieu
Est plus frequente et plus feconde ;
C'est où les cœurs devotieux
Peuvent par les honneurs du monde
S'eslever à celuy des cieux.

Son éternelle verité
Nous assure que sa bonté
La cherit avecque tendresse,
Et que la justice et la paix
D'un baiser scellent la promesse
De ne s'en separer jamais.

La seule et veritable foy,
Sous les auspices de son roy,

Eclairera toute la terre,
Avant que, du plus haut des airs,
Dieu prononce, armé du tonnerre,
L'arrest de mort de l'univers.

Les elemens et les saisons
Combleront sans fin nos maisons
Des biens que sa grace nous donne;
La mer sera calme en tout temps,
La terre riche de l'automne,
Et l'air parfumé du printemps.

Il continuera sa bonté
Jusqu'à ce jour dont la clarté
S'augmente et se perd dans les flames,
Quand sa justice en un moment
Viendra departir à nos ames
Le salaire et le chastiment.

---

## LE LXXXVe PSEAUME.

Inclina, Domine, aurem tuam, etc.

Puisque nous ne pouvons que par la seule foy
    Nous élever à toy,
A nos plaintes, Seigneur, incline tes oreilles;
Permets que ta splendeur soit visible à nos yeux,
Et dépars à la terre un rayon des merveilles
    Qui te parent aux cieux.

Inspire dans mon cœur de genereux desseins;
    Fay qu'avecque les saints
Il admire l'éclat de ta magnificence,
Qu'il t'invoque la nuit, qu'il t'invoque le jour,
Et qu'au pied de ton thrône il puisse, en ta presence,
    Brûler de ton amour.

Ô toy qui ne nous vois que d'un œil de pitié,
    Toy de qui l'amitié
Fait que de ton courroux la rigueur se tempere,
Ne me condamne point en ta severité,
Enten plûtost les cris d'une ame qui n'espere
    Qu'en ta seule bonté.

En mes afflictions à toy seul j'ay recours,
    Comme au seul qui toûjours
Rend ta misericorde à mes desirs propice;
Toy seul est (1) le vray Dieu qui peut nous secourir,
Et dont la seule grace ou la seule justice
    Nous fait vivre et mourir.

Toutes les nations soûmises à tes loix,
    O Monarque des rois!
Viendront sous ton support assurer leur refuge;
Et toutes, de ta gloire admirant la hauteur,
Te reconnoistront seul pour leur Dieu, pour leur juge,
    Et pour leur protecteur.

Pren soin de me conduire en un port assuré,
    Où je sois éclairé
Du flambeau de la foy le reste de ma vie;
Reçoy moy dans la nef dont tu tiens le timon,
Et que mon ame y soit incessamment ravie
    Des grandeurs de ton nom.

Afin de celebrer tes faits plus hautement,
    Jusques au firmament
J'éleveray ma voix avecque mes victimes,

---

1. Ce mot *est* n'est point une faute d'impression, mais une forme vicieuse, ou du moins devenue vicieuse depuis que les grandes règles de la langue ont été fixées, forme que nous avons déjà signalée plusieurs fois, qui se reproduit fréquemment dans Racan, et qui consiste à mettre à la troisième personne, comme s'il s'agissoit d'un tiers, le verbe qui indique un acte ou même une simple situation de celui à qui l'on adresse la parole.

Et publiray partout que ton humanité
M'a retiré du gouffre où l'horreur de mes crimes
    M'avoit precipité.

Lors que ces obstinez, lors que ces furieux,
    D'un cœur imperieux
Armeront contre moy la revolte et l'audace,
N'as-tu pas des cachots aux hommes inconnus,
Où tu peux renfermer par ta seule menace
    Les vents qu'ils ont émeus (a)?

N'est-on pas assuré que ce que tu promets
    Ne nous manque jamais,
Que ta misericorde égale ta puissance,
Et de voir ces mutins sous les pieds déconfits
D'un roy que ton Epouse a fait dés sa naissance
    Ton esclave et ton fils?

Fay voir que par ton bras mon thrône est affermi,
    Afin que l'ennemi
Par l'effroy de ton nom me cede la victoire,
Et témoigne, ô grand Dieu! que ta protection
Sait par tout maintenir la justice et la gloire
    Des armes de Sion.

  (a)  *Ont armé* contre moy *l'injustice* et l'audace,
    *Dans des cachots secrets*, aux *mortels* inconnus
    *N'as-tu pas renfermé* par ta seule menace
        Les vents qu'ils ont émeus.
            (Var. des Doc. sur Racan.

## LE LXXXVIe PSEAUME.

*Fundamenta ejus, etc.*

Sur l'orgueilleux sommet de ces hautes montagnes
Qui partagent le jour avèque les campagnes
S'élevent de Sion les pompeux bastimens ;
Et, bien qu'ils soient toûjours en bute à la tempeste,
Plus elle fait d'effort d'en ébranler le faiste,
Plus ils sont affermis dessus leurs fondemens.

Glorieuse cité, l'honneur de la contrée,
Le vice et le malheur chez toy n'ont point d'entrée ;
Ton superbe portail témoigne ta grandeur,
Et dans Tyr, Meroé, Memphis et Babylone,
L'aurore et le midy n'éclairent point de thrône,
De qui la majesté ne cede à ta splendeur.

Si Rome, qui jadis dompta la terre et l'onde,
Nous vante ses Cesars, ces monarques du monde,
Qui furent de son nom l'honneur et le support,
Si leur vie et leur fin ont orné son histoire,
Bethleem et Sion n'ont-ils pas eu la gloire
De voir du Roy des rois la naissance et la mort ?

Les graces du Seigneur passeront ton envie ;
Un jour il écrira dans son livre de vie
Les noms des habitans de ton heureux sejour,
Et leurs saintes chansons témoigneront la joye
Qu'ils reçoivent sans fin des biens qu'il leur envoye
Pour gages éternels d'un éternel amour.

## LE LXXXVIIe PSEAUME.

*Domine, Deus salutis meæ, etc.*

C'est à toy que j'éleve et ma voix et mes yeux,
O le seul et vray Dieu de la terre et des cieux,
    Et le Monarque des monarques !
Je t'invoque la nuit, je t'invoque le jour ;
Exauce ma priere, et me donne des marques
    De ta grace et de ton amour.

Ne reconnois-tu pas qu'en mon affliction
Mon esprit a besoin de ta protection,
    Et que ta bonté t'y convie ?
Je ne reçoy des miens aucun soulagement,
Et suis comme ces corps sans chaleur et sans vie
    Qui sont jettez au monument.

Ton oreille par tout se rend sourde à mes cris,
Tu ne me veux plus voir que d'un œil de mépris ;
    Ta clemence est inexorable,
Et mon malheur extrême auroit du reconfort
Si, navré dans les flancs d'une playe incurable,
    J'estois assuré de la mort.

Ton couroux, qui m'abîme en des lieux tenebreux,
Ne presente à mes sens que des objets affreux,
    Sans corps, sans forme et sans matiere ;
Toutefois, dans l'horreur de l'abysme où je suis,
Le regret de me voir privé de la lumiere
    Est le moindre de mes ennuis.

Mes lasches favoris, quittant mon amitié,
Ont plus, en me voyant, d'horreur que de pitié ;
    Mon malheur n'est plaint de personne ;

Et ceux qui m'honoroient comme j'estois leur roy,
Me voyant denué de sceptre et de couronne,
    N'ont plus que des mépris pour moy.

J'ay dans ces lieux profons tous mes sens déreglez ;
Mon esprit est confus, mes yeux sont aveuglez
    Autant des pleurs que des tenebres ;
Et, lorsque je t'invoque au fort de mon tourment,
Des gouffres les plus creux mes complaintes funebres
    S'élevent jusqu'au firmament.

Redonne-moy du jour les aimables appas ;
De mon cœur assiegé des ombres du trespas
    Tu vois mon ame qui s'envole.
Dans cet art qui nous fait recouvrer la santé,
Quel remede pourra me rendre la parole,
    Pour remercier ta bonté !

Ceux qui sont pour jamais dans la tombe reclus,
Loin des cieux et de toy, ne possederont plus
    L'éclat de ta magnificence ;
Dans la nuit de l'oubli, qu'ils ne peuvent quitter,
De quels yeux pourront-ils admirer ta puissance,
    Ni de quelle voix la chanter ?

Combien que mon esprit, accablé de douleurs,
Sache que ta colere, endurcie à mes pleurs,
    Rejette mes vœux en arriere,
Aussi-tost que la nuit quitte nostre horizon,
Et que l'astre du jour commence sa carriere,
    Je commence mon oraison.

Le destin, ennemi de ma tranquilité,
M'a depuis le berceau toûjours persecuté,
    Dans la paix comme dans la guerre ;
Son orage sur moy gronde en toute saison,
Et me fait en un jour tomber du ciel en terre,
    Et du thrône dans la prison.

Je suis par tout en bute aux traits de ta fureur ;
Mon cœur en est touché d'une juste terreur,
    Ma constance en est surchargée ;
L'infortune me tient de toutes parts enclos ;
Dans un torrent d'ennuis ma raison submergée
    Me laisse à la merci des flots.

Tous les malheurs en foule accompagnent mes pas ;
Mes plus chers confidents ne me regardent pas,
    Ils ont horreur de ma presence ;
Ceux qui pour l'interest m'aimoient apparemment,
Et ceux qui m'estoient joints de sang et de naissance,
    M'abandonnent également.

---

## LE LXXXVIIIe PSEAUME.

### Misericordias Domini, etc.

Comblé des biens que ta grace m'accorde,
    Je veux, Seigneur, publier à jamais
Qu'il n'est rien de plus grand que ta misericorde,
Ni rien de plus certain que ce que tu promets.

    Dans ton empire, où la nuit est sans voiles,
      Les esprits prompts à tes commandemens
    T'éleveront un thrône au-dessus des estoiles,
    Dont ta grace et la foy seront les fondemens.

    Là, d'une voix qui menace et qui tonne,
      Et dans les cœurs grave la verité,
    Tu promis à David qu'il verroit sa couronne
    Passer de race en race à sa posterité.

    Ces saints esprits que la cheute des anges
      A fait monter au thrône glorieux

Accorderont leurs voix, pour chanter tes loüanges,
Au doux son que produit le mouvement des cieux.

 Quel autre dieu peut lancer le tonnerre?
 Quel autre roy regne éternellement?
Quel autre peut domter l'audace de la terre?
Et quel autre placer les feux du firmament?

 Il est terrible, et sa force guerriere
 A, sans combat, les plus forts surmontez;
Il est seul glorieux, et sa seule lumiere
Chasse d'auprés de luy toutes autres clartez.

 La verité, Seigneur, est dans ta bouche,
 Elle est l'espoir des morts et des vivans;
Tu calmes dans les cœurs l'humeur la plus farouche,
Ainsi que sur les flots l'insolence des vents.

 Ton bras du Nil a l'audace étouffée,
 Brisé nos fers et fini nos langueurs,
Et par cette victoire il orna ton trophée
Des sceptres des vaincus et des fers des vainqueurs.

 C'est à toy seul le ciel, la terre et l'onde,
 Tu les as tous creez pour les humains:
Et, non moins que les cieux, tout ce qui vit au monde,
Du sud jusques au nord, est l'œuvre de tes mains.

 Le doux zephir et la bise glacée
 Comme tu veux courent parmi les airs;
Sur Hermon et Tabor ta vënuë annoncée
De joye et de bonheur a comblé l'univers.

 Ton nom, Seigneur, qu'on craint et qu'on revere,
 Ne se sauroit célébrer dignement;
Bien qu'en tes jugemens tu te monstres severe,
L'équité toutefois en est le fondement.

 Auparavant que ton bras redoutable
 Fasse aux pecheurs ton courroux ressentir,

## PSEAUME LXXXVIII.

Ton esprit, aussi doux comme il est veritable,
Ne prend-il pas le soin de les en avertir ?

    Heureux sont ceux qui peuvent reconnoistre
      Ces saints avis qui leur viennent de toy !
Tes graces, qu'ils verront de jour en jour s'accroistre,
Croistront de jour en jour leur merite et leur foy.

    Ils apprendront que ta juste puissance
      Est ici bas l'appuy des saintes loix,
Qui tiennent, en faveur de la foible innocence,
Dans un juste devoir l'autorité des rois.

    Tu nous promis par la voix des prophetes
      Que, pour finir nos maux et nos dangers,
Ta main, qui peut changer en sceptres les houlettes,
Nous choisiroit un roy sous les toits des bergers.

    « David, dis-tu, dont la vertu m'agrée,
      Par mon secours fut du geant vainqueur ;
Je répandis sur luy mon onction sacrée,
Je le mis à la fois au throne et dans mon cœur.

    « Des ennemis la fureur et l'envie
      Feront en vain contre luy leur effort ;
Quiconque attaquera son honneur ou sa vie
N'en aura que la honte, ou la fuite ou la mort.

    « Mes veritez, ces fidelles compagnes,
      Seront par tout son plus doux entretien ;
Et par dela les mers, les fleuves, les montagnes,
La grandeur de mon nom augmentera le sien.

    « Il me priera comme un fils fait son pere,
      Il espandra ma foy dans ses estats ;
Comme mon premier né, l'un et l'autre hemisphere
Le verront triompher de tous les potentats.

    « J'accompliray, pour sa gloire et la mienne,
      Tout ce que j'ay promis à sa valeur ;

Je veux que ma puissance à jamais le maintienne
Et le mette à l'abri des assauts du malheur.

« Les cieux verront les courses terminées
 De leurs flambeaux si puissans et si clairs,
Et l'ascendant qu'ils ont dessus vos destinées,
Quand ses fils cesseront de regir l'univers.

« Que si pourtant d'un courage indomtable
 Ils sont ingrats du bien que je leur fais,
Ma verge, discernant le juste du coupable,
Saura punir le prince et sauver ses sujets.

« Je les veux voir dans la terre conquise
 L'un après l'autre au thrône paternel,
Et que tous, adoptez enfans de mon Eglise,
Ils soient tous joints à moy d'un lien éternel.

« De mes lieux saints j'ay juré par moy-même,
 Moy-mesme suis lié par ce serment,
De faire sur leur front luire le diadéme
Tant que l'astre du jour luiroit au Firmament.

« Ils me verront prevenir leurs prieres
 De tous les biens qui viennent de ma main,
Et dans tout leur estat recevoir ma lumiere,
Comme fait du soleil la lune dans son plein.

« Cet arc changeant qui rend aprés l'orage,
 Dans l'air troublé, la bonace et la paix,
Bien que de mon amour il soit alors le gage,
L'amour que j'ay pour eux ne changera jamais. »

Aprés, Seigneur, aprés tant de promesses
 Qui nous avoient unis aveque toy,
D'où vient que sans égard en un seul jour tu laisses
Ton Fils, nostre Sauveur, ton Oint et nostre Roy ?

Visiblement ta grace l'abandonne,
 Il est battu du sort de toutes parts.

Voit-on pas de sa teste abattre la couronne?
Voit-on pas de sa ville abattre les ramparts?

 Son grand pourpris n'est plus qu'un grand village;
  Tous ses tresors sont en proye aux voleurs,
Et nostre abaissement releve le courage
Du superbe vainqueur qui rit de nos malheurs.

 Pour repousser cette fiere insolence,
  Il n'a pas mesme en luy-mesme d'appuy;
Et semble que sa force ait trahi sa vaillance,
Et que son coutelas ne tranche plus pour luy.

 Les ans legers, d'une course trop promte,
  Dans son automne avancent son printemps,
Comme si tu voulois, pour comble de sa honte,
Que ce roy fortuné fust vieux avant le temps.

 S'il est toûjours la bute de l'envie,
  Si ton courroux ne modere son feu,
Si tu finis si tost sa fortune et sa vie,
A quoy luy servira de regner pour si peu?

 L'arrest fatal veut que dessous la lune
  Tous les vivans tendent à mesme but;
Bien qu'ils soient differens de mœurs et de fortune,
La mort leur fait à tous payer mesme tribut.

 Où sont allé tes graces éternelles?
  Nostre bonheur est-il si tost passé?
Quel mépris fera-t-on du troupeau des fidelles
Lors que l'on connoistra que tu l'as delaissé?

 Nous souffririons ce que contre nous-mesmes
  Ces imposteurs controuvent laschement;
Mais l'on ne peut souffrir ces horribles blasphémes,
Que contre ta puissance ils font journellement.

 Et, cependant qu'il ne sort de leur bouche
  Que des mépris pour la Divinité,

Nos esprits, enflamez de l'amour qui nous touche,
Chantent à haute voix ta gloire et ta bonté.

## LE LXXXIXe PSEAUME.

### Dominus refugium factus, etc.

Seigneur, nous esperons, aprés tant de miseres,
Qu'au repos éternel qui nous est preparé,
Nos arrière-neveux, comme nos premiers peres,
Trouveront à jamais un asyle assuré.

Ces monts audacieux de leurs testes superbes
Ne perçoient point encor les airs voisins des cieux,
La mer estoit sans flots, et la terre sans herbes,
Que tu fus reconnu le seul de tous les dieux.

Ne nous laisses croupir dans l'ordure où le vice,
En souillant tes éleus, aveugle les gentils,
Toy qui promets à tous que ta bonté propice
Se rendra pitoyable aux pecheurs repentis.

Mille hivers, mille estez, aux courses mutuelles,
Te sont comme un moment qui vole et qui s'enfuit,
Et sont comme le temps que font les sentinelles
Qui partagent entre eux les pauses de la nuit.

La fleur qu'un mesme jour voit au matin éclose,
A midi se fanir, au soir tomber à bas,
Et le destin de l'homme, est une mesme chose,
Lors qu'il naist, qu'il vieillit et qu'il court au trépas.

C'est-là que nous craignons de ta juste puissance
Les foudres et les traits qui nous sont décochez,

Sachant que tu vois tout, et qu'à ta connoissance
L'homme ne peut cacher un seul de ses pechez.

Ta colere, Seigneur, contre nous indignée,
De nos âges contez precipite le cours,
Ainsi que nous voyons les fils de l'araignée,
Dont un souffle défait le travail de cent jours.

Que fragile est le sort des fortunes illustres !
Leur éclat n'est que verre et n'a rien de constant,
L'œuvre de deux fois sept ou de deux fois huit lustres
Se voit par le trépas défait en un instant.

Ceux qui d'un si long âge accomplissent la course
Doivent en ce bonheur se dire malheureux :
Il vaut mieux que nos ans finissent dés leur source
Que ramper si long-temps dans un corps langoureux !

Qui connoist, ô grand Dieu ! l'excès de ta colere ?
Combien de ta fureur les coups sont vehemens !
Quelle suite d'ennuis nous vient de te déplaire !
Et quel heur d'obeïr à tes commandemens !

Ta splendeur éternelle, entretien de nos veilles,
En qui nous admirons tant de rares effets,
Fait voir que ton pouvoir, artisan des merveilles,
Se joint à ta prudence en tout ce que tu fais.

N'éclipse point de nous tes graces éternelles,
Dont nos humbles esprits sont les admirateurs ;
Ce que tu refusois aux ames des rebelles,
Le peux-tu refuser à tes bons serviteurs ?

Que si, dés l'orient que commencent nos vies,
Ton esprit prend le soin d'en conduire le cours,
Permets que tes clartez dont elles sont suivies
Les éclairent encor à la fin de nos jours.

C'est en ce port heureux que hors de la tempeste
Nous joüirons des biens qui nous y sont offerts :

C'est-là que les douceurs que le Ciel nous appreste
Noyeront tous les ennuis que nous avons soufferts.

 Cheri tes serviteurs, pren soin de ton ouvrage,
Fay leur voir les effets de ta juste bonté,
Et fay qu'ils puissent tous avoir cet avantage,
Qu'elle se continuë à leur posterité.

---

## LE XCe PSEAUME.

### Qui habitat in adjutorio Altissimi, etc.

Celuy qui met en Dieu toute son esperance
  Et n'a recours qu'à luy
En tous ses accidens doit vivre en assurance
  De l'avoir pour appuy.

Il le peut en ce monde appeler son refuge,
  Son aide et son support,
Bien que de son Sauveur il devienne son juge
  A l'heure de la mort.

Pour moy, quand les méchans par finesse ou par force (a)
  Ont tasché de m'avoir,
Sa prudence et son bras découvrit leur amorce
  Et domta leur pouvoir.

Ainsi sont ses éleus, à l'abri de ses aisles,
  A jamais preservez

 (a) *Lorsque de sa bonté la finesse ou la force*
   *Se veulent prévaloir,*
 *L'esprit du Tout-puissant en découvre* l'amorce
   *Et domte* le *pouvoir.*

     (Var. des Doc. sur Racan.)

# PSEAUME XC.

Du malheur qui confond aux peines éternelles
    Ceux qu'il a reprouvez.

Quand sa grace nous luit, aux gouffres les plus sombres
    Rien ne nous est caché;
Jusques dans les enfers elle chasse les ombres
    De la nuit du peché.

Si l'humide et le chaud infectent l'air de peste
    Par leur fatal concours,
Le soleil, pour eux seuls cessant d'estre funeste,
    Leur donne de beaux jours.

Quand les flots de la guerre agitent leurs tempestes,
    Dieu conserve son oint;
Une gresle de traits luy tombent sur la teste,
    Et ne l'atteignent point.

Il peut lors s'assurer que, d'un lieu de delices
    Et de prosperitez,
Il verra les méchans recevoir les supplices
    De leurs impietez.

Un repos affranchi des troubles de l'envie,
    En tout temps, en tout lieu,
Est promis à celuy qui met toute sa vie
    Son esperance en Dieu.

Ce puissant protecteur, pour le combler de joye,
    Vient en toute saison
Défendre aux accidens que le Ciel nous envoye
    D'entrer dans sa maison.

De ses ans fortunez jamais aucun meslange
    N'en traverse le cours,
Et, quoy qu'il entreprenne, il voit que son bon ange
    L'accompagne toûjours.

Au plus haut des rochers les plus inaccessibles
    Il le tient en ses bras,

Et dans les lieux glissans, si droits et si terribles,
 Il assure ses pas:

L'aspic ni le lion dans leur affreux repaire
 Ne luy font point d'horreur,
Et, lors qu'il les écrase, ils n'ont pour luy mal faire
 Ni venin ni fureur.

« Je veux, dit le Seigneur, à cet homme fidelle,
 Qu'un saint amour m'a joint,
Assurer un asyle en ma grace éternelle
 Qui ne luy manque point ;

« Qu'aprés tant de malheurs dont il estoit la proye,
 Tout luy vienne à propos,
Et qu'enfin son ennuy face place à la joye,
 Et sa peine au repos.

« Je veux de ses longs jours éloigner les desastres,
 Et, de moy l'approchant,
Que ses vertus là-haut luisent au rang des astres
 Qui n'ont point de couchant. »

---

## LE XCIe PSEAUME.

#### Bonum est confiteri Domino, etc.

O combien un esprit a de contentement
Qui peut, soir et matin, celebrer hautement
Le salut glorieux promis par le Messie !
Et que l'homme est heureux à qui sa verité
A dés son orient produit cette clarté
Qui jamais dans la nuit ne peut estre obscurcie !

De la lyre et du luth, sous l'archet et les doigts,

## PSEAUME XCI.

Les dix rangs redoublez puissent, joints à ma voix,
Charmer dans sa maison les cœurs par les oreilles !
Et que cette science inspirée aux mortels
Par celuy qui reçoit nos vœux à ses autels
Soit toûjours employée à chanter ses merveilles !

Que le nombre en est grand ! et, quand l'esprit humain
Considere à loisir les œuvres de sa main,
Ne les trouve-t-il pas toûjours miraculeuses ?
Certes c'est un dedale à nos entendemens,
Qui remplit de respect les humbles jugemens,
Et de confusion les ames orgueilleuses.

Tel qu'on voit un rosier, au printemps si cheri,
Qui tombe, meurt et seche aprés avoir fleuri,
Telle est des reprouvez la fortune en ce monde :
Peu de temps voit passer l'éclat de leur bonheur ;
Mais aprés tous les temps la gloire du Seigneur
Eclatera sans fin sur la terre et sur l'onde.

Tes ennemis, grand Dieu, periront pour jamais,
Et moy je jouiray de l'heur que tu promets,
De qui l'eternité sera seule la borne ;
Et lors je feray voir, malgré ces factieux,
Que ma gloire s'éleve aussi droit dans les cieux
Que le seul bois qui sort du front de la licorne.

Ton onction sacrée honore mes vieux jours ;
Fay que dans le triomphe ils achevent leurs cours,
Et me comblent les sens de plaisir et de gloire !
Je voy les ennemis me tourner les talons,
Et j'entens les échos aux replis des valons
Repeter aprés nous les cris de la victoire.

Tel qu'on voit le palmier, proche de son retour,
Qui refleurit auprés l'objet de son amour,
Et sur son tronc ridé reverdir son écorce ;
Ainsi le juste, auprés l'autel du Tout-puissant,
Semble se rajeunir des graces qu'il ressent,
Et que l'âge caduc renouvelle sa force.

Des sommets du Liban les cedres orgueilleux
N'ont rien ni de si grand ni de si merveilleux,
Bien qu'ils percent les airs où se fait le tonnerre,
Que les esprits devots, exempts de vanité,
Qui s'élevent au ciel par leur humilité,
Et qui foulent aux pieds les honneurs de la terre.

---

## LE XCIIe PSEAUME.

#### Dominus regnavit, decorem, etc.

L'empire du Seigneur est reconnu par tout;
Le monde est embelli de l'un à l'autre bout
    De sa magnificence;
Sa force l'a rendu le vainqueur des vainqueurs;
Mais c'est par son amour, plus que par sa puissance,
    Qu'il regne dans les cœurs.

Sa gloire étale aux cieux ses visibles appas,
Le soin qu'il prend pour nous fait connoistre ici bas
    Sa prudence profonde :
De la main dont il forme et le foudre et l'éclair
L'imperceptible appuy soustient la terre et l'onde
    Dans le milieu de l'air.

Dans la nuit du chaos, quand l'audace des yeux
Ne marquoit point encor dans le vague des cieux
    De zenit ni de zone,
L'immensité de Dieu comprenoit tout en soy,
Et de tout ce grand tout Dieu seul estoit le thrône,
    Le royaume et le roy.

Tels qu'on voit en hiver ces fleuves écumer,
Qui portent en grondant leurs tributs à la mer,
    Furieux et terribles;

Leurs flots tumultueux, dans les plaines errans,
En ravageant leurs bords, de rivieres paisibles
    Deviennent des torrens ;

Tels sont les potentats de qui la cruauté
Par son débordement rend de la royauté
    Le regne tyrannique ;
Et tels estoient jadis ceux qui d'un vain effort
Contre la foy naissante ont mis tout en pratique
    Pour luy donner la mort.

Rome, qui fit tomber tant d'estats à l'envers,
Qui, comme un ocean, inonda l'univers
    Sous les flots de ses armes,
Qui mit injustement tant de saints au tombeau,
Ne seut de cette foy dans le sang et les larmes
    Esteindre le flambeau.

Ces genereux martyrs pour le nom du vray Dieu
Sont de ces veritez, en tout temps, en tout lieu,
    Les témoins authentiques,
Et, rendant par leur mort ses decrets immortels,
Ont, en accomplissant les figures antiques,
    Affermi ses autels.

---

## LE XCIII<sup>e</sup> PSEAUME.

*Deus ultionum Dominus, etc.*

O seul Dieu tout-puissant, qui seul tiens en tes mains
  Les tonnerres vengeurs des crimes des humains,
Et qui seul nous instruis à bien vivre et bien croire,
Leve-toy de ton thrône, ô juge d'équité,
Et confond aux enfers l'orgueilleux qui fait gloire
    De son impieté.

Fay que les factions de ces audacieux,
Que des aisles de cire élevoient dans les cieux,
Puissent, dés en naissant, demeurer assoupies ;
Pour oster aux méchans tout sujet d'esperer,
Interdi le destin qui fait de ces impies
     Les desseins prosperer.

Ce sont ceux dont jadis l'impitoyable main,
D'un deluge de sang grossissant le Jourdain,
A troublé les deux bords de ce paisible fleuve,
Et qui, portant par tout la mort et la terreur,
Massacra l'estranger, l'orphelin et la vefve
     D'une égale fureur.

Chasse hors de nos champs ces bataillons espais ;
Que l'ange d'équité, protecteur de la paix,
Confonde la discorde et ce qu'elle concerte ;
Qu'il la traîne aux enfers par ses crins de serpens,
Et que nos ennemis deviennent par leur perte
     Sages à leurs despens.

« Nous pouvons, disent-ils, blasphemer et pecher :
Dieu n'entend ni ne voit, on luy peut tout cacher ;
Tout son soin est de faire éclater ses merveilles. »
Mais y peut-il avoir quelque esprit assez lourd
Pour croire que l'ouvrier des yeux et des oreilles
     Seroit aveugle et sourd ?

Peut-on rien déguiser à celuy qui sait tout,
Qui seul dans l'univers, de l'un à l'autre bout,
Tient de nos actions les registres fidelles ;
Qui voit au fond des cœurs ce qu'on a resolu,
Et qui des passions justes et criminelles
     Est l'arbitre absolu ?

O bienheureux sont ceux dont les humbles esprits
Soûmettent leur raison aux loix que tu prescris,
Sans juger des motifs de ta bonté profonde !
Ils verront pour eux seuls l'orage se calmer,

## PSEAUME XCIII.

Et de dessus le port dans la mer de ce monde
    Les pecheurs s'abysmer.

Chacun de ton pouvoir, comme de ton amour,
Recevra les effets jusqu'à ce dernier jour
Si craint, si reveré, si fatal à nos ames,
Lorsque tous les esprits ranimeront leurs corps,
Et que tu jugeras, sur un thrône de flames,
    Les vivans et les morts.

Mais en mon infortune où sera mon espoir?
De quel secours humain me puis-je prévaloir
Contre la faction qui contre moy conspire?
Qui peut me consoler en mon affliction?
Et qui peut rassurer ma crainte et mon empire,
    Que ta protection?

Quand je suis abattu de leurs inimitiez,
Ta puissance, ô grand Dieu! me remet sur les pieds,
Et me rend à la fois la vie et le courage;
Elle éclaire mon ame aux plus obscures nuits,
Et change, dans un jour sans ombre et sans orage,
    En plaisirs mes ennuis.

Mon Dieu n'est point semblable aux juges d'icy bas,
Qui, bien loin d'amortir l'ardeur de nos debats,
Par leurs arrests confus en augmentent la cause;
Qui laissent augmenter le desordre naissant,
Et, tenant au bon droit toujours la bouche close,
    Condamnent l'innocent.

Celuy seul qui de tous est l'arbitre éternel,
Qui témoigne aux eleus son amour paternel,
Et qui m'offre à jamais sa grace pour refuge,
Sait avec équité punir et pardonner,
Et de ces apostats, comme severe juge,
    L'erreur exterminer.

## LE XCIVe PSEAUME.

*Venite, exultemus, etc.*

Venez tous avec moy reciter à la fois
  Les grandeurs du seul Roy des anges et des rois;
Donnons à ses bontez nos cœurs et nos suffrages;
Commençons dés minuit à chanter et prier,
Et, si-tost que le jour découvre ses ouvrages,
Admirons tous en eux le pouvoir de l'ouvrier.

  Ces demi-dieux mortels, de qui l'autorité
Nous semble estre un rayon de la Divinité,
N'ont rien d'égal au Dieu qui lance le tonnerre;
Sa celeste splendeur luit d'un éclat pareil
Dans les gouffres voisins du centre de la terre
Comme au plus haut des monts qui touchent le soleil.

  La mer comme les cieux est l'œuvre de ses mains,
Il faut en tous endroits que l'esprit des humains
Rende hommage à celuy qui par tout nous regarde;
Il est seul nostre maistre et nostre createur;
C'est luy qui nous nourrit, nous conduit et nous garde;
Nous sommes le troupeau dont il est le pasteur.

  Il ne faut pas, chrestiens, nos peres imiter;
Lorsque Dieu parle à nous, il le faut écouter;
Leur incredulité causa leurs longues peines;
Afin de rafraischir ceux qu'il tenoit si chers,
Les rochers amolis se changeoient en fontaines
Quand leurs cœurs endurcis se changeoient en rochers.

  De quarante printemps et de quarante estez
Les fleurs et les moissons, croissant de tous costez,
Faisoient de leur desert une heureuse contrée,

Quand Dieu, contre qui seul ils avoient murmuré,
Jura qu'à ces ingrats il fermeroit l'entrée
Du sejour glorieux qui nous est preparé.

---

## LE XCVe PSEAUME.

Cantate Domino canticum novum, etc.

Beaux esprits dont le nom sur l'aisle de vos vers (1)
Fait, comme le soleil, le tour de l'univers,
Qui ravissez les cœurs par vos doctes merveilles,
Quand il faut du Seigneur reciter les bontez,
Faites qu'en vos écrits les yeux et les oreilles
Y remarquent sans fin de nouvelles beautez.

Racontez dans la terre, en toute sa rondeur,
Du Dieu que nous servons l'éternelle splendeur,
Qui fera des faux dieux le neant disparoistre,
Lorsqu'il viendra bannir ces fameux imposteurs
Qui tiennent leurs autels, leur pouvoir et leur estre
De la simplicité de leurs adorateurs.

Ces ennemis du jour et de la verité
Ne peuvent concevoir qu'avec obscurité
Les choses à venir de tout temps ordonnées;
L'Artisan qui rangea les astres dans les cieux
A dans leur influence écrit nos destinées,
En lettres de lumiere invisible à leurs yeux.

Il regle du soleil et l'un et l'autre cours,
La gloire et la splendeur l'accompagnent toûjours,

1. Véritable idée, sinon poétique, au moins de poëte, d'avoir adressé *aux beaux esprits* le chant que David adresse au peuple d'Israël.

Et sont les ornemens de sa divine essence.
Esprits qui de son thrône admirez la hauteur,
Confessez, en voyant tant de magnificence,
Qu'autre que le vray Dieu n'en peut estre l'auteur.

Vous qui, vous separant du commun des mortels,
Vous estes consacrez à servir les autels,
Qui dans l'amour du Ciel élevez vos pensées,
Presentez desormais à sa Divinité
Les victimes qu'offroient vos ames insensées
A ces usurpateurs de son autorité.

Craignez et reverez son supréme pouvoir,
Que par la seule foy vous pouvez concevoir;
Ses decrets éternels nous sont inévitables;
Il est le seul ouvrier des ouvrages parfaits;
Son regne est permanent, et ses loix équitables
Raffermissent par tout la justice et la paix.

Quand sa gloire là haut étale ses appas,
Les astres comme fleurs naissent dessous ses pas;
Sa puissance est de mesme en merveilles feconde;
Et, lors que sa bonté nous daigne visiter,
Nous voyons ici bas sur la terre et sur l'onde
Les montagnes mouvoir et les flots s'arrester.

Desja ces bois épais, où dans leur noir sejour
Les yeux sont ignorans de la source du jour,
Sont percez des rayons que sa lumiere envoye,
Et leurs troncs les plus secs sont veüs hors de saison
Reverdir et fleurir, pour témoigner la joye
Qu'ils ont de le revoir monter sur l'horison.

De dessus le soleil, où ses superbes mains
Eleverent son thrône invisible aux humains,
La terre entend tonner sa justice suprême,
Et l'effet des decrets dans les astres gravez
Luy fait voir que sa voix est la verité mesme,
Autant pour les eleus que pour les reprouvez.

# LE XCVIe PSEAUME.

### Dominus regnavit, etc.

Tout l'univers enfin revere la puissance
Qui, dans les justes loix d'un siecle d'innocence,
Rend les peuples heureux et les esprits contens;
Ceux mesmes que la mer a separez du monde
Rendent grace à celuy qui depuis si long-temps
Assure leur repos dans le milieu de l'onde.

Il ne reviendra plus qu'armé de son tonnerre,
Qui, dans le chastiment des crimes de la terre,
Fera voir aux humains son pouvoir sans pareil;
Lors qu'il prononcera sa sentence derniere
Un nuage d'argent plus clair que le soleil
Servira seulement de voile à sa lumiere.

Quelle ame de rocher ne doit estre estonnée
De voir de toutes parts la terre environnée
De supplices vengeurs de nos iniquitez,
Lorsque Dieu, separant ces flâmes éternelles,
Aux siens departira ses plus pures clartez,
Et ces feux sans lumiere aux ames criminelles?

Alors sur l'horison les cieux impitoyables
N'allumeront le jour que d'éclairs effroyables;
L'air ne sera peuplé que de foudres siflans;
Comme cire on verra se fondre les montagnes,
Et l'or, que l'avarice arrachoit de leurs flancs,
En torrens precieux rouler dans les campagnes.

Le soleil obscurci, les sanglantes planetes,
Les crins estincelans des sinistres cometes,
Seront les messagers de cet embrasement;

Un effroy general regnera dans nostre ame,
Quand le monde verra que dans le firmament
Sa sentence de mort est en lettres de flâme.

 Ces ouvrages où l'art, imitant la nature,
Pretendoit nous donner par leur docte imposture
Le bienheureux aspect de tous les immortels,
Verront finir l'erreur où leur abus nous plonge ;
Le vray Dieu détruira ces tyrans des autels
Lorsque sa verité confondra leur mensonge.

 Esprits qui possedez ces visibles merveilles,
Vous qui les esperez par vos soins et vos veilles,
Admirez tous celuy par qui tout est domté ;
Loüez-le dans la paix, priez-le dans la guerre,
Et faites qu'à l'envi sa gloire et sa bonté
Remplissent les concerts du ciel et de la terre.

 Ces faux dieux, par l'éclat de leur magnificence,
Taschoient en vain, Seigneur, d'égaler ta puissance,
Qui fait sur leur ruine establir nostre foy ;
Nous devons à jamais admirer ta justice,
Et, pour nous conformer entierement à toy,
Imiter ton exemple en la haine du vice.

 Si quelquefois l'envie et l'injuste licence
Troublent dans nos esprits la paix et l'innocence,
Ta bonté paternelle est leur protection ;
Et ceux qui sont touchez des graces qu'elle envoye,
Dans les plus noires nuits de leur affliction,
Y trouveront toûjours la lumiere et la joye.

## LE XCVIIe PSEAUME.

*Cantate Domino canticum novum, etc.*

Doux et charmans concerts, delices des oreilles,
En de nouveaux accords jusqu'au ciel exaltez
La gloire du Seigneur, ce Dieu dont les bontez
Font tous les jours pour nous de nouvelles merveilles !

Ce grand tout doit son estre au travail de ses mains ;
Mais quel ange ou quel homme eut jamais connoissance,
Si ce fut son amour, sa grace, ou sa puissance,
Qui travailla le plus au salut des humains ?

Combien que sa justice ait en main le tonnerre,
Il conserve pour nous sa premiere bonté :
En nous donnant son Fils, n'a-t-il pas acquité
Ce qu'il avoit promis de tout temps à la terre ?

Ces mysteres par tout furent si bien receus,
Depuis que de Sion ils passerent à Rome,
Qu'aux lieux où l'homme sait à peine qu'il est homme,
On y sait que Marie est mere de Jesus.

Vous qui, loin du soleil, habitez sous les poles,
Vous qui sentez à plomb ses rayons enflâmez,
Honorez tous celuy qui nous a tant aimez,
Et rendez vostre cœur conforme à vos paroles.

Que la harpe et le luth, touchez en son honneur,
Raniment de leurs sons la douce violence ;
Que leurs bois, qui vivoient consacrez au silence,
Chantent aprés leur mort pour loüer le Seigneur

Que son nom glorieux de Monarque des anges

Retentisse aux échos des rochers et des bois ;
Que l'ocean, charmé du concert de nos voix,
Fasse bruire en ses flots le bruit de ses loüanges.

Et vous, eaux qui dormez sur des lits de pavots,
Vous qui toûjours suivez vous-mesmes fugitives,
Faites un peu cesser, pour vous rendre attentives,
Les paisibles combats des zephirs et des flots.

Que ces monts dont on voit naistre et fondre les nuës,
Dans ce commun bonheur que nous venons d'avoir,
Comme dans leur printemps nous puissent faire voir,
Le mirthe et le jasmin sur leurs testes chenuës.

Sa justice icy bas s'unit à sa bonté
Pour nous combler des biens dont la terre est feconde ;
Mais elle seule ailleurs doit departir au monde
La peine et le loyer qu'il aura merité.

## LE XCVIIIe PSEAUME.

#### Dominus regnavit, irascantur, etc.

C'est à ce coup, mortels, que le Dieu des combats,
Aprés avoir soumis les grandeurs d'icy bas,
Fait part aux Cherubins de sa magnificence ;
Il rentre dans les cieux triomphant des enfers,
De la mort par sa mort il a brisé les fers,
Et repris au tombeau sa vie et sa puissance.

Israël, qui jadis vis le Verbe éternel
Estendu sur la croix, et comme un criminel
Souffrir injustement nostre juste supplice ;
Voy comme il est puissant en terre comme aux cieux,

# PSEAUME XCVIII.

Voy comme il est terrible, et voy comme en tous lieux
Son regne fait regner la paix et la justice.

O Seigneur, seul auteur des équitables loix,
De qui nous recevons tant de biens à la fois,
La grandeur de ton nom soit par tout exaltée;
Et vous tous qui savez sa vie et son trespas,
Adorez, en baisant la terre sous ses pas,
Les traces de la croix qu'il a pour nous portée.

En ce saint lieu Moyse, Aaron et Samuel,
Ces dignes conducteurs du peuple d'Israël,
Ont presenté les vœux de six fois cent mille ames;
Dieu descendit du ciel, et dans ce mesme lieu,
Afin de faire voir qu'il estoit le vray Dieu,
Il marcha sur les airs et parla dans les flâmes.

Ces sacrez protecteurs de sa divine loy
Ont toûjours marié les œuvres à la foy,
Leurs actions preschoient non moins que leurs paroles;
Aussi le Tout-puissant en tout temps a permis
Qu'ils fussent aux combats vainqueurs des ennemis,
Et, dans les factions, vainqueurs des monopoles.

Donc, au pied du Calvaire exaltons la bonté
Du Dieu qui s'est vestu de nostre humanité,
Pour rendre à son aspect nostre esprit moins farouche;
Rendons-luy nostre hommage en ce sacré sejour,
Et, pour estre en tous lieux dignes de son amour,
Honorons-le en tous lieux du cœur et de la bouche.

## LE XCIXe PSEAUME.

#### Jubilate Deo, etc.

Dans un excés de joye aussi douce que sainte,
Rendons grace au Seigneur, qui calme nostre crainte
Et nous comble d'honneurs si stables et si grands ;
Allons dans sa maison admirer ses mysteres,
Non comme des captifs aux palais des tyrans,
Mais comme des enfans au logis de leurs peres.

Nos cœurs humiliez y doivent reconnoistre
Que ce n'est que de luy que nous tenons un estre
Si parfait qu'ici bas il n'en est point de tel ;
Que cette œuvre, passant l'effort de la nature,
Est plus du Dieu vivant que de l'homme mortel,
Est plus du Createur que de la creature.

Nous sommes les brebis de ses saints pasturages ;
Le toit où sa bonté nous défend des orages
Est sur un fondement qui jamais ne perit ;
Les loups sont dans son parc sans faim et sans furie,
Et les biens éternels dont il nous y nourrit
Sont dignes du pasteur et de la bergerie.

Reverons donc le nom du maistre qui nous guide ;
Qu'à jamais son Eglise, où luy-mesme préside,
Fasse à l'envi des cieux éclater sa splendeur,
Et que la verité dont elle est éclairée,
Qui n'a que l'univers pour borne à sa grandeur,
N'ait que l'éternité pour borne à sa durée.

## LE C. PSEAUME.

Misericordiam et judicium, etc.

Puis qu'il me faut, grand Dieu, pour combattre l'en-
Chanter de ta clemence et de ton équité,     [vie,
Pour mieux de ces vertus décrire la beauté,
Je les veux pratiquer le reste de ma vie ;
Je say qu'il nous faut tous fuir de ces objets
Qui laissent dans nos cœurs l'impression du vice,
      Et say qu'en ta justice
Tu ne discernes point les rois de leurs sujets.

Je veux de ma maison bannir la médisance,
Et de tout mon estat ces esprits factieux,
Afin que dans la paix mon cœur, de mieux en mieux,
Puisse en sa pureté garder son innocence.
Je veux estre à jamais l'ennemi des flatteurs,
Ma justice, pour eux, n'aura ni paix ni treve,
      Ni balance ni glaive,
Que pour exterminer ces lasches imposteurs.

Je ne veux dans ma cour recevoir les services
De ceux qui sont heureux sans l'avoir merité,
Et dont l'ambition sans generosité
N'est que pour assouvir la haine et l'avarice ;
Mais je cheriray ceux dont l'esprit, revestu
De tous les ornemens dont sa grace est feconde,
      N'estime rien au monde
Digne de leur amour que la seule vertu.

Je ne sçaurois souffrir l'insolente manie
De ceux de qui l'esprit, bouffi de vanité,
Ne peut dessous les loix abaisser leur fierté
Ni se faire obeir qu'aveque tyrannie ;

Je veux aussi chasser ceux de qui les complots
Ont semé dans ma cour la haine et la discorde,
  Et, sans misericorde,
Tous ceux qui de mon peuple ont troublé le repos.

---

## LE CIe PSEAUME.

*Domine, exaudi orationem meam, et clamor meus, etc.*

Seigneur, écoute ma priere,
Et si ton cœur en est touché,
Ne permets que, pour mon peché,
Ta grace m'oste sa lumiere ;
Ren moy le bonheur que j'attens.
Tu sais que j'ay mis de tout temps
Mon espoir en ton assistance.
Mes yeux sont épuisez de pleurs,
Et mon cœur n'a plus de constance
A l'espreuve de mes douleurs.

  Ma force n'est plus animée,
Mon teint a changé de couleur,
Ce qui me reste de chaleur
S'en ira comme une fumée ;
Ce grand feu que j'ay ressenti
Se verra bien-tost amorti
Dans mon corps, déja froid et blesme,
Comme en un tizon allumé
La braize s'esteint d'elle-mesme
Aprés qu'elle l'a consumé.

  Mes lèvres, seiches et ternies,
Témoignent assez ma langueur ;
Il me reste moins de vigueur
Qu'aux fleurs que l'automne a fanies ;

Rien ne me sauroit soulager;
Du boire comme du manger
Je perds la memoire et l'envie,
Et pense que cet aliment
Est moins pour alonger ma vie
Que pour alonger mon tourment.

En ces miseres incurables,
Je sens mes os percer ma peau;
Ceux qui seichent dans le tombeau
Ne me sont gueres dissemblables;
Au desert le plus écarté
L'ennuy dont je suis tourmenté
Cherche la solitude et l'ombre;
Et, dans ce lieu qui m'est si doux,
J'imite l'humeur triste et sombre
Des pelicans et des hiboux.

Quand la nuit au lit nous rappelle,
Et que ses appas innocens
Charment nos soucis et nos sens,
C'est quand ma peine renouvelle.
L'horreur que j'ay de mon peché
Me retient tout le jour caché
Comme un passereau solitaire;
Mais mon souvenir, en tous lieux,
Pour m'empêcher de m'en distraire,
Me le remet devant les yeux.

Le plus grand regret qui me presse
Me vient de t'avoir offensé;
Depuis que tu m'as delaissé
Je voy que chacun me delaisse;
Ceux que je taschois d'obliger
Sont les premiers à m'outrager;
Et ce qui m'est le plus estrange
Est de voir ces lasches esprits
Dont j'ay receu tant de louänge
N'avoir pour moy que des mépris.

Quelque avis que je puisse prendre,
J'adjouste malheurs sur malheurs ;
Je ne m'abreuve que de pleurs,
Ni ne me nourris que de cendre,
Et croy, par cette austerité,
De faire qu'enfin ta bonté
M'accordera son assistance,
Et que tes courroux attendris
Donneront à ma penitence
Ce qu'ils refusent à mes cris.

Parmi ces orages sans nombre
Je voy, sans en pouvoir joüir,
Mes plus beaux jours s'évanoüir,
Et ne me laisser que leur ombre.
Nos honneurs les plus éclatans
Passent en aussi peu de temps
Que font les fleurs et la verdure ;
Mais ton nom sera glorieux
Autant à la race future
Qu'il fut au temps de nos ayeux.

Ta bonté, qui pour nous sommeille,
Verra lors nostre affliction ;
Lors les miseres de Sion
Arriveront à ton oreille.
Les larmes me viennent aux yeux
Quand je considere ces lieux
Où l'on celebroit ta loüange,
Et voy des plus grands bastimens
Pesle-mesle parmi la fange
Les sommets et les fondemens.

Un jour ces rois dont la puissance
Dispose du sort des mortels
Viendront en foule à tes autels
T'y voüer leur obéissance ;
Et ces miserables maisons,
Dont à peine sous les gazons

On remarque aujourd'huy la place,
Se remettront en leur splendeur,
Et ne se verra plus d'audace
Qui n'y revere ta grandeur.

Nos peurs seront évanoüies
Par ces miracles apparens ;
Autant des petits que des grands
Les prieres seront oüies ;
Et ces biens qu'on n'ose esperer
En tous lieux feront admirer
Tes graces incomprehensibles,
Et feront qu'au temps à venir
Les ames les plus insensibles
En garderont le souvenir.

Quoi qu'ait de beau la voix des anges,
Sa douceur ne te fera pas
Mépriser d'oüir icy bas
Les hommes chanter tes loüanges ;
Et ton ordinaire bonté,
Les tirant de captivité
Aprés tant de peines souffertes,
Fera voir à tous les humains
Que leur salut, comme leurs pertes,
Sont également en tes mains.

Ta gloire, chere à nos oreilles,
Sera lors aux bouches de tous.
Jamais l'on ne vit parmi nous
Tant de joye et tant de merveilles.
Nous verrons les plus obstinez,
Par ton saint Esprit ramenez,
Cesser de nous faire la guerre,
Et verrons reluire en tous lieux
Une mesme foy sur la terre
Comme un mesme soleil aux cieux.

Mais, durant mes longues tristesses

Mon âge abregera son cours;
Je verray la fin de mes jours
Avant l'effet de tes promesses.
Au moins accorde-moy le temps
De joüir du bien que j'attens
Pour satisfaire à mes envies.
Tu sais le peu d'égalité
Qu'a la plus longue de nos vies
Aveque ton éternité.

 Toy seul precedes toute chose,
De toy seul le commandement
Est l'invisible fondement
Sur qui le monde se repose;
Mais ce grand tout, où les humains
Admirent l'œuvre de tes mains,
Ces beautez toûjours renaissantes,
Qu'on ne peut assez estimer,
Un jour ne seront pas exemtes
Du feu qui les doit consumer.

 Ce superbe élement de l'onde,
Qui, s'élevant jusques aux cieux,
Semble encore estre glorieux
Du naufrage de tout le monde,
De l'Orient en Occident
Ne sera qu'un brazier ardent;
L'on verra brûler ses balenes
Où l'on voit noyer nos vaisseaux,
Et dedans ses humides plaines
Floter des flâmes pour des eaux.

 La terre, qui semble assurée
Dessus sa propre pesanteur,
Bien que luy-mesme en soit l'auteur,
Verra la fin de sa durée;
Ce feu, de son embrazement,
Fera flamber également
Et les forests et les murailles

Et, brûlant l'acier et le fer,
Ira jusques dans ses entrailles
Découvrir le brazier d'enfer.

Alors le soleil et la lune,
Et tous les feux du firmament,
Joindront en ce dernier moment
Toutes leurs lumieres en une;
Le ciel, comme un habit trop vieux,
Se verra lors changer en mieux;
Les elemens les doivent suivre,
Et les astres les plus constans;
Mais tu dois à jamais survivre
Le monde, la mort et le temps.

Là, selon ta grace promise,
Ton incomparable bonté
Comblera de felicité
Les vrais enfans de ton Église;
Loin du monde et de ses plaisirs,
De qui les profanes desirs
Faisoient rougir ces belles ames,
Tu les mettras en un sejour
Où l'on ne brusle d'autres flâmes
Que de celles de ton amour (1).

1. Voilà une pièce des plus propres à nous confirmer dans l'opinion que nous avons émise sur la traduction faite par Racan des psaumes pénitentiaux comparativement à la traduction des autres.

## LE CIIe PSEAUME.

*Benedic, anima mea, Domino, etc.*

Esprit toûjours vivant, digne ouvrage de Dieu,
    Qui, sans forme et sans lieu,
As animé mes yeux, ma bouche et mes oreilles,
Au-dessus de mes sens, mon ame, éleve-toy,
    Pour chanter des merveilles
Que nous ne connoissons que par la seule foy.

Quand nos voix, s'élevant, auront de sa grandeur
    Celebré la splendeur,
Chantons d'un ton plus doux sa clemence infinie,
Et publions par tout que jamais sa bonté
    Ne paroist desunie
De sa toute-puissance et de son équité.

S'il regarde en pitié mon vieil âge mourant,
    La santé qu'il me rend
Par le chaud ni le froid jamais ne se déregle;
Et d'un vol aussi haut comme il est glorieux,
    Me rend pareil à l'aigle,
Qu'on voit se rajeunir pour s'élever aux cieux.

Celuy dont les travaux eurent tant de longueur,
    Moyse, dont le cœur
Mesprisa la fureur de la terre et de l'onde,
Voit pour sa recompense, et pour comble d'honneur,
    Sa troupe vagabonde
Vieillir dans le repos, la gloire et le bonheur.

La pitié que mon Dieu ressent de nos langueurs
    Modere ses rigueurs,
Calme de son courroux la juste vehemence;

# PSEAUME CII.

Pour nous il a souvent des sentimens humains
    D'amour et de clemence,
Et ne tient pas toûjours la foudre dans ses mains.

Il ne punit jamais nostre infidelité
    Comme elle a merité ;
Dés nos premiers remords sa fureur se resserre ;
Et les cieux ne sont point ni si grans, ni si hauts
    Au dessus de la terre,
Que ses graces le sont pardessus nos defauts.

Le levant du soleil est moins loin du couchant
    Que l'ame du méchant
Des faveurs qu'on reçoit de sa bonté profonde ;
Le pere a moins d'amour pour un fils genereux (a)
    Que le Sauveur du monde
N'en eut pour des ingrats quand il mourut pour eux.

Il connoist le neant d'où naissent les humains,
    Puisque ses propres mains
Les ont jadis créez de poussiere et de bouë ;
Il connoist leur foiblesse, et sait de quel mépris
    La fortune se jouë
De tous les grans desseins que forment leurs esprits.

L'homme pendant sa vie est pareil à la fleur,
    Dont la vive couleur
Est autant sur la terre inutile que vaine,
Et, lors que dans la tombe il sera consumé,
    L'esprit avecque peine
Reconnoistra le corps qu'il avoit animé.

Dieu, qui dans nos esprits ne voit que changement,
    De moment en moment

---

  a.  *Un* pere a moins d'amour pour *des enfants bien nés*
        Que le Sauveur du monde
    N'en eut pour des ingrats en *leur vice obstinés*.
          (Var. des *Doc. sur Racan.*)

Excuse ce défaut dont il connoist la cause ;
Et, voyant que le vice est si commun à tous,
   Jamais ne se propose
De changer en mépris l'amour qu'il a pour nous.

Il promit aux eleus que leur posterité,
   Vivant dans l'equité,
Possederoit toûjours la fortune prospere,
Et qu'il feroit joüir du fruit de ses bontez
   Ceux qui, comme leur pere,
Dans ses commandemens bornent leurs volontez.

Esprits qui possedez dans la source du jour
   L'objet de vostre amour,
Qui seuls de l'Eternel avez la connoissance,
Apprenez aux mortels à chanter son pouvoir
   Et sa magnificence,
Que leurs foibles esprits ne peuvent concevoir.

Vous, Vertus, qui donnez aux feux du firmament
   L'ame et le mouvement,
Anges de qui le glaive est la terreur du vice,
Qui faites redouter aux plus audacieux
   Sa divine justice,
Celebrez ce seul Roy de la terre et des cieux.

Et vous, qui jour et nuit priez dans sa maison,
   Et qui, dans l'oraison,
Elevez jusqu'au ciel vostre amoureuse flâme,
Embrasez tous mes sens de vos saintes ardeurs,
   Et faites que mon ame
A jamais de sa gloire admire les grandeurs.

## LE CIIIe PSEAUME.

#### Benedic, anima mea, Domino, etc.

Mon ame, en t'élevant pour la seconde fois
Jusqu'au thrône du Roy des astres et des anges,
Eleve aveque toy ta raison et ta voix,
Pour contempler sa gloire et chanter ses louanges.

Grand Dieu, qui sous tes pieds as le vice abattu,
La splendeur de ton nom offusque ma pensée,
Ainsi que la clarté dont tu t'es revestu
A de l'astre des cieux ta lumiere effacée.

Tu regnes sur un thrône où le flambeau du jour
Espand sur les rubis ses lumieres dorées,
Où l'astre de la nuit, paroissant à son tour,
Tend d'ébene et d'argent les voutes azurées.

Là sur les diamans, les perles, les saphirs,
Autour de ton palais flottent des cieux liquides,
Et là ton seul regard défend mesme aux zephirs
D'agiter dans ces mers de vagues ni de rides.

Par les vents attelez ton char, qu'on voit courir,
Va du nord au midy par des routes nouvelles,
Et venant, au besoin, ton peuple secourir,
A ces couriers volans tu redoubles les aisles.

C'est de-là que, suivi des esprits triomphans,
De regards differens tu contemples la terre;
Si ton cœur est bruslé d'amour pour tes enfans,
Ton bras pour les méchans est armé du tonnerre.

Seigneur, par ta largesse et par ton équité

Sont l'abondance et l'ordre entretenus au monde ;
Dans le vague des airs ta seule volonté
Dessus leur propre poids soustient la terre et l'onde.

 Quand l'eau, comme un habit, couvroit également
Les monts audacieux et les humbles valées,
A ta seule menace on vit en un moment
De l'Ocean soumis les vagues écoulées.

 Les rochers, à l'instant, dans le milieu des airs
Virent leur teste nuë exposée aux orages,
Et les fleuves, roulant dans les champs découverts,
De verdure et de fleurs ornerent leurs rivages.

 Deslors dans l'Ocean les flots, tous d'un accord,
Demeurant, par ton ordre, en des respects tacites,
Semblent s'humilier en approchant du bord
Que tes commandemens leur donnent pour limites.

 Tu tires de la mer, par des conduits secrets,
Les sources que ton soin appreste à nostre usage :
Où viennent, nuit et jour, des bourgs et des forests,
L'animal domestique et l'animal sauvage.

 Là, pour charmer nos sens, grands et petits oiseaux,
Volant de toutes parts aux bords de ces fontaines,
Accordent leur ramage au murmure des eaux,
Qui du haut des rochers degoutent dans les plaines.

 Tout ce qui vient de toy nous comble de bonheur ;
Quand la pluye a baigné nos champs et nos prairies,
La javelle remplit le poing du moissonneur,
Et l'herbe à pleine faulx nourrit nos bergeries.

 La terre par tes soins nous sert de magazin,
Et, remplissant son sein d'une feconde flâme,
Par le suc de l'olive et le jus du raisin,
Elle adoucit nos nerfs et réjoüit nostre ame.

 Aux cedres du Liban tu donnes des rameaux,

Et là, comme habitans, passent en paix leur vie
Les superbes, les grans et les petits oiseaux,
Sans engendrer entre eux de haine ni d'envie.

En fuyant les chasseurs, les chevreüils et les cerfs
Ont leur asyle au haut des montagnes chenuës;
L'ours et le herisson l'ont aux antres deserts,
Dont les rochers glissans gardent les avenuës.

La lune au front d'argent, des mois et des saisons,
Par son cours et décours dispense la durée,
Et le flambeau doré dans ses douze maisons
Rend des ans et des jours la course mesurée.

Si-tost qu'il a des cieux retiré sa clarté,
Les sanglans lionceaux s'apprestent aux carnages,
Et la biche et le faon, alors en liberté,
De mets plus innocens se paissent aux gagnages.

Mais, si-tost que du jour sortent les premiers rais,
Ne voit-on pas, Seigneur, par tes soins tutelaires,
Que les timides cerfs rentrent dans leurs forests,
Et les cruels lions dans leurs affreux repaires.

Avant que le soleil sorte du sein des eaux,
Chacun diversement retourne à son ouvrage;
Les bergers dans les champs ramenent les troupeaux,
Et les bœufs sous le joug rentrent au labourage.

Que tes œuvres, Seigneur, en leur diversité
Produisent à la fois de diverses merveilles!
Et combien ta prudence et ton autorité
Comblent d'étonnement les yeux et les oreilles!

L'Ocean fait connoistre à son peuple flottant
Dans tes ordres prefix ta sage providence;
Mesme de son reflux l'estat le moins constant
Marque de tes decrets l'éternelle constance.

Là s'imprime la joye au front des matelots

Lorsque le vent en poupe enfle toutes leurs voiles,
Et que, sans voir de trace, ils suivent dans les flots
Le chemin que leur art trace dans les estoiles.

Là se voit la baleine élever son orgueil,
Et porter avec soy la terreur dans les flotes,
Lors qu'elle leur paroist comme un vivant écueil,
Inconnu dans la carte aux plus savans pilotes.

Par le soin que tu prens des choses d'icy bas,
Tes creatures sont sans fin regenereés ;
Mais quand tu leur defaux, ne les voyons-nous pas
Retourner au neant dont tu les as tirées ?

Quand tes foudres seroient épris de tous costez,
Que la mer seroit seche, et la terre deserte,
En les renouvellant avec plus de beautez,
Ne les ferois-tu pas profiter de leur perte ?

O seul Dieu ! seul monarque, et seul maistre de tout !
Assez de ton amour nous avons connoissance ;
Il faut que l'univers, de l'un à l'autre bout,
Par tes œuvres admire et craigne ta puissance.

N'es-tu pas ce grand Roy toujours victorieux,
Qui fais, d'un seul regard, trembler toute la terre ?
Qui permets que les flots écument dans les cieux,
Et que les monts glacez fument sous le tonnerre ?

Tandis que je croiray que mes vers te plairont,
Je les veux employer à chanter tes merveilles,
Et promets qu'en tous lieux sans fin elles seront
Le seul et le plus doux entretien de mes veilles.

Et lorsque je verray dessous ton bras vainqueur
Des pecheurs obstinez les erreurs estouffées,
Mon ame, relevant sa voix et sa vigueur,
Poussera iusqu'au ciel ta gloire et tes trophées.

## LE CIVe PSEAUME.

*Confitemini Domino, etc.*

Celebrons du Seigneur les graces éternelles,
Qui comblent de bonheur toutes les nations;
Son ire est la terreur des ames criminelles,
Et sa bonté l'objet de nos affections.

   Les hommes sans peché, dont sa toute-puissance,
Tant qu'ils sont icy bas, est l'asyle et l'appuy,
Doivent, en son honneur, vanter leur innocence,
Puisque cette vertu ne leur vient que de luy.

   O que d'heureux transports l'on reçoit de sa grace!
Qu'elle est douce aux esprits qu'elle tire des fers!
C'est elle qui dans nous tous les crimes efface,
Et qui nous rend vainqueurs du monde et des enfers.

   Devons-nous pas sans fin conserver la memoire
Des effets merveilleux que fit le Roy des rois?
Des puissances du Nil il rabaissa la gloire,
Et par sa propre bouche il nous donna des loix.

   D'Abraham et Jacob la race florissante
Ne receut-elle pas la premiere clarté
Du soleil des esprits, et de la foy naissante
Dont chacun attendoit l'heur de la liberté?

   Il conserve pour nous l'alliance immortelle,
Dont il s'est obligé par des vœux solemnels;
Il garde son amour pour la troupe fidelle,
Et son juste courroux contre les criminels.

   Abraham conserva, comme depositaire,

La promesse qu'il fit de son affection;
Isaac fit qu'en Jacob elle est hereditaire,
Pour la perpetuer à jamais dans Sion.

Quand de sa propre bouche il leur fit ses promesses,
Il dit qu'il donneroit à tous leurs successeurs
Les champs de Chanaan pour fruit de ses largesses,
Et qu'il les en rendroit à jamais possesseurs.

Nostre petite troupe errante et vagabonde,
Tout le monde occupant, n'occupoit aucun lieu,
Et bravoit la fureur de la terre et de l'onde,
Sans avoir d'autre espoir qu'en la grace de Dieu.

Il rabaissa l'orgueil du pouvoir tyrannique,
Il nous rendit vainqueurs de ceux dont la fierté,
Par des complots secrets, aussi vains que tragiques,
Attaquoit nostre vie et nostre liberté.

Il dit : Je vous enjoints de ne rien entreprendre
Contre ceux que je prens en ma protection;
Mon bras sera toûjours armé pour les défendre,
Et mon esprit touché de leur affliction.

Lors qu'aux rives du Nil j'aurai détruit les villes,
L'on verra la famine en sa pasle maigreur
Rendre les alimens des moissons inutiles,
Comme aux champs le travail du soigneux laboureur.

Joseph, de qui jamais le cœur ne s'épouvente,
En témoignant alors sa generosité,
De ses freres ingrats, qui l'avoient mis en vente,
Previendra la venuë et la necessité.

Les témoignages faux d'une femme lascive,
Que sa jeune pudeur tasche de decevoir,
Luy fit souffrir des fers la rigueur excessive,
Par les ordres cruels d'un absolu pouvoir.

Mais, quand de ce captif les saintes propheties,

Qui des songes obscurs tiroient la verité,
Eurent de Pharaon les doutes éclaircies,
Il luy rendit l'honneur avec la liberté.

A peine hors des fers, comme premier ministre
Il aide à soustenir le faix du potentat;
Son jugement combat la fortune sinistre
Et pourvoit aux malheurs qui menaçoient l'Estat.

Les deux rives du Nil sont par luy gouvernées,
Là ses graves conseils volent de toutes parts,
Et, sans avoir besoin du secours des années,
Egale sa prudence à celle des vieillards.

Ce fut lors que, fuyant la disette commune,
Jacob, que sa famille en Egypte conduit,
Y trouve une plus douce et plus grande fortune
Que celle où le malheur du temps l'avoit reduit.

Cette troupe, que Dieu rendit par tout heureuse
Dans ces fertiles champs qui luy furent promis,
En se rendant puissante, aguerrie et nombreuse,
Donna de la terreur à tous ses ennemis.

Deslors la jalousie est en leur ame emprainte,
Voyant son bon destin surmonter son malheur,
Et semble qu'à la fois leur envie et leur crainte
Joignent pour l'opprimer la ruse à la valeur.

De Moyse et d'Aaron, fertiles en oracles,
Elle receut le jour dans la nuit de l'erreur,
Lors que l'estonnement de leurs affreux miracles
A dans toute l'Egypte imprimé la terreur.

Elle doute si Dieu, dans sa juste colere,
Eust au premier cahos tout le monde reduit,
Quand elle vit aux cieux l'astre qui nous éclaire,
Se voiler en plein jour des ombres de la nuit.

Le Nil rouloit alors, dans sa couche profonde,

Du sang au lieu de flots, et, par ce changement,
Les poissons demi morts s'éleverent sur l'onde
Pour chercher leur salut en un autre élement.

 Les grenouilles, en troupe aveque les cigales,
En sautant et criant sortent de leurs marais,
Et montent sans respect dans les maisons royales,
Où la pourpre et la soye étalent leurs attraits.

 Un seul mot que Moyse élançoit de sa bouche
Faisoit tout obeir au nom de l'Eternel,
Et la sale vermine, et la piquante mouche,
Couvroient de toutes parts ce peuple criminel.

 Ce prophete, puissant au ciel comme en la terre,
Fait entendre sa voix aux bruyans tourbillons,
Et d'une épaisse gresle, et d'un ardent tonnerre,
Bat et brûle par tout les bleds dans les sillons.

 Les vignes, les figuiers, les arbres des collines
Comme ceux des valons, sont veus également
Par l'orage brisez jusques dans leurs racines,
Et leur tronc dépouillé de tout son ornement.

 Les chenilles aussi, jointes aux sauterelles,
Dont les broüillars brûlans sont les avancoureurs,
Dépouillerent leurs champs d'herbes et de javelles,
L'espoir de leurs bergers et de leurs laboureurs.

 Et, pour dernier malheur, de ce peuple profane
Les grans et les petits demeurent estonnez
Voyans dans leurs palais, comme dans leurs cabanes,
Couler également le sang des premiers nez.

 Aveque la santé, la liberté, la joye,
Que, malgré ces tyrans, nous possedions alors,
N'emportâmes-nous pas, comme une juste proye,
Tous les joyaux de prix de leurs riches tresors?

 L'Egypte, à ce départ, ne versa point de larmes,
Bien que l'on eust ravi ses meubles precieux,
Et crut, en nous, bannir tous ceux de qui les charmes
Attiroient sur l'Estat la colere des cieux.

## PSEAUME CV.

Un nuage, le jour, paroissoit pour conduire
Les enfans de Jacob dans ces deserts affreux,
Et, la nuit, devant eux le Seigneur faisoit luire
Un flambeau qui là haut ne luisoit que pour eux.

Pour contenter leur faim et leurs vœux de ses graces,
Par des mets dont l'excés fut sans nombre et sans choix,
Il couvrit tout leur camp de cailles aussi grasses
Que celles que l'on sert à la table des rois.

La manne, congelée au matin dans les plaines,
Fut ce celeste pain qui leur fut presenté;
Et des rochers sortit de nouvelles fontaines,
Pour ne leur rien offrir que dans la pureté.

Si le Seigneur pour nous surmonte tant d'obstacles,
S'il nous a départi tant de biens en tous lieux,
N'est-ce point qu'il voulut payer pour ses oracles
Ce qu'ils avoient promis pour nos premiers ayeux?

Il les rend possesseurs de la terre conquise,
Dont leur valeur chassa tant d'invincibles rois;
Il veut qu'en ce lieu saint à jamais son Eglise
Fasse à tout l'univers reconnoistre ses loix (1).

---

## LE CVe PSEAUME.

Confitemini Domino, etc.

Celebrons du grand Dieu la clemence infinie
Qu'à nos justes remords jamais il ne dénie,
Et qui depart aux siens des honneurs immortels;

---

1. A part l'esprit de paraphrase ordinaire, ce psaume ne s'éloigne pas trop du sens général, et présente, d'ailleurs, des beautés de plus d'un genre. C'est, en définitive, un des bons morceaux de ce recueil.

Mais quelle voix celeste ou quelle ame sans vice
Est digne de chanter au pied de ses autels
    Sa grace et sa justice ?

Les hommes genereux, qui, toûjours veritables,
Toûjours aiment la paix, et, toûjours équitables,
N'ont jamais d'autre soin que de plaire au Seigneur,
Malgré tous les efforts du temps et de l'envie,
Verront en tous endroits leur gloire et leur bonheur
    Accompagner leur vie.

Voy, grand Roy tout-puissant, ton peuple qui soupire
Dans le pieux desir d'habiter ton empire,
Où ta seule clarté donne à jamais le jour;
Quand il aura du monde obtenu la victoire,
Fay qu'il y soit sans fin bruslé de ton amour,
    Et ravi de ta gloire.

Nous savons quels estoient les crimes de nos peres,
Quand tes faits merveilleux, soulageant leurs miseres,
Monstroient que ta puissance égaloit ta bonté;
Mais tout ce que tu fis pour un peuple si rude
Ne faisoit qu'augmenter leur incredulité
    Et leur ingratitude.

Les flots sont moins émeus que ces ames farouches
Au plus fort des clameurs qui sortoient de leurs bouches.
L'Ocean à ta voix se rend obéissant;
Il s'ouvrit pour sauver leur troupe vagabonde,
Et pour te faire voir tout bon et tout puissant
    Sur la terre et sur l'onde.

Son fond est aussi sec qu'une campagne aride,
Et de ces fugitifs, à qui tu sers de guide,
Ce miracle visible a les cœurs affermis.
Les zephirs sous leurs pieds firent voler les sables;
Mais ces chemins sablez sont, pour leurs ennemis,
    Des gouffres effroyables.

A l'heure les Hebreux rassurerent leurs craintes,

Changeant pour le Seigneur en loüanges leurs plaintes,
Jurant de ne chercher qu'en luy seul leur appuy ;
Mais aussi-tost l'on vit que ces ames parjures
Employoient le repos qu'ils recevoient de luy
    En de nouveaux murmures.

Combien que les rochers et les terres steriles
Soient devenus pour eux des campagnes fertiles,
Que leur camp tous les jours soit de manne couvert,
Aprés avoir mangé ses celestes viandes,
Ils font de toutes parts retentir le desert
    De nouvelles demandes.

De Moyse et d'Aaron la juste et sainte vie
Ne les peut exempter de leur jalouse envie,
Qui blasme en eux celuy dont ils sont envoyez ;
Mais, Dieu lassé d'oüir leurs plaintes criminelles,
Abiron et Dathan sont par luy foudroyez
    Avec tous les rebelles.

L'on voyoit du tonnerre encore la fumée
Dont les flâmes avoient leur troupe consumée,
Qu'un veau d'or fabriqué parut au plus haut lieu,
Et le mont Sinaï vit leur idolatrie
Encenser les autels et l'image d'un dieu
    Qui paist dans la prairie.

Des graces du Seigneur ils perdent la memoire ;
Ils avoient oublié comme avec tant de gloire
Ils ravirent du Nil l'honneur et les thresors,
Qui leur fit surmonter tant de foudres de guerre
Pour se faire un chemin malgré tous les efforts
    De l'onde et de la terre.

Pour punir ce mépris, déjà dessus leurs testes
Ses bras s'armoient contre eux de ces mesmes tempestes
Dont il avoit pour eux terrassé tant de rois ;
Mais comme il foudroyoit ce peuple temeraire,
Moyse, par ses cris, encore cette fois
    Appaisa sa colere.

Bien qu'avec tant de soin Dieu protegea leur fuite,
Ce peuple, impatient d'estre sous sa conduite,
Se vouloit soûlever contre ses saintes loix,
Et, méprisant sa grace et sa bonté profonde,
Ils doutoient de la foy de celuy dont la voix
    S'espand par tout le monde.

Lors Dieu leva la main pour leur ruine entiere,
Jura que le desert seroit leur cemetiere,
Que tous leurs successeurs seroient toûjours errans,
Et souffriroient sans fin, pour leur lasche commerce
De differentes loix et de divers tyrans
    L'oppression diverse.

Cela n'empêcha pas à ces opiniastres
D'adorer Belphegor et se rendre idolatres
D'un dieu de qui les yeux n'ont jamais vû le jour;
Ils font à ses autels des vœux illegitimes,
Ils y font leur offrande, et mangent au retour
    Leurs profanes victimes.

Lorsque, pour leur erreur et pour leurs adulteres,
Le Seigneur meditoit des chastimens severes
Dont il les vouloit tous également punir,
Du sage Phineés la vengeance soudaine
Au gré de ce vray Dieu fit d'un seul coup finir
    Son courroux et leur peine.

Dieu, pour les rafraischir aprés leurs longues courses,
Voulut que des rochers il distillast des sources,
Et rend Moyse auteur d'un effet si fameux;
Mais un si grand miracle estoit sans apparence,
Et le prophete alors manque de foy comme eux,
    Et comme eux d'esperance.

Toûjours au Roy des rois ces peuples sont rebelles,
Lors qu'il s'en veut servir contre les infidelles,
Au lieu de les combattre, ils en sont pervertis;
Ils se laissent gagner par leurs raisons frivoles,

Ils servent aux faux dieux, et, comme les gentils,
    Encensent les idoles.

La cruauté s'ajouste à leur idolatrie;
Aux champs que sa bonté leur donnoit pour patrie
Ils offrent aux autels ce qu'ils ont de plus cher;
L'erreur de Chanaan, fatale à leurs familles,
Les fait pour les faux dieux tout le sang épancher
    Des garçons et des filles.

De ces impietez la terre ensanglantée
Rend de ce Dieu tout bon la justice irritée:
Il abandonne ceux dont il estoit l'appuy;
Il voit avec horreur, comme un climat sauvage,
Les champs que ses bontez ont pour eux et pour luy
    Pris pour leur heritage.

Lorsqu'ils perdent sa grace, ils perdent la puissance;
L'ennemi les remet sous son obeissance;
Ceux qu'ils avoient vaincus deviennent leurs vainqueurs,
Et la necessité, qui dompte les plus braves,
Fit par ce changement soûmettre ces grans cœurs
    Aux loix de leurs esclaves.

Quelquefois le Seigneur modere sa colere,
Et d'un œil de pitié regarde leur misere,
Relasche un peu les fers de la captivité;
Mais ce peuple, entâssant offense sur offense,
Lassoit également, par son impieté,
    Sa foudre et sa clemence.

Aussi-tost qu'il voyoit leurs ames, affligées
Sous le faix des ennuis dont elles sont chargées,
Soûpirer à ses pieds l'horreur de leurs pechez,
Il impose aussi-tost silence à ses tempestes;
Et voudroit retenir les foudres décochez
    Sur leurs coupables testes.

Il fit voir au tyran de qui les dures chaisnes

Faisoient à ses captifs endurer tant de gesnes,
Qu'il devoit moderer son inhumanité ;
Et que, s'il a sur eux obtenu la victoire,
Ce n'estoit qu'à luy seul, qu'ils avoient irrité,
  Qu'il en devoit la gloire.

Redonne, grand Pasteur, de plus doux pasturages
A ce chetif troupeau que loin de nos rivages
La crainte et le malheur égara tant de fois ;
Reprens-en la conduite, et, par cet heureux change,
Réuni pour jamais nos ames et nos voix
  Pour chanter tes loüanges.

Nous dirons que le Verbe accomplit les miracles
Qui furent de tout temps promis par les oracles,
Qu'il est seul de Jacob l'asyle et le support ;
Et feront des Hebreux les veilles glorieuses
Que leur plume et leur voix du temps et de la mort
  Seront victorieuses.

---

## LE CVIe PSEAUME.

### Confitemini Domino, etc.

Celebrons le pouvoir qui preside aux combats ;
Lors que dans le peché nostre ame se déborde,
Le seul port de salut qui nous reste ici bas
Est dans l'immensité de sa misericorde.

Ceux que le soleil brûle au rivage du Nil,
Les Sarmates glacez, les Scythes et les Perses,
Raconteront un jour combien en nostre exil
Le Seigneur nous a fait surmonter de traverses.

Ils diront que, bannis dans un desert lointain

Qui ne produisoit rien pour nostre nourriture,
Nous endurions la soif, nous endurions la faim,
Et n'avions que le ciel pour toute couverture.

Parmi tant de malheurs compagnons de nos jours,
Nous mismes au Seigneur toute nostre esperance,
Il écouta nos cris, il nous donna secours,
Et nous rendit la vie aveque l'assurance.

Il nous servit de guide à passer les deserts,
Il nous fit à la force ajouster l'industrie ;
Il veut qu'après avoir tant de malheurs soufferts
Nous puissions en repos revoir nostre patrie.

Afin que nos neveux ne puissent oublier
Combien il nous a fait surmonter d'avantures,
Doit-on pas, d'âge en âge, à jamais publier
La grandeur de son nom dans les races futures ?

Lors que la faim les presse, il prend toûjours le soin
D'offrir à leurs repas ses celestes viandes ;
Toûjours il assista ses peuples au besoin,
Et toûjours fut propice à leurs justes demandes.

Et quand les cachots noirs et la captivité
Leur faisoient expier la peine de leur crime,
Son cœur fut attendri de leur calamité
Et modera contre eux son couroux legitime.

Parmi tant de malheurs compagnons de leurs jours,
Ils mirent au Seigneur toute leur esperance ;
Il écoute leurs cris, il vient à leur secours,
Il leur rend à la fois la vie et l'assurance.

Quand le Nil dans ses flots preparoit mille morts
Pour assouvir contre eux ses immortelles haines,
Dieu mit en liberté leurs ames et leurs corps
En leur rendant sa grace et les tirant des chaisnes.

Donc, afin que nos fils ne puissent oublier

## PSEAUME CVI.

Celuy qui nous fait vivre aprés tant d'avantures
Doit-on pas, d'âge en âge, à jamais publier
La grandeur de son nom dans les races futures ?

Quelle chaisne de fer, quelle porte d'airain
Ne se brise ou ne s'ouvre à sa seule menace ?
Est-il quelque pouvoir, ou juste, ou souverain,
Dont il n'ait à ses pieds humilié l'audace ?

Ces ames dont l'orgueil méprisoit son appuy,
Si tost qu'un saint remords baigne leurs yeux de larmes,
Et que dans leurs malheurs ils ont recours à luy,
Aussi-tost son courroux laisse tomber ses armes.

Cet excés de bonheur ne les peut contenter ;
Leur ame est insipide aux plaisirs de la vie,
Et, dans cette langueur, semble se dégouster
Des mets les plus exquis dont leur table est servie.

Parmy ces longs ennuis compagnons de leurs jours,
Leur esprit met en Dieu toute son esperance ;
Il écoute leurs cris, il vient à leur secours ;
Il leur rend à la fois la joye et l'assurance.

Quand dans leurs corps mourans les remedes humains
Ne peuvent retenir leur ame qui s'envole,
Celuy qui tient la vie et la mort en ses mains
Leur rend la guérison d'une seule parole.

Donc, afin que les ans ne fassent oublier
Qu'il peut de tant de biens combler ses creatures,
Doit-on pas, d'âge en âge, à jamais publier
La grandeur de son nom dans les races futures ?

Que, dans le souvenir de ces faits glorieux
Dont les siecles passez ont orné leur histoire,
Nostre ressentiment, d'un soin devotieux,
Puisse du Tout-puissant conserver la memoire !

Les avares nochers qui des flots inconstans

Ont veû dans l'Ocean déborder la licence
Y peuvent du Seigneur connoistre en mesme temps
Et la misericorde et la toute-puissance.

 Si tost qu'il l'a permis, les vents courent les airs,
Arrachent des vaisseaux masts, antennes et voiles,
Les font precipiter des cieux dans les enfers,
Et des gouffres profonds remonter aux estoiles.

 Le patron, effrayé, quitte le gouvernail,
Court d'un pied chancelant relascher les cordages;
Chacun, en l'imitant, va confus au travail,
Pour combattre, en cedant, la fureur des orages.

 Lors, se voyant si prés de la fin de leurs jours,
Les nochers ont en Dieu toute leur esperance;
Il écoute leurs cris, il vient à leur secours,
Il leur rend à la fois la vie et l'assurance.

 Il regarde en pitié l'effroy des matelots,
Il chasse la terreur de leurs ames timides;
L'azur du ciel serain, se mirant dans les flots,
Unit de leur crystal les vagues et les rides.

 Vous qu'il a tant de fois retirez des hazards,
Celebrez son amour si rempli de tendresse,
Et faites qu'à Sion à jamais les vieillards
La puissent imprimer au cœur de la jeunesse.

 Lors que l'on a sa gloire et son nom dédaignez,
Sa bonté paternelle est sourde à nos prieres,
Et pour secher les eaux dont les champs sont baignez,
L'on voit que dés leur source il tarit les rivieres.

 Le malheur ici bas se rend universel,
Et les plus gras terroirs n'ont pas plus d'avantage
Que s'ils n'estoient fumez et semez que du sel
Que l'escume des flots jette sur le rivage.

 Quelquefois il fait voir, par des effets nouveaux,

## PSEAUME CVI.

Aux deserts qui n'ont d'eau que celle des orages,
Dans des lits toûjours verts s'écouler des ruisseaux
De qui les flots d'argent baignent les pasturages.

Dés-lors on vit les champs tous les fruits rapporter
Que prepare aux mortels sa haute Providence;
Dés-lors les malheureux y viennent habiter,
Et dés-lors la disette y trouve l'abondance.

Là, de leurs longs ennuis les peuples soulagez
Rendent par leur travail les campagnes fertiles,
Leurs toits couverts de chaume en palais sont changez,
Et leurs hameaux épars en de superbes villes.

Tant que Dieu pour son peuple a de l'affection,
Dans l'aise et les plaisirs son long âge s'écoule;
Mais quand il est privé de sa protection
On ne voit que malheurs qui luy viennent en foule.

Il met dans le mépris les plus grans potentats,
Il leur oste l'esprit à regir leurs provinces;
Ils errent, vagabons, chassez de leurs Estats,
Et suivent laschement la cour des autres princes.

Mais du pauvre abattu par la necessité
Il releve les biens, le nom et la puissance;
Et fait dans sa maison que sa posterité
Passe de ses agneaux le nombre et l'innocence.

Et lors on voit punir ces orgueilleux tyrans,
Et l'excés des honneurs qu'aux humbles il octroye;
Les sages, contemplans ces effets differans,
Sont remplis à la fois de merveille et de joye (1).

1. Les psaumes 104, 105 et 106, forment comme une sorte de poëme particulier à la louange, du Très-Haut. Notre poëte a très bien saisi cet ensemble; et l'a reproduit avec le talent poétique qui fait pardonner à ses écarts.

## LE CVIIe PSEAUME.

*Paratum cor meum, Deus, etc.*

Aprés tant de bienfaits que j'ay receus de toy,
Dois-je pas, d'un esprit plein d'amour et de foy,
  Publier tes merveilles?
O Dieu, dont la grandeur ne se peut concevoir,
Permets qu'en celebrant ta gloire et ton pouvoir,
Ma voix puisse charmer les cœurs par les oreilles.

Toy qui, dès mon matin, m'as couvert de splendeur,
Lumiere des esprits dont la celeste ardeur
  A mon ame ravie,
Muse, dont l'entretien adoucit mes ennuis,
Et qui, dans le travail où je passe les nuits,
Eternise mon nom et consomme ma vie!

De mon âge panchant dix lustres sont passez,
Depuis que nous chantons ces desirs insensez
  Pour qui mon cœur soûpire;
Un plus digne sujet nous invite aujourd'huy
A celebrer la gloire et l'amour de celuy
Qui sur le firmament establit son empire.

Eleve toy, Seigneur, et du plus haut des cieux,
Pour soûmettre à tes loix les cœurs audacieux,
  Arme-toy du tonnerre;
Délivre tes enfans des mains des ennemis,
Soûmets à leur pouvoir ceux qui les ont soûmis,
Et rempli de ton nom tout le rond de la terre.

Mais que devons-nous plus ou craindre ou desirer?
N'avons-nous pas les biens que nous fit esperer
  La voix de ses oracles?

Nous partageons Sichem entre nos combatans,
Et ce riche valon où depuis si long-temps
Les peuples de Sucot tendent leurs tabernacles.

Galaad m'obeït, Manassés est à moy,
Ephraïm m'a rendu des preuves d'une foy
  Exemte d'artifices ;
Je regne dans Juda plein d'honneur et d'appas,
Et de quelque costé que je porte mes pas,
Les plaines de Moab me comblent de delices.

Quand j'auray terrassé ces thrônes glorieux,
J'iray porter partout, comme un victorieux,
  Des loix dans l'Idumée.
Je veux lors, comme ami, passer dans les Estats
De tous nos alliez, des justes potentats,
Et sur ceux des tyrans entrer à main armée.

Mais, qui me peut aider à forcer ces ramparts,
Ces tours, ces bastions, qu'on voit de toutes parts
  Flanquer leurs citadelles,
Que celuy qui regit l'un et l'autre horizon,
Et qui seul, sans secours, par force ou par raison,
Peut soûmettre à ses loix l'orgueil des infidelles ?

Si tu nous prens, Seigneur, en ta protection,
Et souffres que ta grace en nostre affliction
  Ne soit point inflexible,
Ton support nous fera triompher du malheur,
Et fera que des tiens l'indomptable valeur
Rendra dans les combats l'impossible possible.

## LE CVIIIe PSEAUME.

*Deus, laudem meam, etc.*

Grand Dieu, qui connois l'injustice,
La calomnie et l'artifice
Qui taxe ma fidelité,
Fay voir au jour mon innocence,
Pour dissiper l'obscurité
De cette noire médisance.

Tu sais de quelle ingratitude
Ces gens, nez à la servitude,
M'ont perdu dans l'esprit du roy.
Mes faveurs s'en vont en fumée;
Ils ne pensent jamais en moy
Que pour noircir ma renommée.

L'amitié qu'ils m'avoient jurée
Devoit estre plus assurée,
Ayant des liens si parfaits.
Je voudrois, comme ces parjures
Veulent oublier mes bienfaits,
Pouvoir oublier leurs injures.

Mais l'offense que j'ay receuë
D'une ame dans l'enfer conceuë
Ne peut s'effacer de mon cœur
Que lors que je verray ce traistre
Souffrir comme moy la rigueur
De la colere de son maistre.

Qu'à la face de la justice,
A son discours plein d'artifice

Aucun n'ajouste plus de foy (a);
Et, pour convaincre cet infame,
Les hommes puissent comme toy
Lire jusqu'au fond de son ame.

Qu'il meure au fort de sa jeunesse;
Qu'un estranger de sa richesse
Dépoüille sa posterité,
Et que sa miserable vefve
Jamais dans sa necessité
Aucune assistance ne treuve.

Que sa famille vagabonde
Porte en tous les climats du monde
Sa tristesse et son desespoir;
Et que son extréme misere
Le contraigne de recevoir
Le pain d'une main estrangere.

Qu'un usurier dur et corsaire,
Dont la charité mercenaire
Secoure au besoin l'indigent,
Tapisse la place publique
De ces meubles d'or et d'argent
Dont son palais est magnifique.

Que tout le monde le délaisse,
Que son malheur jamais ne cesse,
Et que tout soit sourd à ses vœux;
Qu'il meure sans nom et sans gloire,
Et que ses enfans avec eux
Puissent enterrer sa memoire.

Que tu le prives de ta grace,
Que tous les crimes de sa race
Luy soient aux enfers reprochez;

*a.* *Personne* n'ajoute de foy.
(Var. des *Doc. sur Racan.*)

Et que cette ame de vipere
Y porte avecque ses pechez
Ceux de sa mere et de son pere.

Que le Seigneur jamais n'accorde
Ni pardon, ni misericorde,
A ceux qui n'en ont point pour moy;
Et que la disgrace et l'absence
A jamais éloignent du roy
L'oppresseur de mon innocence.

Puisqu'il desire, en sa malice,
Que ta colere le maudisse,
Qu'il en soit maudit pour jamais;
Et, puisque jamais il n'aspire
A la grace que tu promets,
Que jamais elle ne l'inspire.

Qu'il ne soit aidé de personne,
Que le desespoir l'environne
Comme un funeste habillement;
Qu'il brûle et jamais ne consume
Dans un feu prompt et vehement
D'huile, de souffre et de bitume.

Tel que d'une ardente fournaise
S'élance, au travers de la braise,
Un torrent de flâme et de fer,
Tel soit le bain où cet infame
A jamais lave dans l'enfer
Les impuretez de son ame!

Puissent en de pareils supplices
A jamais expier leurs vices,
Par les ordres du Roy des rois,
Tous ceux dont la haine et l'envie
Me veulent ravir à la fois
L'honneur, la fortune et la vie!

Dieu, protecteur de la justice,

## PSEAUME CVIII.

Permets qu'à toy seul je m'unisse
Par l'amour, la grace et la foy;
Dans mon incurable souffrance
J'ay toûjours esperé de toy
Mon repos et ma délivrance.

Mon corps, qui, toûjours sec et blesme,
N'est plus que l'ombre de soy-même,
Change de place incessamment,
Et, s'agitant sans intervalle,
Imite, en ce prompt changement,
La sauterelle et la cigalle.

Les méchans, voyant ma foiblesse,
Et mon cœur, qui de la tristesse
Se rend le déplorable objet,
En ont augmenté leur furie,
Et leur semble moins un sujet
De pitié que de mocquerie.

Sois mon protecteur, sois mon maistre;
Fais à ces ingrats reconnoistre
La force dont tu me défens,
Et que tes grandeurs éternelles
Savent proteger tes enfans
Et confondre les infidelles.

Je ne crains point leur médisance,
Lors que je puis en ta presence
Témoigner ma fidelité;
Et veux, quelque mal qui m'avienne,
Rire de leur calamité
Ainsi qu'ils ont fait de la mienne.

Si jamais leur troupe ennemie
Est couverte de l'infamie
Qu'elle vomissoit contre moy,
Alors en ton nom mes pensées
Dessus les aisles de la foy
Seront jusqu'au ciel élancées.

Elles diront que ta puissance
Est le support de l'innocence,
Qu'elle ne l'abandonne point,
Et que, malgré l'ire et l'envie,
Tu sais conserver de ton oint
L'honneur, la fortune et la vie.

## LE CIXe PSEAUME.

### Dixit Dominus Domino, etc.

Avant le temps, le lieu, la forme et la matiere,
Celuy qui seul estoit la vie et la lumiere,
  Dit à son fils, qui nous a rachetez :
Assied-toy sur mon thrône et prens part à ma gloire,
  En attendant l'honneur de la victoire
Qui doit mettre à tes pieds tes ennemis domtez (a).

Ce sera dans Sion que tu prendras tes armes,
Ton regne s'estendra par le sang et les larmes
  Que verseront nos fidèles amis ;
La croix sera ton sceptre, et, par cette puissance,
  Tu feras voir sous ton obeïssance
Les rois et leurs sujets également soûmis.

Ceux qui dès le berceau n'ont desiré de vivre
Que pour l'affection qu'ils avoient de te suivre
  En tes combats auront le premier rang,
Jusqu'à tant que la foy, l'amour et le martyre

*a.*    Dit à son fils, *nostre unique support.*
. . . . . . . . . . . . .
  Qui doit mettre à tes pieds *l'empire de la mort.*
       (Var. des *Documents sur Racan.*)

Les fassent seoir au thrône de l'empire,
Que cent lustres auront cimenté de leur sang.

A l'instant cette voix, où la verité tonne,
Jura, par les rayons dont son chef se couronne,
   Qu'il t'envoyeroit avecque les mortels;
Et que, Verbe incarné, tu serois sur la terre
   Non seulement Dieu de paix et de guerre,
Mais le pontife encor de tes propres autels;

Que, de Melchisedec confirmant les maximes,
On offriroit, au lieu de sanglantes victimes,
   Ton propre corps sous le pain et le vin,
Et que, t'accommodant à la foiblesse humaine,
   Tu voilerois sous les mets de ta Cene
La trop vive splendeur de ton estre divin.

Ceux qui, dans le mépris de la foy de leurs peres,
Ont fait leurs propres sens juges de ces mysteres,
   Seront punis en ta juste fureur;
Le Seigneur, qui toûjours à ta dextre se place,
   Par sa puissance abatra leur audace,
Et par sa verité confondra leur erreur.

Sa colere jamais ne posera les armes
Qu'elle ne soit esteinte en un torrent de larmes
   Qu'un saint remords tirera de nos yeux;
L'idolatrie, alors pour jamais estouffée,
   Verra l'Eglise élever un trophée
Sur le honteux débris des temples des faux dieux.

---

## LE CXe PSEAUME.

### Confitebor tibi, etc.

Je veux, Seigneur, que par tout l'univers
  En ton Eglise on lise dans mes vers
Combien ton nom est doux à ma memoire,

## PSEAUME CX.

Mais, quelque feu divin qui me puisse animer,
Mon cœur, en ce transport, ne sauroit exprimer
L'excés de son amour ni l'éclat de ta gloire.

   Le jour, la nuit, les cieux et leur splendeur,
   Du Tout-puissant témoignent la grandeur
     A ceux qui sont ses vivantes images ;
Mais la grace et la foy, qui leur servent d'appuy,
Et que l'on reconnoist ne tenir que de luy,
Sont de ce Createur les plus dignes ouvrages.

   L'esprit humain peut-il rien concevoir
   De merveilleux comme l'est son pouvoir,
     Et sa bonté n'est-elle pas extréme ?
Pour nourrir nostre corps il nous donne icy bas
Tout ce qu'il y produit d'utile à nos repas ;
Mais pour nourrir nostre ame il se donne luy-mesme.

   On voit l'effet de ce qu'il a promis
   A surmonter l'orgueil des ennemis
     Qui dans Sion fit tant de violence :
Leurs royaumes conquis sont au sien ajoustez ;
Nos armes ont mis bas ces peuples indomptez
Dont la bonne fortune augmentoit l'insolence.

   Des innocens il est le protecteur,
   Des repentans il est le redempteur,
     Sa seule grace est nostre confiance.
Afin que son amour dure à l'éternité,
Quand il s'est allié de nostre humanité,
N'a-t-il pas de son sang signé nostre alliance ?

   Il veut nos cœurs, il les lui faut donner ;
   A nous punir comme à nous pardonner
     On reconnoist sa bonté paternelle.
Son nom est redoutable autant qu'il est sacré.
La peur de l'offenser est le premier degré
Par où nous monterons à la vie éternelle.

Dans cette crainte est le commencement
De la vertu par qui si dignement
L'homme s'acquiert la veritable gloire ;
Par elle tous les vents le conduisent au port,
Et jamais ni l'oubli, ni le temps, ni la mort,
Ne peuvent de son nom effacer la memoire.

---

## LE CXIe PSEAUME.

#### Beatus vir qui timet Dominum, etc.

Heureux qui sert Jesus sans espoir de salaire,
Et qui craint moins l'enfer que la juste colere
De ce Dieu qui pour nous n'est qu'amour et bonté !
Que s'il regle ses mœurs aux lois qu'il a prescrites,
Il se peut assurer qu'à jamais ses merites
Seront les artisans de sa felicité.

Pour adoucir l'ennuy de ses vieilles années,
Il voit ses chers enfans, dont les ames bien nées
De l'amour paternel serrent les doux liens,
Et toûjours la vertu, compagne de leur vie,
Porter à la fortune une secrette envie,
Et les combler de gloire autant qu'elle de biens.

La justice qu'il garde en sa bonne conduite
Luy fait incessamment voir une heureuse suite
De charges et d'honneurs en sa famille entrer ;
Et la finesse humaine, en malice feconde,
N'apporte aucun nuage aux affaires du monde,
Où son clair jugement ne puisse penetrer.

Dieu, qui le voit toûjours d'un regard favorable,
Fera qu'à son exemple il sera secourable
A ceux dont le malheur est l'unique defaut ;

Et, quand la pauvreté leur declare la guerre,
Il leur fait part des biens qu'il possede en la terre
Pour avoir part à ceux qu'il espere là haut.

Lors que les envieux, dont l'injuste manie
Ne fonde ses desseins que sur la calomnie,
Pour le perdre d'honneur le déchirent par tout,
Il n'en redoute point la langue envenimée,
Il conserve toûjours sa bonne renommée,
Il les jette par terre et demeure debout.

Sa liberalité rend sa bourse commune ;
Sans trouble il voit l'envie aboyer sa fortune(1) ;
De tous ses ennemis il fait des malheureux,
Et, malgré leurs efforts, sa probité sans tache,
Qui, dans un cœur ouvert, aucun vice ne cache,
Se fait toûjours paroistre invincible pour eux.

---

## LE CXIIe PSEAUME.

### Laudate, pueri, etc.

Vous que la foy, l'amour et le courage
  Ont attachez à servir les autels,
Chantez sans fin, jusques au dernier âge,
  Du Tout-puissant les honneurs immortels,
Sur les deux bords de l'Euphrate et du Tage.

Il donne l'estre à tout ce qui respire,
  Il est le seul qui n'a point de pareil ;
Dans sa lumiere, où luy-mesme s'admire,
  Nostre soleil cesse d'estre soleil,
Et tous les cieux tournent dans son empire.

1. Singulier exemple du verbe *aboyer* pris dans un sens actif.

## Pseaume CXII.

Ces grans heros, ces grans foudres de guerre,
N'ont rien d'égal à son divin pouvoir;
Dessous leurs pieds il fait trembler la terre,
Et sur leur teste il fait ouïr et voir
Flamber l'éclair et gronder le tonnerre.

Ceux qui pour thrône avoient une logette,
Et pour royaume un parc plein de brebis,
Par ses bienfaits ont chassé la disette,
D'or et de soye ont orné leurs habits,
Et mis le sceptre où régnoit la houlette.

Son précurseur en cela le seconde,
Qu'Elizabeth hors d'âge le conceut;
Et quand Marie a mis ce Verbe au monde,
Le Saint Esprit, qu'elle creut et receut,
Fit que de vierge elle devint feconde.

Tous les effets de cet Estre impassible
Font-ils pas voir qu'il n'a rien de commun,
Que sa grandeur est incomprehensible,
Que son pouvoir et son vouloir n'est qu'un,
Et qu'en luy seul l'impossible est possible(*a*)?

*a*. Strophe ajoutée après la dernière :

*Des affligés sa puissance est l'azile,*
*Elle en prend soin en diverses façons,*
*Elle secourt la veufve et le pupile,*
*Des champs ingrats fait naistre des moissons,*
*Et des enfans de la femme stérile.*

(Var. des *Doc. sur Racan.*)

## LE CXIIIe PSEAUME.

*In exitu Israel de Egypto, etc.*

Quand le sang de Jacob eut, sous la servitude
Que les tyrans du Nil luy rendirent si rude,
Accompli les longs ans qui lui furent prefix,
Sion, qui jouissoit d'un bonheur sans exemple,
Vit en foule remplir sa tribune et son temple
Des captifs qui sortoient des prisons de Memphis.

La mer fuioit devant leur sainte colonie,
Quand Dieu la retira de cette tyrannie,
Où jamais le Soleil ne leur fit de beaux jours :
Et soit pour admirer leur genereux prophete,
Ou pour favoriser son heureuse retraite,
Les ondes du Jourdan rebrousserent leur cours.

Quand le Nil entendoit les peuples de sa rive
Regretter cette troupe heureuse et fugitive,
Dont le Dieu de Jacob se fit le conducteur,
Dans la fin des ennuis dont elle fut la proye
Les montagnes sautoient, pour témoigner leur joye,
Ainsi que des brebis autour de leur pasteur.

Pourquoy, mer, à l'abord d'une troupe si sainte
Te voyons-nous fremir et t'enfuïr de crainte,
Toy qui la mets au front des plus fiers matelots ?
Et toy, Jourdain, l'honneur de la plaine Idumée,
Qui te fait retarder ta course accoustumée
Et fendre dans ton lit le crystal de tes flots ?

Qui vous faisoit sauter, orgueilleuses montagnes,
Quand le Dieu de Jacob entroit dans vos campagnes ?
Estoit-ce par son ordre, ou par estonnement ?

Les secrets du Seigneur sont incomprehensibles :
Pour se faire honorer des choses insensibles,
Peut-il pas leur donner l'âme et le mouvement ?

Toute la terre tremble à sa seule menace ;
Il donne aux plus hauts monts à jamais la bonace,
Audessus des broüillars et des vents inconstans,
Et des plus durs rochers fait jaillir des fontaines
De qui les flots, lassez de courir, dans les plaines,
Sur des lits de pavots, dorment dans les estangs.

Soit qu'il verse la manne ou qu'il lance la foudre,
Soit qu'il brise nos fers et fasse dans la poudre
Precipiter l'orgueil des fronts imperieux,
Sa bonté dans la paix, son pouvoir dans la guerre,
N'ont pour but principal, au ciel et sur la terre,
Que de rendre son nom à jamais glorieux.

Mais, Seigneur, quand ta grace obtient de ta puissance
De redonner aux tiens leur premiere innocence,
Et les rendre aux combats heureux et triomphans,
Ne fais-tu pas connoistre à la troupe infidelle,
Que du plus haut des cieux ta bonté paternelle
Prend encore ici-bas le soin de tes enfans ?

Du metal inutile, autant comme il est rare,
Que le soleil à peine en dix siecles prepare,
L'aveugle idolatrie en fait ses plus beaux dieux ;
Et, si quelque beauté brille en cette matiere,
L'astre dont il la tient doit-il pas sa lumiere
Au seul Dieu tout-puissant qui regne dans les cieux ?

Ces images qu'en vain on croit estre animées,
Et ces bouches que l'art tient à jamais fermées,
Par le silence seul répondent aux mortels.
Leurs yeux ne peuvent voir les vertus ni les crimes ;
Pour eux, et non pour eux, on pare les victimes
Que le peuple idolatre offre sur leurs autels.

C'est en vain que, pour plaire à ces sourdes idoles,
Nous accordons nos luts, nos chants et nos paroles ;
Dans leurs temples en vain on fait fumer l'encens :
Ces parfums, ces concerts, ces aimables merveilles
Qui charment l'odorat, qui charment les oreilles,
De leurs plus doux apas ne touchent point leurs sens.

Les timides mortels qui craignent leur justice
Font en vain, pour avoir leur deïté propice,
Offrande sur offrande aux autels entâsser.
Si ces dieux ont des mains, ces mains sont inutiles
Qui, ne pouvant jamais estre autres qu'immobiles,
Ne nous peuvent punir ni nous recompenser.

Leurs jambes et leurs pieds, toûjours en mesme place,
Ne sont que les piliers de leur pesante masse,
Qui ne sçauroit sur eux ni marcher ni courir ;
Elle n'a point de voix pour répondre à nos plaintes,
Et dans nos déplaisirs, nos dangers et nos craintes,
Ne se pouvant mouvoir, ne nous peut secourir.

Dans l'abus general de ces riches statuës
Qu'ont l'art, l'or et la soye à l'envi revestuës,
Et dont le vain pouvoir s'est rendu si fameux,
Que ceux dont les erreurs nos veritez ignorent,
Et qui de ces faux dieux les images adorent,
Puissent estre à jamais immobiles comme eux.

Mais ceux que le Seigneur de ses graces éclaire,
Ses dignes serviteurs, qui dans le sanctuaire
Offrent à ses autels leur pure affection,
Couleront tous leurs jours sans ombre et sans nuage,
Et peuvent s'assurer, au plus fort de l'orage,
De se mettre à l'abri de sa protection.

Le Monarque des cieux, qui par tout nous regarde,
Est l'éternel support et l'éternelle garde
De ceux qui dans ses loix bornent leur volonté,
Et dont l'esprit devot, desireux de luy plaire,

Le sert comme son Dieu, l'aime comme son père,
Et, craignant sa justice, espere en sa bonté.

    La foy de leurs ayeuls, dont leur ame est suivie,
Avecque la raison vient éclairer leur vie.
Si-tost que de leur mere ils quittent le giron,
Il benit leurs desseins, il benit leur fortune,
Et benit avec eux d'une grace commune
Les peuples d'Israël et les enfans d'Aaron.

    Pour vous, sages Hebreux, sa main est liberale ;
Aux grans comme aux petits elle est toûjours égale,
Elle donne à chacun ce qu'il a merité ;
Toûjours elle travaille et jamais ne se lasse,
Et ce mesme pouvoir qui vous comble de grace
Comblera de bonheur vostre posterité.

    Vous estes les eleus du Redempteur du monde ;
Vous sentirez l'effet de sa bonté profonde.
Le Monarque éternel vous aime plus que tous :
Vous marcherez là haut sur ses grans luminaires.
La terre est le sejour des ames ordinaires,
Mais le ciel le sera du Seigneur et de vous.

    Dieu n'entend point chanter ses loüanges celebres
A ceux qui, loin du jour, sont bannis aux tenebres
Qu'appreste sa justice au gouffre des enfers ;
Mais vous qui sur la terre admirez ses merveilles,
Tandis que vous vivrez, vous emploirez vos veilles
A loüer le pouvoir qui vous tira des fers.

---

## LE CXIVe PSEAUME.

### Dilexi quoniam, etc.

Quand le Seigneur, exauçant mes prieres,
    Me donne des lumieres
Pour conduire mon ame en l'immortalité,

Qu'elle se voit de ses fers dégagée,
N'est-elle pas à jamais obligée
D'admirer sa puissance et d'aimer sa bonté?

Si-tost qu'il voit que la peur des supplices
Que meritent mes vices
Fait éclatter ma plainte et mes justes remords,
Il se flechit, ma grace est asseurée,
Et de la mort qui m'estoit preparée
Il délivre mon ame aussi-bien que mon corps.

Il est content de nos moindres offrandes
Autant que des plus grandes;
Il a des plus petits le bien multiplié.
Ses bras, l'appuy de ma foible innocence,
Se sont toûjours armez pour ma defense;
Mais, pour me relever, ils m'ont humilié.

Enfin, aprés tant de sujets de larmes,
La justice des armes
A terrassé l'orgueil des esprits factieux.
L'air est serain, nos orages sont calmes;
Nous joüissons, à l'ombre de nos palmes,
D'un repos aussi doux comme il est glorieux.

Et, retirant mon ame criminelle
De la mort éternelle,
Il chasse avec mes pleurs l'ennuy qui les produit.
Mes jours en paix accompliront leur terme,
Et pas à pas, d'un marcher seur et ferme;
Suivront l'estroit chemin où la foy nous conduit.

Puisqu'à luy seul je dois la delivrance
De ma longue souffrance,
Et que tous mes malheurs sont par luy surmontez,
Tant que mon ame, à mon corps asservie,
Entretiendra ma chaleur et ma vie,
Tous mes desirs seront de plaire à ses bontez.

## LE CXVe PSEAUME.

*Credidi propter, etc.*

L'Eternel est le seul asyle
Où la foy me fait aspirer;
L'appuy du monde est trop fragile :
On ne s'y doit point assurer.
Sait-on pas que, dès sa naissance,
Il a perdu son innocence,
Qu'il a produit des imposteurs,
Que l'âge d'or n'est qu'une fable,
Que tous les hommes sont menteurs,
Et que Dieu seul est veritable?

Mais dequoy peut-on reconnoistre
Les biens qu'il nous fait chaque jour,
Où l'on voit à la fois paroistre
Sa providence et son amour?
Sa grace toûjours persevere
Depuis qu'on vid sur le Calvaire
Ce que sa bonté nous valut.
J'en garde à jamais la memoire :
Ce qu'il souffrit pour mon salut,
Je le veux souffrir pour sa gloire.

O ! combien sont dignes d'envie
Ceux qu'un peuple void pour la foy
Dans leur sang esteindre leur vie
Et sans regret et sans effroy !
Que cette mort a de delices !
Que ces gesnes et ces supplices
Causent un doux ravissement
A l'ame devote et fidelle

Qui peut, dans cet heureux moment,
Meriter la vie eternelle!

   C'est le plus grand heur où j'aspire;
Mais celuy seul que je cheris
A la couronne du martyre
N'appelle que ses favoris,
Et n'a rien de plus agreable
Que la constance invariable
Dont ces esprits sont animez,
Qui font luire au milieu des flâmes
Par qui leurs corps sont consumez
Ce beau feu qui brusle leurs ames.

   Seigneur, rend moy ces témoignages
De ta paternelle bonté,
Que j'imite ces grands courages
En effet comme en volonté.
Suis-je pas fils de ta servante,
De qui toute la terre vante
L'amour et la fidélité,
Et qu'au ciel mesme l'on estime
Digne d'avoir la qualité
De ton espouse legitime?

   C'est dans les ennuis et les peines
Que ton saint Esprit m'a touché,
Que ta grace a rompu les chaisnes
Qui m'avoient au monde attaché.
Vainqueur de moy-mesme et du vice,
Je veux t'offrir en sacrifice
Mon cœur bruslé de ton amour,
Et veux, comblé d'heur et de gloire,
Chanter à jamais à la cour
Le triomphe de ma victoire.

## LE CXVIe PSEAUME.

### Laudate Dominum, omnes gentes, etc.

Vous sur qui le soleil pousse l'aube et la suit,
Vous sur qui sa lumiere est au soir effacée,
Vous sur qui sa chaleur, justement dispensée,
Sous un air temperé l'abondance produit;

Vous pour qui le soleil brûle plus qu'il ne luit,
Quand sa flâme est à plomb comme foudre lancée;
Vous, habitans du Nort, qui, sous l'Ourse glacée,
Faites l'an d'un seul jour et d'une seule nuit;

Vous tous que le Seigneur a creez pour sa gloire,
Vous tous qui de son nom honorez la memoire,
Admirez sa puissance, à qui tout se soûmet;

Et pour l'éternité que les cœurs des fidelles
S'offrent également au seul qui leur promet
A tous également ses graces éternelles (1).

## LE CXVIIe PSEAUME.

### Confitemini Domino, etc.

Chrestiens, publions nuit et jour
Que le Seigneur jamais ne nous dénie

---

1. Ce n'étoit pas une idée heureuse que de traduire un chant aussi grave sous la forme d'un sonnet, c'est-à-dire d'une sorte de difficulté vaincue; mais, après tout, le sonnet est assez beau.

Sa gloire et son amour,
Et que pour les pecheurs sa grace est infinie.

Qu'Israël confesse aujourd'huy
Que des bons rois, exemts de tyranie,
Il est le seul appuy,
Et que pour les pecheurs sa grace est infinie.

Qu'Aron, dont la posterité
Est aux autels de ses graces munie,
Celebre sa bonté,
Qui rend pour les pecheurs sa clemence infinie.

Que ceux qui, dans l'aveuglement,
Ont de la foy leur ame desunie,
Sachent qu'également
Pour eux, comme pour nous, sa grace est infinie.

Si-tost qu'en mon affliction
J'ay de mon Dieu la bonté reclamée,
Par sa protection,
N'ay-je pas relevé ma puissance opprimée ?

Si le Seigneur est mon support,
De quel geant, de quel foudre de guerre,
Malgré tout leur effort,
Ne verray-je à mes pieds l'orgueil mordre la terre ?

Des plus fiers tyrans d'ici-bas
Je voy dés-ja les fureurs estouffées,
Et le Dieu des combats
Dés-ja sur leur ruine élever mes trophées.

Le ferme appuy de nos Estats
Est au seul Dieu qui lance le tonnerre,
Plus qu'à ces potentats
De qui le vain support n'est que paille et que verre.

Sortis-je pas à mon honneur
Lors qu'investi d'un peuple plein d'audace,

## PSEAUME CXVII.

Par l'appuy du Seigneur,
Les armes à la main je me fis faire place ?

Environné de toutes parts,
Je n'entendois que cris à mes oreilles
De ces peuples épars,
Bruyans et voltigeans comme un essain d'abeilles.

Ils se dissipent à l'instant
Par le secours des puissances divines,
Et ne durent pas tant
Que le feu qui s'allume au milieu des espines.

Quand l'attaque d'un puissant roy
Fit dans mon camp chanceler la victoire,
Dieu combattit pour moy,
Et releva d'un coup ma fortune et ma gloire.

C'est ma force, c'est mon salut,
C'est luy qui rend mes Estats pacifiques,
C'est luy pour qui mon lut
Fera jusques au ciel resonner mes cantiques.

Que tous mes peuples assemblez
Dans mon palais, où luit l'or et la soye,
Par leurs cris redoublez
Témoignent avec moy leur veritable joye.

C'est par la main du Roy des rois
Que je soûmets l'orgueil qui se déborde ;
C'est par ses saintes loix
Que j'ay dessous mes pieds enchaisné la Discorde.

C'est sa main qui fut mon support,
Et qui, malgré l'Injustice et l'Envie,
Qui conspiroient ma mort,
Conserva mon honneur, ma couronne et ma vie.

Le Seigneur m'esprouve souvent,
Son chastiment tous mes crimes efface ;

## PSEAUME CXVII.

    Et comme auparavant
A mes justes remords il redonne sa grâce.

    Ouvrez-moy doncque sa maison;
N'y puis-je pas d'un cœur purgé de vice
    Faire mon oraison,
Et chanter sa bonté, sa gloire et sa justice?

    Je veux pour victime aux autels
De mon amour offrir la pure flâme
    Au seul des immortels
Qui m'a rendu la vie et du corps et de l'ame.

    Comme la pierre que l'on met
Dans le mepris pour n'estre pas connuë,
    Sur le plus haut sommet
Lie et soustient les murs dont elle est soustenue,

    Ainsi, sans nom et sans appuy,
Je reünis sous mon obéissance
    Et soustiens aujourd'huy
Ceux dont les volontez soustiennent ma puissance.

    Au throne où je suis élevé,
Après avoir surmonté tant d'obstacles,
    Il n'est rien arrivé
Que ce qui fut promis par la voix des oracles.

    De ce beau jour que le Seigneur
Nous a rendu si fecond en merveilles
    Prolongeons la longueur
Par les feux des autels et par nos saintes veilles.

    Grand Dieu, qui vois l'ambition
Et la licence où chacun s'abandonne,
    Pour conserver Sion,
Conserves-y la paix que ta grâce lui donne.

    Pour perpetuer ce bon-heur,
Prenons de l'an la plus belle journée,

Et qu'au nom du Seigneur
Soit au pied de l'autel la victime amenée.

Confessons qu'il est le vray Dieu,
Qu'il est par tout l'appuy de l'innocence;
Et que tout en tout lieu
Se conduit et maintient par sa toute-puissance.

Tous d'une voix il faut sans fin,
Aprés les biens que sa main nous accorde,
Chanter soir et matin
Sa gloire, sa grandeur et sa miséricorde.

Ce sont les effets tout-puissans
De ce seul Dieu qui jamais ne denie
Sa gloire aux innocens,
Et qui pour les pecheurs rend sa grace infinie.

---

## LE CXVIIIe PSEAUME.

Beati immaculati, etc.

ALEPH. — *Strophe.*

Heureuses les ames bien nées
Dont la vertu, d'un libre choix,
Suit les justes et saintes loix
Que le Seigneur nous a données !
Heureux ceux dont les actions
Au Tout-puissant ont fait connoistre
Que leurs plus fortes passions
Sont de servir un si bon maistre !
Mais ceux qui ne sont éclairez
De la grace qu'il nous octroye

Ne seront jamais assurez
De marcher dans la bonne voye.

*Antistrophe.*

Seigneur, puisque tes jugemens
Veulent qu'aux lieux saints et profanes,
Dans les palais, dans les cabanes,
L'on suive tes commandemens,
Que je puisse mourir et vivre
Dans une vraye et seule foy,
Et qu'à jamais je puisse suivre
Les ordres qui viennent de toy :
Par eux dans la mer de ce monde
Ma barque est conduite à bon port,
Et brave la fureur de l'onde
Quand ta grace lui sert de nort.

*Epode.*

Lors d'un cœur franc je publie
Tes conseils et tes bontez,
Par qui ma vie est remplie
De tant de prosperitez ;
Et si, tant que je respire,
Ta grace ici-bas m'inspire
Ta justice et mon devoir ;
Jamais faveur ni richesse,
Ni menace ni promesse,
Ne me pourront decevoir.

BETH. — *Strophe.*

Mais, Seigneur, la vertu des hommes
Peut-elle en leur jeune saison
Eviter sans toy le poison
Des vices du siecle où nous sommes ?
Pour moy, grand Dieu, je veux toûjours,

Dans mes craintes et dans mes doutes,
A toy seul avoir mon recours,
Quand je m'égare de tes routes;
Et lors, de moy-mesme vainqueur,
Je veux, loin de toute licence,
Graver tes conseils dans mon cœur
Pour y conserver l'innocence.

*Antistrophe.*

J'aurai sujet de te benir
Si, pour bien vivre et pour bien croire,
Ta grace imprime en ma memoire
Les preceptes qu'il faut tenir;
Ma voix, en recitant sans cesse
Ce que la tienne m'a prescrit,
Rendra la foy que je professe
Toûjours presente en mon esprit:
C'est un thresor digne d'envie,
Qui rend seul les anges jaloux;
C'est le seul qu'aprés cette vie
Nous emportons aveque nous.

*Epode.*

Mes delices les plus grandes,
C'est de penser à jamais
A ce que tu nous commandes,
A ce que tu nous promets.
Que tes decrets equitables
Puissent dans tes saintes tables
Durer à l'éternité,
Et que ton aimable flâme
Entretienne dans mon ame
Son ardeur et sa clarté!

GIMEL.— *Strophe.*

Permets que ta bonté propice
Eloigne mes jours du trépas,

# PSEAUME CXVIII.

Afin que je puisse ici-bas
Plus long-temps te rendre service ;
De mon esprit ouvre les yeux,
Et luy donne la connoissance
Combien il nous est glorieux
D'estre sous ton obeissance ;
Et, puisqu'on ne fait que passer
Comme un estranger en ce monde,
Prens-y le soin de redresser
Mon ame errante et vagabonde.

### Antistrophe.

Tout Israël peut témoigner
Que, dés mon âge le plus tendre,
J'ay toûjours pris plaisir d'apprendre
Ce que tu veux nous enseigner ;
Chacun sait combien tu rabaisses
Ceux dont la docte vanité
Des veritez que tu nous laisses
Accuse la simplicité.
Defen moy de la tyranie
Des fiers et superbes esprits
Qui mettent, par leur calomnie,
Ta doctrine dans le mépris.

### Epode.

Ces tyrans de qui l'empire
Est du tien si different
Recompensent du martyre
Le service qu'on te rend.
Dans cette injuste souffrance
Je ne perds point l'assurance ;
Tout mon espoir est en toy,
Et, sans force et sans défense,
N'oppose à leur violence
Que les armes de la foy.

### Daleth. — *Strophe.*

Tu vois succomber mon courage
Sous mon incurable douleur,
Seigneur! empesche le mal-heur
D'achever sur moy son ouvrage;
Tien moy ce que tu m'as promis;
Efface de ta souvenance
Tous les crimes que j'ay commis
Au mépris de ton ordonnance;
Grave dans mon cœur, desormais,
Tes lois si pleines de merveilles,
Et fay que je puisse à jamais
Suivre ce que tu me conseilles.

### *Antistrophe.*

Tu vois mon esprit languissant
De voir ta promesse accomplie :
Fay que pour moy l'on te publie
Tout veritable et tout puissant,
Et que ta grace, comme un phare,
Aux flots dont je suis combattu,
Me redresse quand je m'égare
Du droit chemin de la vertu;
C'est le seul où, malgré l'envie,
Je veux toûjours dresser mes pas,
Comme le seul par où la vie
Arrive sans crainte au trépas.

### *Epode.*

Le seul bien que je desire
De tes immenses bontez,
C'est qu'aux loix de ton empire
Tu regles mes volontez,
Et quand, à mes vœux propice,
Tu romps les chaisnes du vice

Que je porte aveque moy,
Que mon ame dégagée,
Et de son faix déchargée,
S'esleve jusques à toy.

### HE. — *Strophe.*

Si tu veux nous monstrer la voye
Que tes peuples doivent tenir,
Je te promets qu'à l'avenir
Nous la suivrons aveque joye.
Inspire à mon entendement
Les mysteres qu'il nous faut croire,
Tu verras qu'éternellement
J'en conserveray la memoire ;
Réchauffe dans moy les ferveurs
D'une pieté plus parfaite,
Et fay qu'en tes saintes faveurs
Ma passion soit satisfaite.

### *Antistrophe.*

Qu'élevé dans les hauts secrets
De ton éternelle justice,
De l'envie et de l'avarice
Se détachent mes interests ;
De mon ame à jamais efface
Leur vain éclat qui nous seduit
Et qui nous fait perdre la trace
Où ta verité nous conduit ;
Permets que de ta seule Eglise
La foy se manifeste au jour,
Et que mon ame y soit soûmise
Moins par force que par amour.

### *Epode.*

Garanti ma renommée
De ces lasches imposteurs

Dont la langue envenimée
Outrage tes serviteurs.
Nulle bonté ne les touche,
Tout ce qui part de leur bouche
Est plein d'inhumanité;
Mais tes loix, où je me range,
Font voir un égal mélange
De douceur et d'équité.

### Vav. — *Strophe.*

O grand Dieu! tien-moy ta parole,
Donne-moy ta protection.
Tu sais qu'en mon affliction
Ta seule grace me console.
Je defendray ta verité
Contre l'incredule ignorance,
Qui rit de ma simplicité
De mettre en toy mon esperance;
Et la puissance de tes mains,
Surmontant pour moy tant d'obstacles,
Esclaircira tous les humains
Des veritez de tes oracles.

### *Antistrophe.*

Dans nostre immortel souvenir,
Tes loix, dont tu regis les hommes,
Passeront du siecle où nous sommes
En tous les siecles avenir.
Je puis, et sans crainte et sans gesne,
Y soûmettre ma volonté,
Et c'est dans cette seule chaisne
Où je garde ma liberté.
D'un cœur détaché de la terre
Je veux publier en tous lieux
Que toy seul lances le tonnerre,
Que toy seul regnes dans les cieux.

## PSEAUME CXVIII.

*Epode.*

Dans les loix de ton empire
Se bornent tous mes desirs.
C'est un bon-heur où j'aspire
Pour comble de mes plaisirs,
Et veux conserver l'envie
De passer toute ma vie
Dessous tes commandemens,
Reconnoissant, par espreuve,
Qu'en ton seul regne l'on treuve
De parfaits contentemens.

### ZAIIN. — *Strophe.*

Seigneur, garde la souvenance
De ce que tu nous as promis :
C'est où les fideles ont mis
Leur espoir et leur assurance.
C'est elle, dans mes déplaisirs,
Qui calme, non moins que des charmes,
Les orages que mes soûpirs
Causoient dans les flots de mes larmes ;
Et, lors que de ces forts esprits
Les vanitez démesurées
Ont mis tes loix dans le mépris,
C'est quand je les ay reverées.

*Antistrophe.*

Si-tost que ta juste rigueur
Leur noire impieté foudroye,
D'une douce et secrette joye
Je me sens chatoüiller le cœur ;
Mais, après ce juste supplice,
Je suis estonné quand je voy
Le pecheur de qui la malice
Se revolte contre ta loy.

Ces vers, produits dans mon estude,
Recitent tes commandemens,
Et j'en fais de ma solitude
Les plus doux divertissemens.

*Epode.*

J'occupe mes longues veilles,
Qui font des jours de mes nuits,
A reciter leurs merveilles
Et l'heur que tu nous produits.
Ma joye est toute parfaite,
Et j'ay ce que je souhaite
De tes liberalitez,
Qui m'ont fait, dés mon enfance,
Reconnoistre ta puissance
Aux œuvres de tes bontez.

CHETH.— *Strophe.*

Je n'espere mon heritage
Que de ton amour paternel ;
C'est dans ton empire éternel
Que tu m'as promis mon partage :
C'est à toy seul que j'ay recours.
Quand je m'égare de tes voyes,
Je n'espere en aucun secours
Qu'en la grace que tu m'octroyes ;
C'est elle de qui la clarté
Dans le droit chemin me redresse,
Et, me rendant la liberté,
Chasse de mon cœur la tristesse.

*Antistrophe.*

Ma foy respecte aveuglément
Tes loix, sans en enfraindre aucune ;
Dans l'une et dans l'autre fortune,
Je m'y soûmets également.
J'ay veû déborder la licence

De nos plus mortels ennemis,
Et jamais contre ta puissance
Mon esprit ne s'est rien permis.
Quand, la nuit, je pense aux merveilles
Qui brillent sur nostre horizon,
Je sens confondre dans mes veilles
Mes sens, mon ame et ma raison.

*Epode.*

Fay, Seigneur, que sous ton ombre,
Par tes decrets absolus
Je sois à jamais du nombre
De tes fideles eleus,
Et que tous les cœurs du monde,
Par ta sagesse profonde,
Connoissent avec Sion
La grandeur de ta justice,
De ta clemence propice
Et de ton affection.

TETH. — *Strophe.*

A ce coup, selon ta promesse,
Ne reçois-je pas chaque jour
Les fruits de ton parfait amour
Et de ton immense largesse?
Que si je suis dans l'équité,
La loy que tu m'as enseignée,
Conserve pour moy la bonté
Que tu m'as toûjours témoignée;
Et si je me suis oublié
Dans le luxe et dans l'abondance,
Ne suis-je pas humilié
Lors que je tombe en décadence?

*Antistrophe.*

Personne ne peut ignorer
L'heur que ta bonté nous apporte;

Mais appren-nous de quelle sorte
L'on doit tes graces implorer.
Ni le courroux ni la vaillance
D'un fier et superbe vainqueur
Ne peuvent par la violence
Oster ton amour de mon cœur ;
Tes ennemis, bouffis de graisse,
De gloire et de prosperité,
Vainement s'efforcent sans cesse
D'ébranler ma fidelité.

*Epode.*

Le chastiment équitable
Que tu me fais recevoir
Rend mon jugement capable
De rentrer dans son devoir ;
Et, dans le soin de te plaire,
Mon ame à jamais prefere
L'heur de vivre sous tes loix
Aux biens les plus desirables
Qui se rendent innombrables
Dans les thresors de nos rois.

J O D. — *Strophe.*

Toy qui m'as fait à ton image,
Soûmets à jamais mon esprit
A l'ordre que tu m'as prescrit,
Et parfais en moy ton ouvrage.
Ceux qui reverent ton pouvoir
D'un saint et veritable zele
Se réjoüiront de me voir
Augmenter la troupe fidele ;
Mais, Seigneur, ton affection,
Qui m'a retiré de l'orage,
Par une juste affliction
Me veut abaisser le courage.

*Antistrophe.*

Permets, Seigneur, que la pitié
Aprés le chastiment severe,
Moderant ta juste colere,
Me redonne ton amitié;
Fay moy par ta grace revivre,
Et que, conduit par ta clarté,
A jamais je te puisse suivre
Au chemin de l'éternité;
Confon ceux dont la tyranie
Veut sur moy sa haine assouvir,
Et qui font passer pour manie
Le soin que j'ay de te servir.

*Epode.*

Que ceux dont l'ame est soûmise
Aux preceptes de la foy
Puissent dans la vraye Eglise
Se rejoindre aveque moy!
Qu'avec eux, dans l'innocence,
Dessous ton obeissance
Conduisant mes actions,
Jamais je ne puisse entendre
Mes ennemis me reprendre
De mes imperfections!

CAPH. — *Strophe.*

Seigneur, je languis dans l'attente
De l'heur où je dois parvenir,
Et dans l'espoir de l'avenir
J'adoucis ma peine presente;
J'éleve à toy mes foibles yeux,
Dont les clartez s'en vont esteintes.
Quand veux-tu, monarque des cieux,
Finir mes ennuis et mes plaintes?
Mon ame s'envole de moy,

Dés-ja ma chair est seiche et noire,
Et tout y meurt, sinon la foy,
Qui toûjours vit dans ma memoire.

### Antistrophe.

Quand mettras-tu fin à mes pleurs ?
Quand mettras-tu fin à ma vie ?
Quand mettras-tu fin à l'envie
Qui ne se plaist qu'en mes malheurs ?
Des discours d'un peuple incredule
Je suis jour et nuit tourmenté,
Et cet entretien ridicule
N'a pas un mot de verité;
Tout ce qui mon ame console,
C'est le bien que tu nous promets,
Et qu'elle sait que ta parole
Ne se retractera jamais.

### Epode.

Mais lors que plus je revere
Les mysteres de ta loy,
Plus le peuple persevere
A conspirer contre moy;
Et, parmy la multitude,
Mon ame en inquietude
N'a que des soins inconstants,
Rassure cette craintive,
Fay que plus long-temps je vive
Pour te servir plus long-temps.

### LAMED. — Strophe.

De ta voix les divins ouvrages
Portent d'un éclat radieux
Leur hauteur au dessus des cieux,
Et leur durée aprés les ages;
Ton immortelle verité

De siecle en siecle est épanduë,
Et par ta seule volonté
La terre en l'air est suspenduë ;
Par toy les ans sont limitez,
Et par ton soin sont ordonnées
Les justes inégalitez
Du cours des nuits et des journées.

*Antistrophe.*

C'est dans les meditations
Des chef-d'œuvres de ta parole
Que je radoucis et console
L'aigreur de mes afflictions ;
Je veux, en gardant la memoire
De tes justes et saintes loix,
Leur rendre hommage de la gloire
Et du salut que je leur dois.
Fais, ô grand Dieu ! sous tes auspices,
Que je regne dans l'équité ;
Je n'attens, dans la nuit des vices,
D'autre jour que de ta clarté.

*Epode.*

Le méchant, qui dans ses pieges
Tasche de me decevoir,
Veut de ses mains sacrileges
S'attaquer à mon pouvoir.
Je connois que toute chose
Que l'homme ici-bas propose
A son terme limité,
Que tout se change et se passe,
Mais que l'œuvre de ta grace
Demeure à l'éternité.

MEM. — *Strophe.*

Que j'aime les loix que tu donnes !
Qu'elles sont douces pour les tiens !

Qu'elles nous apportent de biens !
Qu'elles sont solides et bonnes !
C'est par les conseils qu'ici-bas
Produisent tes soins tutelaires,
Plus que par l'effort de mon bras,
Que je soûmets mes adversaires ;
Et, quand par cet art j'ay regné
Au throsne où l'on m'a veu paroistre,
Ceux qui me l'avoient enseigné
Me reconnurent pour leur maistre.

### Antistrophe.

Dans la paix et dans les hazards,
Inspiré de ta sapience,
J'ay surpassé l'experience
Et la sagesse des vieillards.
Cet avantage me convie
A regler mes affections,
Qui tiennent mon ame asservie
Par tes seules instructions ;
Et, dans ce débord de licence
Où se perdent les forts esprits,
Je veux suivre dans l'innocence
Le chemin que tu m'as appris.

### Epode.

Rien n'est égal à ton regne ;
Dans la terre et dans le ciel
Tout ce que ta voix enseigne
Passe la douceur du miel.
C'est ce qui fait que mon ame,
Quelque esprit fort qui la blâme
De trop de simplicité,
Dans la nuit comme en la joye,
Ne suit jamais d'autre voye
Que celle de l'équité.

## NUN. — *Strophe.*

Tu rens à mon ame timide
Le courage et l'autorité;
C'est de ta seule verité
Que la clarté me sert de guide:
Aussi, Seigneur, je te promets,
Quelque erreur que l'on autorise,
De ne me separer jamais
De l'union de ton Eglise;
Et, quand mes sens sont accablez
D'une incomparable tristesse,
Dans mes longs ennuys redoublez
Je n'espere qu'en ta promesse.

### *Antistrophe.*

Mais, ô le seul des immortels!
Aprés une faveur si grande,
Mon cœur sera la seule offrande
Que j'offriray sur tes autels.
Dans le dessein que je medite
De vivre et mourir pour la foy,
Je ne saurois de ma conduite
Me fier en d'autre qu'en toy.
L'ennemi veut que je succombe
Dans le piege qu'il m'a caché;
Mais il vaut bien mieux que j'y tombe
Que dans l'abysme du peché.

### *Epode.*

Je n'espere de partage
Ni de peres, ni d'ayeuls,
Que le divin heritage
Que tu nous promets aux cieux;
Et dans moy cette esperance
Nourrit la perseverance

De t'aimer et te servir,
Et fait par tout que mon ame
Brusle d'une sainte flâme
Que le temps ne peut ravir.

### SAMECH. — *Strophe.*

Je hai d'une haine aussi forte
Ceux qui, sortant de leur devoir,
Méprisent ton divin pouvoir,
Qu'est grand l'amour que je te porte;
Mes maux ont leur soulagement
Aux biens que ta grace m'accorde,
Et si je crains tes chastimens,
J'espere en ta misericorde;
Que tous les esprits insensez
Qui se perdent dans la licence
Puissent estre à jamais chassez
Des lieux de mon obeissance.

### *Antistrophe.*

Toy qui me combles de bien-faits,
Toy qui me soûtiens et consoles,
Fay voir, grand Dieu, de tes paroles
Les merveilles et les effets.
Tes loix vivront dans ma memoire,
Et d'un esprit illuminé
J'emploirai, pour chanter ta gloire,
Le repos que tu m'as donné.
Tu rens les esperances vaines
Des grans desseins mal entrepris,
Et fais que les ames hautaines
Tombent dans l'éternel mépris.

### *Epode.*

De tout temps je fais la guerre
A ces pecheurs obstinez,

# PSEAUME CXVIII.

Et revere le tonnerre
Dont ils sont exterminez ;
Voyant l'horreur de leur vice
Et du rigoureux supplice.
Qu'ils souffrent incessamment,
Mon ame à la fois revere
De son juge et de son pere
La grace et le chastiment.

### AIIN. — *Strophe.*

Mon regne, exemt de tyranie,
D'avarice et d'iniquité,
Sans toy ne l'auroit pas esté
De la dent de la calomnie.
Protege tes bons serviteurs
Contre la langue envenimée
De ces infames imposteurs
Qui déchirent ma renommée.
Tu vois mes yeux noyez de pleurs,
Et says que ma longue tristesse
Attend la fin de mes malheurs
De ta grace et de ta promesse.

### *Antistrophe.*

Enseigne-moy tes volontez,
Si tu veux que je les publie,
Et ne permets pas que j'oublie
Les biens receus de tes bontez.
Seigneur, quand mon esprit coupable
Est captif des fers du peché,
Que le tien le rende capable
D'estre de ta grace touché.
Il est temps de faire paroistre
Et ta justice et ton pouvoir,
Et que tu sais, comme le maistre,
Ranger l'impie en son devoir.

### Epode.

Seigneur, de tes loix divines
Je tire un plus grand thresor
Que des plus fécondes mines
Où brillent l'argent et l'or.
C'est par elles que j'évite
L'abysme où nous precipite
L'heur du monde et ses douceurs,
Et jamais ne me fourvoye
Dans la dangereuse voye
Où se perdent les pecheurs.

### PHE. — Strophe.

Tes loix ne trouvent point d'obstacles,
Tout est soûmis à leur pouvoir.
Leurs effets ne font-ils pas voir
Tous les jours de nouveaux miracles?
C'est une doctrine sans prix,
Qui, nous corrigeant de nos fautes,
Eleve les plus bas esprits
Aux connoissances les plus hautes.
C'est pourquoi mon entendement
S'applique avecque patience
A connoistre profondement
Une si parfaite science.

### Antistrophe.

D'un œil d'amour et de pitié
Voy mon cœur bruslé de tes flâmes,
Comme tû fais ces belles ames
Qui meritent ton amitié;
Que tes paroles toûjours saintes
Inspirent ma simplicité,
Rassurent mes pas et mes craintes
Dans le chemin de l'équité.

Tu vois, Seigneur, que la licence
Des vains contempteurs de la foi
N'épand sa noire médisance
Que sur ton Eglise et sur moi.

*Epode.*

Que si jamais tu fais luire
Ici-bas ta verité,
Mon esprit, pour se conduire,
Ne veut point d'autre clarté.
Aprés l'erreur infidelle
Où ma raison criminelle
Vouloit jadis s'obstiner,
Pour reparer mon offense,
Il ne reste en ma puissance
Que des pleurs pour te donner.

TSADE. — *Strophe.*

Ton nom, de l'un à l'autre pole,
A dissipé l'iniquité;
La justice et la verité
Sont les œuvres de ta parole.
Au mesme temps qu'elle expliquoit
Tes loix si justes et si bonnes,
Ton Verbe ici-bas pratiquoit
Les preceptes que tu nous donnes.
Cette parfaite humilité
Qu'eut son humanité soûmise
Met en horreur la dureté
Des rebelles à ton Eglise.

*Antistrophe.*

Les saints preceptes de ta loy,
S'imprimant dans les fortes ames,
Feront épurer dans les flâmes
Ta seule et veritable foy.

Les ennemis de l'innocence
Et de ta juste autorité
De mon aveugle obeïssance
Méprisent la simplicité.
Ta justice sur les rebelles
Fera sans fin ouïr ta voix,
Et tes veritez éternelles
Affermiront tes saintes loix.

### Epode.

C'est par ces hautes pensées
Qu'en la tristesse où je suis
Sont doucement effacées
Les causes de mes ennuis.
De ta grace perdurable
Espere le miserable
Le salaire de sa foy.
C'est elle qui luy fait croire
Que, quand l'on meurt pour ta gloire,
L'on revit aveque toy.

### COPH. — Strophe.

Mon cœur, dans l'ennuy qui me presse,
Desire, pour son plus grand bien,
Que ton esprit inspire au mien
Tous les preceptes qu'il nous laisse.
C'est à toy seul que j'ay recours :
Ren moy ma premiere franchise,
Et de plus en plus, tous les jours,
Mon ame te sera soûmise.
Epris de tes celestes feux,
J'ay captivé dés mon enfance,
Avec d'indissolubles nœuds,
Ma liberté sous ta puissance.

## PSEAUME CXVIII.

*Antistrophe.*

Je séns dés mon premier réveil
Ta grace éclairer dans mon ame;
Tous les jours sa divine flâme
Y previent celle du soleil.
Soient mes prieres elevées
Jusqu'en ton celeste sejour,
Et soient dans mon cœur conservées
Ta foy, ma vie et ton amour!
Autant que mes peuples rebelles
Méprisent mon juste pouvoir,
Autant leurs esprits infidelles
Sont éloignez de leur devoir.

*Epode.*

Seigneur, quand tu nous visites,
Tes soins, aux hommes cachez,
Recompensent nos merites
Ou punissent nos pechez.
Ce qu'ordonne pour le monde
Ta providence profonde
Est la même verité,
Et les loix de ta justice
Pour le chastiment du vice
Durent à l'éternité.

RESC. — *Strophe.*

Jette les yeux sur ma misere,
Et voy qu'en l'estat où je suis
Mon courage, accablé d'ennuis,
Toûjours dans la foy persevere.
D'un œil moins severe que doux
Sois le juge de mon offense;
Que ton legitime courroux
Se modere par ta clemence.

Arme-toy de severité
Contre les ames insensées
Qui méprisent l'autorité
Des loix que tu nous as laissées.

*Antistrophe.*

Puisque, comme Pere et Sauveur,
Ta bonté m'est toûjours propice,
Ne dois-je pas de ta justice
Esperer la même faveur ?
Si j'ai contre ces infidelles
Le secours que tu m'as promis,
Tu verras bien-tôt les rebelles
Au pied de mon throsne soûmis.
Plus dans leurs desseins illicites
Ils s'estoient de toy revoltez,
Plus aux loix que tu m'as prescrites
Je soûmettois mes volontez.

*Epode.*

Leur rage s'est assouvie
A blasphemer contre toy.
Maintien mon sceptre et ma vie
Pour le maintien de la foy.
La verité de ta bouche
Dans l'ame la plus farouche
Prend la place de l'erreur,
Et ta justice éternelle
Dans la troupe criminelle
Porte à jamais la terreur.

SCIN. — *Strophe.*

Des tyrans qui, dans ma misere,
M'ont sans raison persecuté,
J'en craignois moins la cruauté
Que je ne faisois ta colere.

Mon ame, au recit de tes loix,
Ressent une aussi grande joye
Que si des plus puissans des rois
J'avois les couronnes en proye.
Je deteste autant le pecheur
Qui cache sa noire malice
Comme je cheris la blancheur
D'un esprit exemt d'artifice.

*Antistrophe.*

Seigneur, je fais de ton amour
Mes plus agreables pensées;
Des loix que tu nous as laissées
Je m'entretiens sept fois le jour.
Ceux qui les aiment et les suivent,
Et ne s'en détournent jamais,
Par le plus droit chemin arrivent
Au repos que tu nous promets.
C'est par elles que tu dispenses,
Aprés que l'on a combattu,
Les legitimes recompenses
Dont tu couronnes la vertu.

*Epode.*

Je veux dans la vraye Eglise
Les loix garder et cherir,
Par qui mon ame est apprise
A bien vivre et bien mourir.
O toy qui de toutes choses
Sais les motifs et les causes!
Dans mon esprit tu connois
Si jamais j'eus de pensée,
Dans ma jeunesse passée,
Contraire à tes saintes loix.

## Pseaume CXVIII.

### TAU. — *Strophe.*

Seigneur, exauce ma priere,
Et permets que ta verité
Dissipe l'incredulité
Qui me privoit de ta lumiere ;
Enten mes cris, seiche mes pleurs,
Pren pitié de nostre tristesse,
Et, me dégageant des malheurs,
Dégage envers moy ta promesse.
Lors mes hymnes jusques aux cieux,
A l'envi du concert des anges,
Sur la lyre de mes ayeuls
Feront éclatter tes loüanges.

### *Antistrophe.*

Lors l'on entendra dans les vers
Produits de mes pieuses veilles
Ma delivrance et tes merveilles
Dans les deux bouts de l'univers.
Vien donc mettre fin à mes peines,
O Père! pren pitié de moy ;
Conserve le sang dans mes veines
Pour le répandre pour la foy.
Que donque ton soin tutelaire
Fasse paroistre, en me sauvant,
Quelle est la gloire et le salaire
Que l'on remporte en te servant.

### *Epode.*

C'est sous l'abri de tes aisles
Que finissent nos mal-heurs ;
C'est l'asyle des fideles,
Ils n'en trouvent point ailleurs.
Tel qu'est l'agneau qui s'égare
Aussi-tost qu'il se sépare

Du pasteur et du troupeau,
Telle est l'ame qui méprise
L'union de ton église
Pour suivre un sentier nouveau (1).

---

## LE CXIXe PSEAUME.

Ad Dominum cùm tribularer, etc.

Seigneur, dont la bonté pitoyable à mes cris
A selon mes souhaits de ces cruels esprits
    Les fureurs assoupies,
Fay que ta verité soit le contrepoison
Qui preserve à jamais mon ame et ma raison
    Du venin des impies.

Ni le trait que l'archer nous tire en combattant,
Ni le foudre lancé qui sort pirouëttant
    D'une nue enflâmée,
Ne sont point si cruels comme le feu caché
Par qui la calomnie a si souvent taché
    Ma bonne renommée.

Quel excés de malheur est comparable au mien !
Mon ame en cet exil n'a point d'autre entretien
    Que d'un peuple rustique
De qui l'esprit, nourri dans l'inhumanité,
Ne parlant que de guerre, impute à lascheté
    Mon humeur pacifique.

1. Cet interminable morceau est au moins remarquable par une grande variété de tons. Du reste, il a été disposé d'après le nombre et dans l'ordre des lettres de l'alphabet hébreu.

## LE CXXe PSEAUME.

*Levavi oculos meos, etc.*

Aprés avoir en vain, au milieu des combats,
Imploré le secours des grandeurs d'ici-bas,
De ces faux demi-dieux, de ces foudres de guerre,
Dois-je pas maintenant choisir pour protecteur,
   Celuy qui tient et lance le tonnerre,
   Et qui du ciel, de l'onde et de la terre
   Est le seul maistre et le seul créateur ?

Si-tost qu'il voit les siens en danger de perir,
Sa puissance est toûjours prête à les secourir,
Aucun empêchement jamais ne l'en retarde.
Pour sa chere Sion il est toujours pareil :
   Sa providence en tous lieux la regarde ;
   Ses yeux, veillant sans cesse pour sa garde,
   Ne sont jamais attaqués du sommeil.

Il en éloignera tous sujets de malheurs.
Le ciel, purifiant ces humides chaleurs,
Qui font de nos venins les homicides causes,
N'emploira son soleil qu'à fondre les glaçons,
   Qu'à varier les fleurs qui sont écloses,
   Qu'à parfumer les œillets et les roses,
   Meurir les fruits et dorer les moissons.

La lune, qui des eaux a la direction,
Appaisera les vents, dont la sedition
Met sans-dessus-dessous la mer la plus profonde ;
Et lors que le silence aura chassé le bruit,
   Son char d'argent, qui fait le tour du monde,
   Rendra le jour sur la terre et sur l'onde,
   Sans empêcher le repos de la nuit.

Ceux que l'âge caduc arrête en leur maison,
Ceux dont la jeune ardeur emporte la raison
A suivre le chemin que la gloire nous trace,
Jouïront en tous lieux des douceurs de la paix ;
 En quelque ennuy que le malheur leur brasse,
 Du Tout-Puissant le support et la grace
Pour leur appuy ne manquera jamais.

---

## LE CXXIe PSEAUME.

### Lætatus sum in his, etc.

Quelle éclatante voix portera mes cantiques
 Jusqu'aux arcs triomphaux courbez sur les porti-
  ques ?
En rentrant dans la ville où Dieu seul veut regner,
O Sion, dont la gloire honora ma naissance,
  Dois-je pas témoigner
Que ma joye est égale à ta magnificence ?

Des deux bords du Jourdain les peuples, à tes festes,
Se contentant de fleurs pour couronner leurs testes,
Offrent sur tes autels leurs plus riches thresors ;
Et cette pieté sans fard et sans exemple
  Qu'ils font paroître alors
Est le plus beau joyau qui decore ton temple.

La justice et la foy, ces deux fermes colomnes,
Sur qui les potentats assurent leurs couronnes,
Sont les fermes supports de celle de tes rois,
Et font qu'en ton senat, sans force et sans contrainte,
  La majesté des loix
Imprime dans les cœurs le respect et la crainte.

Que l'ange protecteur de ta juste querelle

Rende de ton abord la force naturelle
Invincible aux assauts des plus fiers combattans !
Qu'autant qu'aux ennemis tes murs sont redoutables,
    Que pour tes habitans
Tes palais somptueux se trouvent delectables !

Que mes freres sortis de ces douze lignées,
Que le temps a dés-ja de leur tige éloignées,
Soient toujours pour la foy de même opinion !
De tous les soins mortels, le plus grand qui me touche
    Est que cette union
Soit telle en ses rameaux qu'elle étoit en sa souche.

## LE CXXIIe PSEAUME.

*Ad te levavi oculos meos, etc.*

Lors que mon malheur a permis
Que l'envie et mes ennemis
Ecumassent sur moy leur rage,
A toy seul, monarque des cieux,
Qui m'as relevé le courage,
J'éleve ma voix et mes yeux.

    Quand un ancien serviteur
Prend son maistre pour protecteur
Et demande son assistance,
L'on ne peut sans iniquité
Refuser cette recompense
A sa vieille fidelité.

    Mais, miserable que je suis !
Aprés tant de jours et de nuits
Que j'ay perdus dans les delices,
Puis-je avoir la presomption

De pretendre par mes services
Meriter ta protection?

 Cependant, mon maistre et mon roy,
Ma seule esperance est en toy
Au malheur qui me persecute;
Les petits et les grands esprits
Me font diversement la bute
De leur haine et de leur mépris.

## LE CXXIIIe PSEAUME.

Nisi quia Dominus erat in nobis, etc.

Vostre valeur n'a point part à la gloire
 De cette illustre et sanglante victoire,
Où l'enfer contre nous fit son dernier effort;
Tout l'honneur n'en est deû qu'à la bonté supréme
  Du Dieu qui par sa mort
Surmonta sur la croix l'enfer et la mort même.

 Sans ce nocher, nostre nef vagabonde
  Eust fait naufrage en la mer de ce monde;
Il la sonda pour nous jusques au plus profond.
Lors que nos ennemis cingloient à pleines voiles
  Pour nous couler à fond,
Il nous fit triompher au dessus des étoiles.

 Quand des tyrans l'injustice des armes
  D'un ocean fait de sang et de larmes
A la terre inondée en toute sa rondeur;
La foy des vrais martyrs, qu'ils ne purent contraindre,
  Augmentant sa splendeur,
Se lava dans les flots dont ils pensoient l'esteindre.

Telle qu'on voit la colombe amoureuse
  En son mal-heur s'estimer bien-heureuse
Quand elle rompt les rets qui la pensoient tenir,
Et que dans les douceurs de l'amour conjugale
      On la voit reünir
A celuy dont la flâme à la sienne est égale;

  Telle se vit la veritable Eglise,
  Quand le Seigneur luy rendit sa franchise
Par un excés d'amour dont le ciel fut jaloux;
Et ce qui la combla d'une joye infinie,
      Fut d'être à son epoux
D'un lien mutuel à jamais reünie.

  Tant de bien-faits nous donnent connoissance
  De la bonté comme de la puissance
Qui regit l'univers de l'un à l'autre bout;
N'ayons plus d'autre espoir, soit en paix, soit en guerre,
      Qu'en ce maistre de tout,
Qu'en celuy qui de rien fit le ciel et la terre.

---

## LE CXXIVe PSEAUME.

### Qui confidunt, etc.

Ceux qui de l'Eternel ont la prótection
Seront plus assurez que le mont de Sion,
Car, lors que le plus haut il leve au ciel sa tête,
C'est lors qu'il est le plus en butte à la tempeste;
Au lieu que ces esprits vraiment devotieux
Qui de leur Createur sont les dignes images,
Lors que par leur merite ils s'approchent des cieux,
C'est lors qu'ils sont le plus à l'abri des orages.

Ces torrens, ces rochers, ces fosses, ces ramparts,

Dont nous sommes sans art flancquez de toutes parts,
Et dont l'abord affreux et l'attaque meurtriere
Des plus vaillans guerriers creuse le cimetiere,
Ne défendent pas mieux cette sainte cité
De l'armée idolâtre et des peuples rebelles
Que les graces qu'on tient de la Divinité
Défendent du peché les ames des fidelles.

 Ils conforment leurs mœurs aux anciennes loix,
Ils sçavent respecter la majesté des rois,
Et, dans l'oppression d'une injuste puissance,
Ne cherchent leur repos que dans l'obeïssance;
Et, fuyant ces esprits dont la presomption
Censure le pouvoir qui regit la province,
Reverent sa naissance ou son élection,
Et même dans le vice ils honorent leur prince.

 Le Seigneur, qui les voit d'un aveugle devoir
Leurs volontez soûmettre à l'absolu pouvoir,
Leur donne de bons rois, amis de la justice,
Qui n'exigent rien d'eux contraire à son service;
Et, sous des rois cruels, traite severement
Ceux dont l'ame de fer ne peut être fléchie,
Et dont l'ambition s'ennuye également
Et de la republique et de la monarchie.

## LE CXXVe PSEAUME.

In convertendo Dominus, etc.

Enfin la justice éternelle
 Nous tire de captivité,
Et rend à sa troupe fidelle
Sa patrie et sa liberté;
Enfin, nos miseres passées

Effaceront de nos pensées
L'ennui qu'elles avoient produit,
Et n'en laisseront aucun reste
Que comme d'un songe funeste
Qui nous quitte aveque la nuit.

Maintenant que, loin de l'Euphrate,
Dans l'empire du Roi des rois
L'excés de nostre joye éclatte
Par nos harpes et par nos voix,
L'inhumanité de nos gesnes
Et la pesanteur de nos chaisnes
Feront jusques dans les enfers
Confesser que tout est possible
A la force incomprehensible
De la main qui brisa nos fers.

Telle qu'en la zone enflâmée
Aux longs jours des ardens estez,
La chaleur du ciel allumée
Rend les champs secs et desertez ;
La terre y devient infertile,
Elle n'y produit rien d'utile
Ni rien qui ne soit languissant ;
La fougere, à demy rôtie,
Y meurt avant qu'estre sortie,
Et la mousse y brûle en naissant :

Telle étoit nôtre ame endurcie
Dans l'esclavage du peché
Avant que le sang du Messie
Eût été pour elle épanché ;
Cette captive delaissée
N'avoit de joye en sa pensée
Que du bon-heur qu'elle esperoit,
Ni de jour dans la nuit du vice
Que du soleil de sa justice,
Qui brûloit plus qu'il n'éclairoit.

Mais dans le champ où sa largesse
Comble nôtre juste desir,
Ceux qui sement avec tristesse
Y moissonnent avec plaisir;
Des jeûsnes et des penitences,
Des remords et des repentances
Que nous témoignons par nos pleurs,
Vient cette semence feconde
Qui nous produit, en l'autre monde,
En tout temps des fruits et des fleurs.

## LE CXXVIe PSEAUME.

*Nisi Dominus ædificaverit, etc.*

En vain nous élevons ces palais orgueilleux
Que la dépense et l'art rendent si merveilleux :
    Si Dieu ne nous seconde,
Ces marbres qui devoient toucher le firmament
Dans un amas confus ne font voir seulement
Qu'un imparfait essay des vanitez du monde.

De ces braves guerriers qui, les nuits et les jours,
Bordent les parapets de nos superbes tours,
    Foible est la resistance ;
Quand Dieu nous a quittez, tout nous manque au besoin,
Ceux qui veillent pour nous sont sans yeux et sans soin,
Nos soldats sans courage et nos murs sans défense.

Vous qui, pour entâsser thresors dessus thresors,
Mettez tout vôtre temps, faites tous vos efforts,
    Vôtre esperance est vaine;
Et vôtre esprit, troublé de son ambition,
Ne prenant ses repas que dans l'affliction,
Perd inutilement son repos et sa peine.

Mais ceux qui de sa grace ont suivi les clartez,
Qui ne se sont jamais de ce phare écartez
      Sur la mer de ce monde,
Ils bornent tous leurs jours dans de paisibles nuits,
De qui l'ombre reçoit en depost leurs ennuis,
Et d'enfans vertueux rend leur couche feconde.

Comme hors du carquois nous voyons décocher
Les fléches dont les bras d'un vigoureux archer
      Rend l'atteinte mortelle,
Tels nous voyons sortir ces enfans genereux
Du giron de leur mere, et s'estimer heureux
De courir aux hazards où l'honneur les appelle.

Que le pere est puissant qui peut en ses vieux jours
A tous ses ennemis d'un semblable secours
      Opposer la défense,
Et qui, contre leur rage et leur iniquité,
Peut trouver en tout temps dans sa posterité
Ces braves défenseurs de sa foible innocence !

---

## LE CXXVIIe PSEAUME.

Beati omnes qui timent Dominum, etc.

Heureux ceux qui, du monde et d'eux-mêmes vainqueurs,
Reverent l'Eternel sans force et sans contrainte,
Et dont son seul amour imprime dans leurs cœurs
      Le respect et la crainte.

Dieu, qui de leur labeur est arbitre et témoin,
Afin que dés la terre il ait sa recompense,
Par leur coultre fecond apprête à leur besoin
      Une heureuse abondance.

Tel que l'on voit du sep les rejettons épars

Dans l'argile attacher ses nombreuses racines,
Et leur bois serpentant ramper de toutes parts
    Sur le dos des collines,

Tel leur chaste moitié fera voir le bonheur
Des enfans dont Hymen rend sa couche feconde
Loin des bords du Jourdain porter avec honneur
    Leur nom par tout le monde.

Et quand de ces heros la sainte ambition
Aura de l'univers rendu les troubles calmes,
Leur amour fraternel changera dans Sion
    En olives leurs palmes.

On y verra leur sceptre affermir son pouvoir
Par leur valeur de gloire et d'heur accompagnée,
Et de leurs successeurs dessus le throsne asseoir
    La troisiéme lignée.

Ainsi vivront tous ceux qui pour le Roi des rois
Conservent une flâme inviolable et sainte,
Et qui, vraiment contrits, reverent plus ses loix
    Par amour que par crainte.

---

## LE CXXVIIIe PSEAUME.

*Sæpe expugnaverunt, etc.*

*Cette paraphrase est de M. de Malherbe.*

Les funestes complots des ames forcenées
Qui pensoient triompher de mes jeunes années
Ont d'un commun assaut mon repos offensé.
Leur rage a mis au jour ce qu'elle avoit de pire;
    Certes je le puis dire,
Mais je puis dire aussi qu'ils n'ont rien avancé.

J'étois dans leurs filets, c'étoit fait de ma vie ;
Leur funeste rigueur, qui l'avoit poursuivie,
Méprisoit le conseil de revenir à soy ;
Et le coutre aiguisé s'imprime sur la terre
   Moins avant que leur guerre
N'esperoit imprimer ses outrages sur moy.

Dieu, qui de ceux qu'il aime est la garde éternelle,
Me témoignant contre eux sa bonté paternelle,
A, selon mes souhaits, terminé mes douleurs.
Il a rompu leur piége, et, de quelque artifice
   Qu'ait usé leur malice,
Ses mains, qui peuvent tout, m'ont dégagé des leurs.

La gloire des méchans est pareille à cette herbe
Qui, sans porter jamais ni javelle ni gerbe,
Croît sur le toit pourri d'une vieille maison :
On la voit seiche et morte aussi-tôt qu'elle est née,
   Et vivre une journée
Est reputé pour elle une longue saison.

Bien est-il mal-aisé que l'injuste licence
Qu'ils prennent châque jour d'affliger l'innocence
En quelqu'un de leurs vœux ne puisse prosperer ;
Mais tout incontinent leur bonheur se retire,
   Et leur honte fait rire
Ceux que leur insolence avoit fait soûpirer (1).

1. Certes, l'on reconnoît dans cette paraphrase l'empreinte du grand maître de la langue poétique. Si Racan, comme le disoit Boileau, montre parfois plus de verve que Malherbe, Malherbe reprend ici tous ses avantages par la souplesse du style et par la pureté de l'expression.

## LE CXXIXe PSEAUME.

### De profundis, etc.

Du profond des ennuis où tu m'as delaissé (1),
Toûjours à toy, Seigneur, je me suis adressé,
Depuis le premier jour que ta colere dure.
Si l'horreur des pechez dont je porte le faix
T'oblige d'être aveugle aux peines que j'endure,
Au moins ne sois pas sourd aux plaintes que je fais.

La licence du monde est si desordonnée
Que si par la rigueur elle est examinée,
Qui se pourra vanter de faire son devoir?
Mais, Seigneur, ta bonté passe nôtre malice.
Tu sais nôtre foiblesse, et sais que ton pouvoir
Paroît en ta clemence autant qu'en ta justice.

Aussi, soit qu'au matin l'astre de l'univers
Nous découvre ici-bas ses ouvrages divers,
Que la nuit envieuse offusquoit de son ombre,
Ou soit qu'il se retire et que l'obscurité
Allume dans le ciel ses lumieres sans nombre,
Mon ame de toy seul espere sa clarté.

Aprés tant de soucis et de plaintes funebres,
Vien donc, mon grand soleil, dissiper les tenebres
Qu'a fait naître l'horreur de mes impietez.
Tu feras dans mon cœur renaître l'assurance,
Et feras qu'Israël, connoissant tes bontez,
Y mettra comme moy toute son esperance.

1. Le sixième des psaumes pénitentiaux.

## LE CXXXe PSEAUME.

*Domine, non est exaltatum, etc.*

### Au nom de la Reine.

Seigneur, je reconnois que tes mains liberales
Me comblent de grandeurs et de vertus royales
Que ce superbe Etat voit éclatter en moy,
Et veux humilier sous ta seule puissance
Le legitime orgueil de ma haute naissance,
Qui me rend fille, sœur, femme et mere de roy.

Tant de prosperitez, d'honneurs et de conquestes,
Que ta grace équitable accorde à nos requestes
Pour la gloire du sceptre en ma garde commis,
Font voir que ta bonté, par mes vœux reclamée,
Sait relever des siens l'innocence opprimée
Et rabaisser l'orgueil de ses fiers ennemis.

Si ce n'est de toy seul que je tiens les victoires
Qui par tout l'univers feront dans nos histoires
Admirer la vertu de ce peuple aguerri,
Que, privée à jamais de ta grace éternelle,
Je sois comme l'enfant qui, perdant sa mamelle,
Perd le seul aliment dont il étoit nourri.

O vous de qui la foy rend les ames unies,
Qui recevez du ciel des faveurs infinies
Dont les justes excés vous ont comblé de biens !
Dans ces mal-heurs presens qui menacent la France,
Mettez en ce vray Dieu toute vôtre esperance :
C'est le seul qui jamais n'abandonne les siens.

## LE CXXXIe PSEAUME.

*Memento, Domine, David, etc.*

Ressouvien-toy, Seigneur, de l'invincible foy
    De ton prophete roy
Et des perfections qui devançoient son âge;
Ressouvien-toy, Seigneur, de son humanité
    Et de son grand courage
A combattre l'erreur et l'infidelité.

Ressouvien-toy, Seigneur, de quelle affection
    Il a cheri Sion,
Où sa gloire et son nom vivront de race en race,
Et combien son esprit eut de contentement
    D'avoir trouvé la place
Où son peuple te peut adorer dignement.

N'avoit-il pas juré de ne revoir jamais
    Son throsne et son palais
Qu'il n'eût dans ses Etats ta maison ordonnée,
Et que, lors que la nuit semeroit ses pavots,
    La fin de la journée
N'auroit point de pouvoir de finir ses travaux?

Les deserts d'Ephrata nous ont offert le lieu
    Où l'amour du vray Dieu
D'une source de gloire embellira nos ames,
Et leur bois, que le jour n'a jamais visité,
    De ses plus pures flâmes
Recevra la chaleur aveque la clarté.

Il reçoit sous ses pieds les vœux que les mortels
    Offrent à ses autels;
Il les verra du monde obtenir la victoire,

Jusqu'à tant que leurs yeux, affranchis du sommeil,
        Jouïront dans la gloire
De ce jour sans couchant dont il est le soleil.

Inspire donc, Seigneur, ceux qui dans ta maison
        Feront leur oraison,
Et dont le cœur ouvert te sert sans artifice;
Fay qu'ils puissent avoir, avec la pieté,
        L'amour de la justice,
Et ton peuple la joye et la tranquilité.

Que le sang de David participe au bon-heur
        Qui l'a comblé d'honneur
Et qui mit en ses mains l'autorité supréme!
Conserve donc aux siens, comme tu l'as juré,
        L'illustre diadéme
Dont ta grace équitable a son front honoré.

Qu'ils puissent sur l'appuy des saintes veritez
        Jouïr des qualitez
Dont au berceau royal l'éclat les environne,
Et qu'afin qu'ils en soient dignement revestus,
        Qu'aveque la couronne
Ils puissent de leur pere heriter les vertus!

Je veux, ce disois-tu, qu'en l'Etat de Sion,
        Où mon affection
A ma maison bastie et choisi ma demeure,
Ils bornent leurs desseins aux loix de l'équité,
        Et fassent d'heure en heure
Augmenter mon Eglise et leur autorité.

Afin d'effectuer ce que je leur promets,
        Ils verront à jamais
Multiplier les biens que le ciel leur envoye.
Je donneray sans fin à tous mes serviteurs
        L'abondance et la joye,
Et la magnificence aux sacrificateurs.

Je veux, de mon prophete augmentant la grandeur,

L'orner d'une splendeur
Qui ne sera jamais dans le nuit obscurcie,
Et veux, pour l'honorer en sa postérité,
Joindre par mon Messie
Son estre périssable à mon éternité.

## LE CXXXIIe PSEAUME.

*Ecce quàm bonum, etc.*

Vous n'avez point, mortels, de vertu tant exquise,
Comme est la charité,
Qui fait que tous les cœurs en une mesme église
N'ont qu'une volonté ;
L'encens n'a point d'odeur qui soit plus estimée,
Quand le prophete Aron de sa sainte fumée
Accompagne ses vœux,
Ni le baume sacré qu'au grand jour de sa feste
Une prodigue main, le versant sur sa teste,
En parfume à la fois sa barbe et ses cheveux.

Comme on voit, en esté, sur les costes ardantes
De Sion et d'Hermon,
La rosée apprester aux moissons languissantes
Leur fertile limon,
Ainsi les cœurs unis d'une amour mutuelle
Trouvent dans les douceurs de la grace éternelle
Leur consolation ;
Et, dans tous les malheurs qui traversent leur vie,
Ils ont de vrais amis, sans fard et sans envie,
Sur qui se décharger de leur affliction.

## LE CXXXIIIe PSEAUME.

*Ecce nunc benedicite Dominum, etc.*

Nous que la naissance convie
De rendre hommage au Roy des rois,
Reverons sa gloire et ses loix
Tandis que nous sommes en vie;
Quand nous entrons au monument
Aprés ce funeste moment
D'horreur, de crainte et de tristesse,
Les bonnes œuvres et la foy,
N'est-ce pas la seule richesse
Que l'homme emporte avequc soy?

Mais parsus tous, sages levites,
Servez ce Sauveur des humains,
Qui nous dispense par vos mains
Le salaire de nos merites :
Confessez au pied des autels
Que de luy seul tous les mortels
Tiennent le jour et la naissance,
Et qu'en son bras victorieux
Reside la mesme puissance
Qui crea la terre et les cieux.

## LE CXXXIVe PSEAUME.

*Laudate nomen Domini, etc.*

Ministres du Dieu tout-puissant,
Celebrez son nom et sa gloire,
Que sa grace dès en naissant

# PSEAUME CXXXIV.

Imprima dans vostre memoire;
Conservez cette ardente foy
Par qui vostre ame est hors de soy
Dans les grandeurs qu'elle contemple;
Et dont les soins devotieux
Font vivre vos corps dans son temple,
Quand vostre esprit est dans les cieux.

Si les yeux de vostre raison
Sont éblouis de sa lumiere,
Entretenez vostre oraison
De sa clemence coustumiere;
Admirez l'extreme bonté
Qu'il eut pour la posterité
Dont Jacob honora la terre;
De ses enfans il fit les siens,
Et dans la paix et dans la guerre
Les combla d'honneurs et de biens.

Ce seul Dieu, dont le seul vouloir
Tourne les cieux sur les deux poles,
Passe ces dieux dont le pouvoir
N'est connu que dans les idoles;
Tout ce qu'admirent les humains
Sont les ouvrages de ses mains;
Tout s'éclaircit par sa presence,
Aux gouffres mesmes les plus creux
L'horreur luy rend obeïssance,
Et cesse de les rendre affreux.

Par les ordres qu'il a donnez
S'élevent ces brouillars de l'onde
D'où les foudres, dés qu'ils sont nez,
Tonnent sur les crimes du monde;
Mais, pour assurer nostre peur,
Il convertit cette vapeur
En pluye aux moissons salutaire
Et fait voir en un mesme jour

Les menaces de sa colere
Et les marques de son amour.

 La rosée aux humbles valons
Réjoüit les fleurs et les herbes,
Cependant que les aquilons
Battent les pins des monts superbes;
C'est luy seul qui tient dans les fers
Et qui relasche dans les airs
Ces ministres de la tempeste,
Qui des chasteaux audacieux
Arrachent et brisent le faiste
Quand il est trop proche des cieux.

 Ce fut par son ordre éternel
Que le Nil a veû sa justice
Sur tout un peuple criminel
Exercer un mesme supplice :
Alors ses équitables mains
Occirent avec les humains
Les animaux dans leurs pascages,
Faisant d'un sort commun à tous
Des premiers nez de ses rivages
Les victimes de son courroux.

 Mais cette juste affliction
N'a point sa colere adoucie,
Ni touché cette nation
Toûjours dans son vice endurcie.
Fit-il pas voir dans les combats,
Par tant de sceptres mis à bas
Des tyrans les plus redoutables,
Qu'à nous, comme à nos ennemis,
Ses decrets sont irrevocables,
Et qu'il tient ce qu'il a promis ?

 De Sehon et d'Og, ces guerriers
Plus redoutez que la tempeste,
La gloire augmente nos lauriers,

## PSEAUME CXXXIV.

Et les estats nostre conqueste ;
Et de ces nombreux combattans,
De ces formidables Titans
Qui portoient le front dans la nuë,
De ces monstres bouffis d'orgueil,
La hauteur n'est plus reconnuë
Qu'en la longueur de leur cercueil.

   Seigneur, c'est l'œuvre de ton bras ;
Toy seul gagnas cette victoire,
Et les siecles les plus ingrats
En conserveront la memoire ;
La défaite de tant de rois,
Tant d'estats soûmis à tes loix,
Feront admirer ta puissance,
Qui, se joignant à ta bonté,
A seu terrasser l'arrogance
Et relever l'humilité.

   L'homme en vain se forge des dieux,
En vain son ame en est imbuë :
Ils ont une bouche et des yeux,
Et n'ont ni parole ni veuë ;
L'on implore en vain leur secours,
Ils sont insensibles et sourds,
Leurs oreilles sont inutiles.
Que tous ceux qui leur font des vœux
Puissent devenir immobiles,
Aveugles et muets comme eux !

   D'Israël, Aron et Levi
Les fils, voüez à son service,
Offrent dans son temple à l'envi
Leur encens et leur sacrifice ;
Qu'ils rendent grace en ce saint lieu
Des biens que le seul et vray Dieu
Répand sur Sion d'heure en heure :
Pour estre adoré de nous tous

N'a-t-il pas choisi sa demeure
Dans Israël aveque nous?

---

## LE CXXXVe PSEAUME.

*Confitemini Domino, quoniam bonus, etc.*

Il faut, peuples éleus, que vos ames unies
Dans les loix du Seigneur bornent leur volonté,
Et celebrent sans fin les grandeurs infinies
De celuy qui pour vous est la mesme bonté :
    Car la misericorde
    Que la clemence accorde
    A tous également
    Dure éternellement.

C'est le seul qui là haut fait gronder le tonnerre,
C'est le seul dont le throsne est audessus des cieux ;
C'est le seul qui regit les grandeurs de la terre,
Que le peuple idolatre a mis au rang des dieux :
    Et la misericorde
    Que, etc.

Admirons sa puissance et sa bonté profonde.
Il est le Roi des rois, le Seigneur des seigneurs ;
Ceux qui dans leur empire avoient borné le monde
Ne tenoient que de lui leur gloire et leurs honneurs ;
    Et la misericorde
    Que, etc.

Que nos yeux et nos cœurs admirent les merveilles
Du maistre et de l'auteur de tout cet univers ;
Il est le seul ouvrier des œuvres nompareilles,
Le seul de qui la gloire est digne de nos vers ;
    Et la misericorde
    Que, etc.

# Pseaume CXXXV.

Lors qu'au ciel il rangea ces feux dont l'influence
Nous marque les decrets de sa divinité,
Il ne fit qu'accomplir ce que sa prescience
Traçoit dans l'infini de toute éternité ;
  Et la miséricorde
  Que, etc.

Bien qu'au milieu des flots la terre soit fondée,
Elle demeure ferme en leurs débordemens,
Non tant par les rochers dont leur rive est bordée
Que par l'ordre prefix de ses commandemens ;
  Et la misericorde
  Que, etc.

Ces feux d'or et d'argent, ces deux grans luminaires,
Qui des ans et des mois ont le temps limité,
Par son ordre éternel font leur cours ordinaire,
Et de lui seulement empruntent leur clarté ;
  Et la misericorde
  Que, etc.

Celui dont nous tenons la flâme et la lumiere,
Et qui de la nature est l'ame et l'entretien,
Ce superbe flambeau, quand il fait sa carriere,
Ne souffre point là haut d'autre feu que le sien ;
  Et la misericorde
  Que, etc.

Mais l'astre de la nuit, qui ne luit que dans l'ombre,
Et qui fait dans le ciel son cours plus diligent,
Aime à voir ses sujets, qui sans ordre et sans nombre,
Lui viennent rendre hommage en son throsne d'argent ;
  Et la misericorde
  Que, etc.

Honorons son pouvoir, celebrons sa loüange :
Par lui nos ennemis furent exterminez.
N'a-t-on pas veû le Nil, par le glaive de l'ange,

Se grossir et rougir du sang des premiers nez?
>> Et la misericorde
>> Que, etc.

L'excés de son amour, qui tout autre surpasse,
Et son juste courroux, de nos larmes touché,
Briserent à la fois, en nous rendant sa grace,
Les fers de Pharaon et les fers du peché;
>> Et la misericorde
>> Que, etc.

Dans ces rares effets qui sembloient impossibles,
L'on connoît le pouvoir du monarque des cieux;
Sa bonté fait fléchir les cœurs les moins sensibles,
Et son bras surmonter les plus audacieux;
>> Et la misericorde
>> Que, etc.

Lors que les siens fuyoient la mort et l'infamie,
Les dangers les tenoient de toutes parts enclos;
Ils avoient à leur dos la phalange ennemie,
Ils avoient à leur front les abismes des flots;
>> Et la misericorde
>> Que, etc.

Afin de rassurer ces troupes effrayées,
Du profond ocean les flancs sont entre-ouverts,
Et sur son large sein les vagues reployées
Leur laissent voir à nud les graviers decouverts;
>> Et la misericorde
>> Que, etc.

Elles passent la mer, ces genereuses ames,
Les abismes profons les sauvent du trépas;
Au lieu mesme où les flots écument sous les rames,
Les sables font voler la poudre sous leurs pas;
>> Et la misericorde
>> Que, etc.

# PSEAUME CXXXV.

Du camp de Pharaon, qui couvre le rivage,
La barbare fureur leur perte resolut;
Mais, en les poursuivant, il trouva son naufrage
Au lieu mesme où leur fuite assura leur salut;
  Et la misericorde
  Que, etc.

De ce roi, qui de tout croyoit se rendre maistre,
La vie et les desseins tombent en mesme lieu,
Et les flots refermez lui firent bien connoistre
Qu'ils ne respectoient point d'autre maistre que Dieu;
  Et la misericorde
  Que, etc.

Celui qui loin du Nil les fondemens prepare
Au throsne vagabond de sa chere Sion
Lui veut servir de guide en ce climat barbare,
Et la prendre par tout en sa protection;
  Et la misericorde
  Que, etc.

De plus de trente rois les forces s'assemblerent,
Resolus d'empescher son établissement;
De plus de trente rois sous les armes tomberent
Les corps ensanglantez au fond du monument;
  Et la misericorde
  Que, etc.

Ici le fier Sehon, au front de sa bataille,
Meurt dessous les boucliers de ses Amorreans;
Là fut porté par terre Og, celui dont la taille
Faisoit voir qu'il sortoit de race de geans;
  Et la misericorde
  Que, etc.

Sion en ce grand jour s'est ouvert le passage
Par un chemin pavé de picques et d'escus,
Sion de sa conqueste a fait son heritage,

Gras encore du sang de tant de rois vaincus;
 Et la misericorde
  Que, etc.

Ces peuples esperoient que la force des armes
En ce juste combat les combleroit d'honneur;
Mais en tous leurs malheurs ils n'avoient que leurs larmes
Qu'ils pussent opposer au courroux du Seigneur;
 Et la misericorde
  Que, etc.

En les tirant des fers de ce peuple profane,
Il leur donne en un mets tous les mets à choisir,
Les servant à souhait d'une abondante manne,
Qui ne prenoit son goût que de leur seul desir;
 Et la misericorde
  Que, etc.

Aprés tant de bien-faits, aprés tant de merveilles,
Aprés tant de bontez qu'il témoigna pour vous,
Devez-vous pas sans fin celebrer en vos veilles
Son amour et sa gloire, et reconnoistre tous
 Que la misericorde
  Que, etc.

---

## LE CXXXVIe PSEAUME.

*Super flumina Babylonis, etc.*

Nous cherchions les valons, l'ombre et la solitude (1),
Pour plaindre en liberté la dure servitude

---

1. Ce psaume, si touchant dans son essence et dans ses détails, est un de ceux qui font le plus regretter le système de libre amplification adopté par Racan.

# PSEAUME CXXXVI.

Où Babylon faisoit nostre âge consumer;
Nos malheurs augmentoient la gloire de ses armes,
Et l'Euphrate et le Tigre augmentoient de nos larmes
L'ordinaire tribut qu'ils portent à la mer.

Mais, de tous ces ennuis, le plus grand qui nous
Est le ressouvenir de cet assaut funeste    [reste
Où Sion avec nous perdit sa liberté.
Heureux ceux qui sont morts avant cette infamie,
Ou qui, du fer sanglant d'une pique ennemie,
Ont pû briser les fers de leur captivité!

Nos luths étoient pendus aux saules du rivage,
Où l'entretien d'un peuple arrogant et sauvage
Renouvelloit nos pleurs par de nouveaux tourmens;
Et, quand leurs cruautez n'estoient pas satisfaites,
Ils taschoient d'interdire à nos douleurs secrettes
L'usage des soûpirs et des gemissemens.

Chantez, nous disoient-ils, sur ces luths inutiles,
Quelqu'un de ces beaux airs où vos ames serviles
Font je ne ne sçai quel Dieu le roi des immortels,
Ce Dieu dont le pouvoir ne vous a seu défendre,
Et dont la vaine gloire a bien osé prétendre
De se faire à lui seul ériger des autels.

Si jamais nous chantons en ce païs étrange
De ce seul immortel l'immortelle loüange,
Qu'à l'instant nous perdions l'usage de la voix,
Qu'elle soit étouffée en nos poulmons debiles,
Que nos doits sur nos luths demeurent immobiles,
Et que nous la chantions pour la derniere fois.

Mais, Seigneur, en quel temps remets-tu la vengeance
De ces enfans d'Edom, cette maudite engeance,
Qui ne sont jamais las de nos calamitez,
Et verroient sans regret nostre ruine entiere,

Sinon qu'en nostre perte ils perdent la matiere
Qui leur sert à nourrir leurs animositez ?

Détruisez, disoient-ils, ces superbes portiques ;
Que les feux, devorant ces maisons magnifiques,
Ne fassent qu'un brasier de tout ce grand pourpris,
Et, pour dernier orgueil de cette ville infame,
Que jusques dans le ciel s'en éleve la flâme,
Et qu'à jamais la terre en cache le débris !

Et toi, fiere Babel, dont la toute-puissance
Se sert pour chastier la trop grande licence
De tant d'iniquitez dont nous portons le faix,
Que la main d'un vainqueur, plus juste et plus cruelle,
Arrachant tes enfans de dessous la mamelle,
Te rende doublement les maux que tu nous fais !

Que, brisez contre terre ou contre les murailles,
On les voye étendus, privez de funerailles,
Sans pouvoir discerner leur âge ni leur rang !
Qu'un soldat inhumain de leur teste se jouë,
Et que sur le pavé ne paroisse autre bouë
Que leurs os écrasez, leur cervelle et leur sang !

---

## LE CXXXVIIe PSEAUME.

### Confitebor tibi, etc.

Grand Dieu, qui sur le throsne inspire les monarques,
Combien de ton amour ai-je receu de marques
    En mes ennuis passez !
Dans leurs plus sombres nuits ta grace est ma lumiere,
Et, si-tost qu'en mon cœur j'ay conceu ma priere,
    Mes vœux sont exaucez.

De ces lieux où le chœur de la troupe fidelle

## PSEAUME CXXXVII.

Celebre jour et nuit ta bonté paternelle,
    Qui la comble de biens,
Je feray que là haut les concerts angeliques
Cesseront pour un temps d'entonner leurs cantiques,
    Pour entendre les miens.

Ils chantent les honneurs que ta bonté m'accorde,
Ils chantent les grandeurs de ta misericorde,
    Qu'à peine je conçois ;
Et, lorsque tu m'entens dans l'ardeur qui m'enflâme,
Je ressens augmenter les forces de mon âme
    Et celles de ma voix.

Tous les rois qui verront ta promesse accomplie
Dans les biens dont ta grace a ma maison remplie,
    Malgré mes ennemis,
Diront que ta parole est la verité mesme,
Et que tu rens mon front digne du diadême
    Que tu m'avois promis.

Ils admireront tous ta grace coûtumiere,
Qui, regissant là haut ces globes de lumiere
    Qui tournent sous tes pas,
Qui de l'âge des rois lasche et retient la fuite,
Et ne dédaigne point de prendre la conduite
    Des moindres d'ici-bas.

Dans les adversitez où je passois ma vie,
Lorsque mes ennemis la tenoient asservie
    Sous un sort inhumain,
Que je vis mon salut hors de toute esperance,
Ta grace me rendit la force et l'assurance,
    Et me tendit la main.

Que ta bonté, Seigneur, acheve son ouvrage,
Acquitte nostre debte, et tire d'esclavage
    Ton peuple criminel ;
Si pour tous les pecheurs ta grace est éternelle,
Fay que mes longs travaux puissent trouver en elle
    Un asyle éternel.

## LE CXXXVIIIe PSEAUME.

*Domine, probasti me, etc.*

Seigneur, tu reconnois au fond de nos pensées
D'où nous viennent les bons et les mauvais desseins,
De nos affections presentes et passées
Tu sçais tous les motifs, veritables et feints;
Tu vois naistre dans nous, soit qu'on veille ou qu'on [dorme,
Ces spectacles divers par le songe animez,
Qui font dedans la nuit voir à nos yeux fermez
Tant d'objets sans matiere et de formes sans forme.

Tu sçais, dés qu'on s'embarque en la mer de ce monde,
Où les vents et les flots portent nostre vaisseau;
C'est dans ta prescience infaillible et profonde
Qu'est le sort de nos ans écrit dés le berceau;
Rien ne peut dans nos cœurs se cacher à ta veuë,
Elle y voit le sujet de tous nos déplaisirs,
Elle y voit nos besoins, elle y voit nos desirs,
Et lit nostre oraison si-tost qu'elle est conceuë.

Ces longs âges où tout se consume et se change
En ton éternité sont veus comme un moment.
Tu nous fis pour ta gloire, et, nous creant de fange,
Eleves nos pensers jusques au firmament;
Tu donnes en naissant ce beau desir d'entendre
Les secrets les plus hauts et les plus curieux,
Qui sont à peine seus des esprits glorieux,
A l'homme, qui ne peut luy-mesme se comprendre.

C'est toy qui donne l'estre à tout ce qui respire,
Tes yeux ont des regards qui penetrent par tout;
Par la foy des esleus s'establit ton empire,

## PSEAUME CXXXVIII.

Qui regit l'univers de l'un à l'autre bout.
Je suis par tout en butte aux traits de ta justice,
Je la trouve en la terre, aux lieux les plus cachez,
Je la vois dans les cieux condamner mes pechez,
Je l'entens aux enfers ordonner mon supplice.

   Si la honte et la peur me fournissent des aisles
Pour voler où l'Aurore estale sa clarté,
Les flâmes peu à peu se font universelles,
Et de tout l'horizon chassent l'obscurité ;
Alors je ne voy rien où cacher mon offense,
Tes yeux de tous costez me lancent leurs éclairs,
Ta main courbe les cieux sur le vague des airs,
Et par tout dessous eux me tient en sa puissance.

   Si je croy que la nuit couvrira de ses voiles
Le profane brasier du feu de mon amour,
Tu feras des soleils de toutes les estoiles,
Qui pour voir mon peché multipliront le jour ;
Et, quelque voile obscur dont soit la terre enclose,
Elle ne me pourra cacher de tes regards ;
Les rayons de tes yeux en tous lieux sont épars,
Et le jour et la nuit est pour eux mesme chose.

   O grand Dieu, de qui l'homme est la vivante image,
Et l'objet icy-bas de ton affection,
Luy-mesme dans luy-mesme admire ton ouvrage,
Quand ta grace l'a mis en sa perfection ;
Toy seul vois dans nos cœurs notre volonté nuë,
Et ne connois pas mieux sur nos corps découverts
Les divers mouvements des muscles et des nerfs
Que les affections dont nostre ame est émeuë.

   Avant qu'estre formez dans les flancs de leurs meres,
Toy de qui l'œil penetre aux lieux les plus obscurs,
Vois-tu pas des enfans les os et les arteres,
Et le sort de leurs ans dans les siecles futurs ?
Fournis-tu pas leur bras de sang et de moëlle,
Leur visage et leurs yeux d'attraits et de clarté,

Comme tu l'as conceu de toute éternité,
Et que ta providence en gardoit le modele?

   O combien les mortels meriteront de gloire
Quand, par l'humilité, le courage et la foy,
Ils auront sur eux-mesme obtenu la victoire,
Dont ils triompheront au ciel aveque toy!
Eclairez d'un soleil sans nuage et sans ombre,
Ils joüiront d'un bien aussi juste que doux;
Mais ces heureux esprits sont rares parmi nous,
Bien que des grains de sable ils surpassent le nombre.

   Ce miracle confond la raison et l'estude
De qui veut concevoir l'adresse de tes mains,
Qui de la rareté tirent la multitude,
Et peuplent de pecheurs la demeure des saints.
Mais, aprés tant de faits de ta grace ordinaire,
Qui nous comble d'honneur et de prosperité,
Fay voir que ta justice égale ta bonté,
Chasse de mon estat le peuple sanguinaire.

   Arreste donc, Seigneur, la brutale licence
De ces fiers contempteurs des justes potentats.
Ils se vantent par tout d'abatre la puissance
Où tu m'as élevé pour regir mes estats.
Tu sais que leur orguëil se rend insupportable,
Et te prens à témoin si, d'un cœur outragé,
Je ne me ressens pas à jamais obligé
De leur estre cruel pour leur estre équitable.

   Mon cœur ne peut souffrir de leur secte infidelle
La noire impieté qu'elle produit au jour;
S'il est rongé pour eux d'une haine éternelle,
Il est épris pour toy d'une éternelle amour.
Seigneur, la verité ne t'est jamais voilée,
Tu peux à découvert reconnoistre dans moi
Si le soin de combattre et mourir pour la foy
N'est pas la seule ardeur dont mon ame est brûlée.

Fay donc de mon amour cette derniere espreuve :
Que l'on m'offre en ta croix ce calice de fiel,
Dont ta justice veut que nostre ame s'abreuve
Avant que de monter en la gloire du ciel ;
Si, charmé des plaisirs où l'âge me convie,
Je m'égare au chemin de la vie à la mort,
Que ta grace m'éclaire, et, me servant de nort,
Me remettre au chemin de la mort à la vie.

---

## LE CXXXIXe PSEAUME.

### Eripe me, Domine, etc.

Delivre-moi, Seigneur, delivre mes provinces,
De ceux qui, méprisans l'autorité des princes,
Font contre eux seulement paroistre leur valeur,
Et dont la cruauté se baigne dans les larmes,
  Se rit de ma douleur,
Et n'a point de repos qu'au milieu des alarmes.

Tels que ces animaux dont nature se jouë,
Qu'une pluye orageuse éleve de la bouë,
Par la corruption de la terre et de l'air :
Un mesme jour les voit paroistre et disparoistre,
  Lors que le temps plus clair
Dissipe les broüillars qui leur a donné l'estre ;

Tels ces nouveaux tribuns qui s'élevent aux villes
Dans les émotions des tempestes civiles
Sont veus pour quelque temps parez d'un faux honneur ;
Mais, lors que par la paix la discorde est calmée,
  Aveque leur bon-heur
L'on voit s'evanouïr leur vaine renommée.

Preserve-moi, Seigneur, de ces petits viperes

Qui sont dés en naissant les meurtriers de leurs peres,
Détruisans de leur roi la juste autorité ;
Qui dégorgent leur fiel dans l'ennui qu'ils nous donnent,
  Et dont l'iniquité
Se nourrit du venin dont ils nous empoisonnent.

Je voy de toutes parts éclorre les malices
Qu'ont depuis si long-temps couvé leurs artifices ;
Jusqu'au fond de leur cœur tu les a pû sonder :
Quoique tous leurs complots ont conspiré ma perte,
  Toy seul me peux garder
De leur haine cachée et de leur force ouverte.

Fay, Seigneur, que les rangs des phalanges pressées,
Qu'on voit de toutes parts de picques herissées,
Puissent de leur fureur diminuer l'excés,
De peur que, réchaufant leur longue malveillance,
  Quelques heureux succés
De leur temerité augmentent l'insolence.

Fay retomber sur eux le mal qu'on me prepare ;
Efface pour jamais de ce peuple barbare
Dans l'ombre de l'oubli les crimes solemnels,
Et qu'aux fournaux ardens que les enfers allument
  Pour les grans criminels
Ils brûlent sans relasche et jamais ne consument.

Que leurs longues douleurs vainquent leur patience ;
Qu'à ceux qui de raisons, contre leur conscience,
Défendent les erreurs qui regnent ici-bas,
Fay que le souvenir de leurs fautes passées
  Puisse jusqu'au trépas
D'un remors éternel bourreler leurs pensées.

Fay leur voir que ta main de foudres n'est armée
Qu'afin de maintenir l'innocence opprimée,
Pour obliger les tiens à loüer tes bontez,
Jusqu'à tant que, du monde obtenant la victoire,
  Tu les auras contez
Au rang de tes sujets en ton regne de gloire.

## LE CXLe PSEAUME.

*Domine, clamavi ad te, etc.*

Grand Dieu, qui peux lire en nos cœurs
L'origine de nos langueurs,
    Sois à mes vœux propice,
Et permets que les cris que j'épans en tous lieux,
De mesme que l'encens que j'offre au sacrifice,
    Montent jusques aux cieux.

Garde ma pensée et ma voix
De juger de tes saintes lois
    Avec trop de licence;
Et, lors que mon esprit s'en sera détaché,
Ne permets qu'un mensonge excuse mon offense
    Par un second peché.

Je suis l'entretien des esprits
Qui ne se plaisent qu'au mépris
    De ce que tu commandes;
Les discours énervez de ces lasches flatteurs
Ne me sont point si doux que sont les reprimandes
    De mes bons serviteurs.

Comme les champs abandonnez,
Quand le soc les a seillonnez,
    Nous donnent l'abondance,
Mon severe conseil, par ses impressions,
Peut-il pas dans ma cour cultiver la semence
    Des bonnes actions?

Mais, Seigneur, qu'est-ce que je voy?
La mort à grands pas vient à moi,

Rien ne m'en peut défendre ;
Elle a pour ma demeure un abysme appresté,
Où la terre dés-ja me presse de lui rendre
    Ce qu'elle m'a presté.

    Défen-moi de cet attentat
    Où les ennemis de l'Estat
      Ont leur rage assouvie ;
Croy qu'en ce lasche espoir, tout ce que je prétens
Est de pouvoir encor, en prolongeant ma vie,
    Te servir plus long-temps.

    Grand Dieu, ne m'abandonne point,
    Sauve ton image et ton oint
      De ces mains sacrileges ;
Et que tes chastimens, trop long-tems differez,
Fassent que leur fureur les pousse dans les pieges
    Qu'ils m'avoient preparez.

---

## LE CXLIe PSEAUME.

### Voce mea ad Dominum, etc.

Jusques à toy, Seigneur, j'ai ma voix élancée,
Dans l'extresme douleur dont mon ame est pressée ;
    Moderes-en l'excés ou la longueur.
    Si je ne puis l'exprimer par mes plaintes,
      Toy qui peux lire au profond de mon cœur,
N'y vois-tu pas assez mes ennuis et mes craintes ?

De mes fiers ennemis la fureur et l'envie
Aveque tant de rage ont attaqué ma vie
    Que mon esprit succombe sous le fais ;
    Je me soûmets à ta seule justice :
      Toy seul connois les crimes que j'ai faits,
Toy seul peux à leur poids balancer mon supplice.

Mon estat n'est rempli que de mains sacrileges,
Qui ne mettent leur soin qu'à me tendre des pieges;
    Toy seul me vois d'un regard de pitié;
    Mon infortune est par tout odieuse;
    Chacun me fuit, comme si l'amitié
D'un prince en sa disgrace étoit contagieuse.

Je ne puis éviter mon malheur par la fuite,
Des ennemis vainqueurs la legere poursuite
    A surpassé la vîtesse des vens,
    Et desormais le seul bien où j'aspire
    Est d'habiter la terre des vivans,
Où la mort par ta mort doit finir son empire.

En ces extrémitez exauce ma requeste :
Ne vois-tu pas, Seigneur, leur fureur qui m'appreste
    Ou le trépas, ou la captivité ?
    Ces fiers vainqueurs, tout bouffis d'arrogance,
    Ont augmenté leur animosité
Aveque le pouvoir d'exercer leur vengeance.

Vien donc me retirer de ces lieux de tenebres :
Je suis las de chanter tes merveilles celebres,
    Loin des autels, des peuples et du jour.
    Ren-moi ta grace et puni leur malice :
    Mes bons sujets desirent mon retour,
Et les justes pour moi te demandent justice.

---

## LE CXLIIe PSEAUME (1).

*Domine, exaudi orationem meam, etc.*

Seigneur, qui m'as promis d'avoir pitié de moy,
Aussi-tost que mes vœux s'adresseroient à toy,

---

1. Le dernier des Psaumes de la pénitence.

## PSEAUME CXLII.

Exauce ma priere au fort de ma tristesse;
Puisque ton équité ne veut rien d'imparfait,
Montre-toy veritable, et que de ta promesse
    Je ressente l'effet.

Voy comme devant toy mon esprit est craintif;
N'entre point en raison contre un pauvre captif,
Que ta seule menace a pouvoir de soûmettre :
Tu sais qu'en ta justice, à qui rien n'est caché,
Il n'est point de mortel qui se puisse promettre
    D'estre exemt de peché.

Depuis que tu m'as mis au rang des reprouvez,
La fureur des mutins contre moy souslevez,
M'a reduit en un antre éternellement sombre;
A peine le soleil en éclaire les bords,
Et ne say maintenant s'ils me tiennent du nombre
    Des vivans ou des morts.

En ce triste sejour souvent je m'entretiens
De ce nombre infini de graces et de biens
Dont tu comblois jadis la troupe des fidelles;
Le siecle où nous vivons n'est pas plus malheureux :
J'espere que pour nous tes faveurs seront telles
    Qu'elles furent pour eux.

Avec plus de besoin j'espere en ta bonté
Que la terre alterée, au plus fort de l'esté,
A l'eau qui le matin dans les herbes s'amasse;
A toy seul j'ay recours, je ne vis que par toy,
Et me croy mort au monde aussi-tost que ta grace
    Sera morte pour moy.

Haste-toy, mon bon Dieu, de conduire mes pas
En un lieu qui me puisse exemter du trépas;
Sauve-moy de leurs fers, sauve-moy de leurs flâmes;
Fay que de tous leurs yeux je me puisse cacher,
Et puisse, en m'éloignant de ces méchantes ames,
    De toy seul m'approcher.

Sois donc à l'avenir mon guide et mon secours,
En une terre juste où j'acheve mes jours,
Loin de ces attentats où l'innocence pleure;
Que là tes châtimens me puissent corriger,
Et que par toy je puisse, en changeant ma demeure,
  Moy-mesme me changer.

Détruis tous ces mutins envieux de mon bien,
Et fay que ton pouvoir, accompagnant le mien,
Remette leur audace à mon obéissance;
Défen ma liberté, qu'ils me veulent ravir,
Et montre qu'en tes mains est la seule puissance
  Qui la peut asservir.

---

## LE CXLIIIe PSEAUME.

Benedictus Dominus Deus meus, etc.

Bénissons le Dieu des armées,
Par qui mon throsne est affermi:
C'est luy qui des champs Idumées
Chasse le camp de l'ennemi;
C'est l'appuy des pouvoirs suprémes,
C'est luy qui rend nos diadémes
La crainte et l'espoir des humains,
Et qui fait que dans les provinces
Les fils des legitimes princes
Naissent les armes dans les mains.

 Il m'assiste dés ma naissance,
Et dans la guerre et dans la paix;
Je dois ma force à sa puissance,
Qui ne m'abandonna jamais;
Il fait dans mon cœur sa demeure,

Il fait dans mon cœur d'heure à heure
Ses graces se multiplier ;
Pour repousser les infidelles
Et pour combattre les rebelles,
C'est mon épée et mon bouclier.

Mais, Seigneur, qu'est-ce que nous sommes,
Qu'un objet d'imperfection ?
Qu'est-ce qu'ont les enfans des hommes
Digne de ton affection ?
Leurs beaux jours sont en petit nombre,
Ils passent viste comme une ombre
Qui toûjours nous fuit ou nous suit,
Qui toûjours croit ou diminuë,
Et que le soleil ou la nuë
En un moment forme ou détruit.

O grand Dieu, qui fais que les astres
Luisent et roulent sous tes pas,
Lors que, touché de nos desastres,
Tu jettes les yeux ici-bas,
Si-tost que ta colere gronde
Contre les pouvoirs que le monde
A mis au rang des immortels,
Au premier bruit de ton tonnerre,
Le plus grand orgueil de la terre
S'abaisse au pied de tes autels.

Ren-moy la force et le courage.
Tu vois le camp de l'estranger,
Comme le torrent d'un orage,
Qui vient mes terres submerger ;
Ton bras est ma seule défense,
Il peut arrester la licence
De leur vaine temerité.
Dans l'ambition qui les ronge,
Leur bouche maintient le mensonge,
Et leur dextre l'iniquité.

## PSEAUME CXLIII.

Si, touché des cris et des larmes
De ton pauvre peuple affligé,
Tu nous viens délivrer des armes
Dont mon estat est ravagé,
Mes doits et ma voix feront dire,
Sur les dix cordes de ma lyre,
Dans l'hymne que je t'ay promis,
Que tu me fis dés mon enfance
Dompter l'invisible puissance
Du plus grand de mes ennemis.

Que ton bras, armé de la foudre
Pour la protection des rois,
Fasse à tes pieds mordre la poudre
Aux contempteurs des saintes loix ;
Terrasse mes fiers adversaires ;
Glace leurs ames temeraires
D'une froide et pasle terreur ;
Aneanty leur entreprise ;
Défen mon sceptre et ton église
De leur glaive et de leur erreur.

Dans mes provinces languissantes
Sous leur injuste autorité,
L'on voit comme de jeunes plantes
S'estendre leur postérité ;
Leurs fils sont foudres dés alarmes ;
Leurs filles tiennent par leurs charmes
Les plus grans guerriers enchaisnez,
Quand leurs sacrileges conquestes
Ont mis les joyaux sur leurs testes
Dont nos temples furent ornez.

Leur douce et fertile vendange
Se meurit au haut des rochers ;
Sous les richesses de leur grange
Gemissent leurs fermes planchers ;
Leurs bœufs sont forts au labourage ;
Leurs brebis ont cet avantage

D'avoir deux fois l'an des aigneaux ;
Les vaches dans leurs mestairies
Sont pleines sans estre taries,
Et le laict en coule à ruisseaux.

 Leurs palais, bravant le tonnerre,
Levent leur teste au firmament,
Et dans le centre de la terre
Affermissent leur fondement ;
Leurs esprits, perdus dans les vices,
Ont fait leurs dieux de leurs délices,
C'est le comble de leur bon-heur ;
Mais, quelques attraits qu'ait le monde,
Jamais mon espoir ne se fonde
Que sur les graces du Seigneur.

---

## LE CXLIVe PSEAUME.

*Exaltabo te, Deus, etc.*

Fay, Seigneur, que cet hymne, où d'une sainte
  J'exalte ta grandeur,    [ardeur
En puisse conserver à jamais la memoire :
Ton nom, que seul je prens pour sujet de mes vers,
Ne peut-il pas assez en relever la gloire
Pour les faire durer autant que l'univers ?

Tous les jours que les cieux accordent aux mortels,
  Je veux à tes autels
Chanter soir et matin les œuvres de ta grâce ;
L'âge qui par les ans chemine à pas comptez
A ton âge innombrable aura cedé la place,
Que tu m'oiras encor celebrer tes bontez.

## PSEAUME CXLIV.

La divine splendeur du soleil des esprits,
    Dont nous sommes épris,
Sera jusqu'au tombeau le sujet de mes veilles,
Et ce siecle, laissant aux siecles à venir
Tes faits miraculeux, tes divines merveilles,
En grave dans les cœurs l'éternel souvenir.

Je publiray ta grace et ton affection,
    Dont ta chere Sion
Reçoit journellement de si grans témoignages;
Et te feras sans fin adorer des humains,
Autant par tes bontez que par ces grans ouvrages
Qui nous font admirer le pouvoir de tes mains.

Ils publiront sans fin les honneurs et les biens
    Dont tu combles les tiens;
Ils publieront par tout ta prudence profonde,
Et que le sentiment d'une tendre amitié
Rend le Dieu tout-puissant, rend le Sauveur du monde
Tardif à la colere et prompt à la pitié.

Les œuvres dont le soin de ta Divinité
    Bannit l'impureté,
Et les fait posseder ta visible presence,
Ces esprits qu'il en a pleinement satisfaits
Sont-ils pas obligez de l'heur de leur naissance
A la savante main qui les fit si parfaits ?

L'invisible pouvoir qui fait que le soleil,
    Dans un ordre pareil,
Fait sur notre horizon sa course égale et ronde,
Est le mesme pouvoir qui du plus haut des cieux
Se fait craindre et cherir sur la terre et sur l'onde,
Et dont le regne est juste autant que glorieux.

L'orgueil de l'univers à son throsne est soûmis;
    De tous ses ennemis
Sa ferme autorité s'est toûjours défenduë;
Elle brave l'effort des âges inconstans,

Son immensité seule en borne l'estenduë,
Son éternité seule en mesure le temps (*a*).

Son esprit, dont le nom est si saint et si grand
          Que rien ne le comprend,
En tout ce qu'il promet n'est-il pas veritable?
S'il voit quelqu'un des siens en danger de perir,
Sa main, également puissante et charitable,
N'est-elle pas toûjours preste à le secourir?

Aussi tout ce qui vit revere le seul Dieu
          Qui, sans forme et sans lieu,
Se fait par ses effets aimer et reconnoistre;
Nous inspire-t-il pas à tous, en nous creant,
Que son mesme pouvoir qui nous a donné l'estre
Nous fait, quand il luy plaist, rentrer dans le neant?

Lorsque Dieu nous visite, il en est invité
          Par sa seule équité;
Sa grandeur ne fait rien que de saint et d'auguste,
Et ceux qui d'un cœur franc lui presentent leurs vœux,
Cet esprit amoureux, tout-puissant et tout juste,
Sans le faire connoistre est toûjours auprés d'eux.

Il reçoit la priere en sa sainte maison
          De ceux dont l'oraison
D'une crainte soûmise honore ses mysteres,
Et confond les esprits de qui la vanité
Dans l'insolent mépris de la foy de leurs peres
Nourrit et leur orgueil et leur impieté.

Pour moy, dont sa largesse a de tant de bienfaits

---

*a*. Dans l'édition de 1660 cette strophe est ainsi :

   L'orgueil de l'univers à son throsne est soûmis,
          *Contre ses ennemis*
  *Sa ferme autorité s'est toujours maintenuë;*
  *Elle fixe du ciel les astres inconstans,*
  *Sa seule immensité borne son estenduë,*
  *Son eternité seule en mesure le temps.*

Les desirs satisfaits,
Je consacre ma vie à servir en son temple :
Puisqu'il a pour jamais mes ennuis surmontez,
Je veux que dans ma cour à jamais mon exemple
Invite tout le monde à loüer ses bontez.

## LE CXLVe PSEAUME.

### Lauda, anima mea, Dominum, etc.

Mon ame, il s'en va temps de penser à la mort ;
Il te faut de Dieu seul esperer ton support,
En ce dernier moment si doux et si funeste.
Ces rois que comme luy nous servons à genoux
N'ont pas plus de faveur dedans la cour celeste
    Que les moindres de nous.

Ils n'ont de majesté qu'en nostre opinion,
Ils n'ont d'autorité que par nostre union,
Ils ne sont élevez que sur nostre bassesse ;
Et, quand leurs legions défont leurs ennemis,
Ne doivent-elles pas leur force à la foiblesse
    Dont on leur est soûmis ?

Ils naissent comme nous esclaves du trépas,
Un mesme ciel que nous les domine ici-bas,
Ils courent à leur fin par une mesme voye ;
Ce neant où la mort les bannit sans retour
Est le mesme neant qui dans l'or et la soye
    Les a produits au jour.

Ces devoirs, ces honneurs, qu'on rend à leurs tombeaux,
Ce superbe convoy precedé de flambeaux,
Qui va d'un pas égal sans que rien l'interrompe,

Tous ces grans ornemens dont leurs corps sont couverts,
A quoy servent-ils plus qu'à decorer la pompe
  Du triomphe des vers?

Que leur sert de se faire adorer comme dieux?
Que leur sert l'entretien de ces soins glorieux,
Dont inutilement l'ambition les ronge?
Toutes ces vanitez, ces exploits belliqueux,
De nostre souvenir se passent comme un songe,
  Et meurent avec eux.

Celuy seul voit couler heureusement ses jours
Qui dans tous ses besoins n'implore le secours
Que du Dieu qui crea le ciel, la terre et l'onde;
Le bonheur que sa grace accorde à nos desirs
Des plus infortunez changera dans le monde
  Les peines en plaisirs.

Il delivre des fers les pecheurs condamnez,
Il veut que pour sa gloire ils soient illuminez,
Et possedent un jour qui jamais ne se passe;
Il redonne le cœur aux hommes languissans,
Et veut que son amour communique sa grace
  Aux esprits innocens.

La vefve et l'orphelin, qu'un deplorable sort
Semble avoir pour toûjours dénuez de support,
Trouvent toûjours en luy leur époux et leur pere;
Il protege et reçoit l'estranger delaissé,
Et punit l'orgueilleux, dont l'ame ingrate et fiere
  Opprime l'oppressé.

Sion, qui de sa grace a receu les effets,
N'es-tu pas obligée, aprés tant de bien-faits,
D'avoir toûjours son nom present en ta memoire?
Son amour, dont l'excés n'a rien de limité,
Te promet-elle pas d'éterniser ta gloire
  Dans son éternité (1).

---

1. Ce n'est pas seulement la forme du premier vers qui fait

## LE CXLVIe PSEAUME.

*Laudate Dominum, quoniam bonus, etc.*

Celebrons le renom auguste
De ce Dieu tout bon et tout juste
Qui nous remet en liberté,
Et, par un saint transport, ou par reconnoissance,
Aux œuvres de ses mains admirons sa puissance,
Aux œuvres de sa grace admirons sa bonté.

Il rend à Sion desolée
Notre nation exilée
Aux bords de l'Euphrate et du Nil;
Il joint pour la bastir la pompe à l'industrie;
Il leur rend leur repos, il leur rend leur patrie,
Il les tire des fers et finit leur exil.

Il rend la force à nos foiblesses,
Il rend la joye à nos tristesses
Et le remede à nos douleurs.
Des armes de l'Enfer nostre ame en vain s'effraye,
Le baume de son sang en guerira la playe
Si tost qu'un saint remors y mélera nos pleurs.

Il regit dans sa prescience
Les astres, de qui l'influence
Dispose de tous nos projets;
Il sait ce que leur cours à jamais nous presage,
Et reserve à luy seul d'entendre le langage
Que parlent dans les cieux ces oracles muets.

qu'on est tenté de rapprocher cette pièce des stances sur la Retraite; il y a aussi quelques autres points de rapprochement.

Qu'un savant archet fasse dire
Ses louanges dessus la lyre,
Quand elle accompagne nos chans ;
Exaltons l'équité de sa toute-puissance,
Qui releve aussi haut l'humble et foible innocence
Qu'elle confond en bas l'audace des méchants.

L'air où se forge le tonnerre
Par ses ordres rend à la terre
Les eaux qu'il emprunte des eaux ;
Et les plus hauts rochers ont, par sa providence,
Les herbes et les fleurs dont la gaye abondance
Réjoüit les bergers et nourrit les troupeaux.

Comme il abeche dans les aires
Les corbeaux naissans, que les peres
Laissent à la merci du sort,
Ceux qu'il a fait renaistre à la vie éternelle,
Quand ils sont délaissez de leur pere infidelle,
Trouvent toûjours en luy leur vie et leur support.

Il meprise la hardiesse
De ceux qui vantent leur adresse,
Leur force et leur dexterité ;
Ces guerriers sont décheus des grâces qu'il accorde
A ceux qui, n'esperant qu'en sa misericorde,
Ne cherchent d'autre appui qu'en sa seule bonté.

---

## LE CXLVIIe PSEAUME.

*Lauda, Jerusalem, Dominum, etc.*

Sion, il te faut en tes veilles
Celebrer l'auteur des merveilles,
De qui le bien te vient de toutes parts ;

C'est celuy dont les mains aussi justes que fortes
      Soustiendront tes remparts,
Creuseront tes fossez et fermeront tes portes.

    Tes foyers seront par sa grace
      Couronnez d'une heureuse race,
  Qui remplira le throsne des eleus;
Et le fer, dont la guerre a dépeuplé le monde,
      Ne te servira plus
Qu'à recueillir les biens dont la terre est feconde.

    Sa voix, à qui tout rend hommage,
      Donne la bonace ou l'orage,
  Comme il lui plaist, dessus nostre horizon;
Et, devant que l'hyver nos campagnes assiege,
      Comme d'une toison,
Pour conserver nos bleds, il les couvre de neige.

    Alors l'impetueux Borée,
      Grondant sous la voûte azurée,
  De ses liens rompt l'invisible nœu;
Et le froid, resserrant les flots les plus rapides,
      Semble, à l'envi du feu,
Répandre ses frimats comme cendres liquides.

    Quand ce dur ennemi du monde
      Fait voir sur la terre et sur l'onde
  Visiblement la nature déchoir,
Ne pouvant de sa peine avoir la délivrance,
      Elle n'a plus d'espoir
Que de trouver la mort en sa longue souffrance.

    Le Seigneur entend nos prieres;
      Il rend le cours à nos rivieres,
  En leur ouvrant leurs prisons de cristal;
Les sources qui dormoient dans le sein des montagnes,
      Comme en leur lit natal,
De leur argent liquide arrousent les campagnes.

Le soleil par qui sont bornées
Et les saisons et les années
En tous climats éclaire également;
Mais le soleil qui luit aux ames des fidelles
Pour Sion seulement
Fait paroistre ici-bas les clartez éternelles.

## LE CXLVIIIe PSEAUME.

### Laudate Dominum de cœlis, etc.

Illustres conquerans du royaume des cieux,
Celebrez les bontez des puissances supresmes
Qui rendirent vos cœurs toujours victorieux
De la chair, du peché, du monde et de vous-mesmes.

Et vous, esprits divins, chantez d'un saint accord
Sa grace, qui vous fit possesseurs de la gloire,
Et qui, dés en naissant, du vice et de la mort
Vous a fait sans combat obtenir la victoire.

Globe de flâme et d'or, grand œil du firmament,
Reverez à jamais ses clartez éternelles,
Qui ne vous cachent rien que l'horreur du tourment
Que souffrent aux enfers les ames criminelles.

Astre qui tous les mois reprens des feux nouveaux,
Benis Dieu qui te fait, en ton empire sombre,
Dominer à la fois l'inconstance des eaux
Et la tranquilité du silence et de l'ombre.

Arbitres clair-voyants des choses d'ici-bas,
Reverez du Seigneur la sagesse profonde,
Qui, reglant votre cours d'un si juste compas,
Fait tourner avec vous les fortunes du monde.

## PSEAUME CXLVIII.

Cieux, le dernier espoir de nos justes desirs,
Admirez-le en son thrône, où luy-mesme s'admire ;
Il a pour fondement vos voûtes de saphirs,
Et l'amour et la gloire y peuplent son empire.

Et vous, eaux qui baignez des arenes d'azur
Depuis l'ardent Lion jusqu'aux glaces de l'Ourse,
Rendez grace à celuy qui conserve aussi pur
Vostre cours au ruisseau comme il est dans sa source.

Si vous ne possedez les perles, le corail,
Et ces rares thresors dont nos mers sont fecondes,
Le Seigneur, magnifique autant que liberal,
Fait luire ses flambeaux dans le fond de vos ondes.

Quand son ordre éternel vous tira du neant,
Et qu'il eut sur le ciel vos vagues épanduës,
Ne vous marqua-t-il pas des bords, en vous creant,
Sur le mobile appuy qui vous tient suspenduës ?

Excremens animez qui rampez sous nos pas,
Loüez sa providence en merveilles feconde,
Qui des mesmes poisons qui causent le trépas
Vous a donné la vie et vous conserve au monde.

Sa grace est dans le ciel le jour des bien-heureux ;
Ses clartez leur seront toûjours continuées,
Et luiront dans la terre aux gouffres les plus creux,
Comme au plus haut des monts qui percent les nuées.

Foudres, neiges, frimas, nos peurs et nos besoins,
L'esperance des bons, la terreur des profanes,
Loüez celui qui fait que vous respectez moins
Les palais orgueilleux que les humbles cabanes.

Vous, arbres, l'ornement des parcs delicieux,
Qui de fruits savoureux contentez nostre envie,
Venez tous rendre hommage au cedre aimé des cieux,
Qui doit après sa mort porter le fruit de vie.

Habitans des forests, nos injustes rivaux,
Celebrez ses bontez sous vos sombres ramées :
Vous vivez sans travail du fruit de nos travaux,
Et cueillez les moissons que nous avons semées.

Loüez-le, hostes de l'air, qui d'un vol glorieux
Vous élancez au lieu d'où la foudre est lancée :
C'est luy qui vous éleve où les plus curieux
A peine ont élevé leurs yeux et leurs pensées.

Princes, vivans rayons de la Divinité,
Dont l'équitable sort couronna la naissance,
Usez sur vos sujets de vostre autorité,
Comme Dieu fait sur vous de sa toute-puissance.

Le ciel, qui nous soumet sans force et sans rigueur
A rendre à vostre sceptre un légitime hommage,
Nous a dés la naissance imprimé dans le cœur
Que c'est honorer Dieu qu'honorer son image.

Loüez le Createur, vous qui d'un age heureux
Goustez innocemment les charmantes amorces ;
C'est luy qui vous anime aux desseins genereux,
C'est luy dont vous tenez le courage et les forces.

Vierges, qui pour luy seul conservez vos appas,
Il vous montre en ce monde un sujet de victoire,
Et, du feu le plus pur qui vous brûle ici-bas,
Vous prepare la haut des couronnes de gloire.

Et vous qui n'esperez que par la seule mort
De sortir d'une mer si sujette au naufrage,
Ne craignez point, vieillards, d'arriver en un port
Où Dieu vous tend la main de dessus le rivage.

C'est là d'ou son pouvoir, sans borne et sans pareil,
Lasche les tourbillons et lance le tonnerre ;
C'est là d'où vous verrez, assis sur le soleil,
Foudroyer sous vos pieds l'audace de la terre.

Par les frequens effets de son affection
Son Eglise se voit de ses fers dégagée,
Et de tant de faveurs il fera que Sion
Sera la moins ingrate et la plus obligée.

---

## LE CXLIXe PSEAUME.

### Cantate Domino canticum novum.

Qu'en de nouveaux concerts nos lyres et nos voix
    Rendent grace au Seigneur des biens qu'il nous
Et fassent nos chansons retentir à la fois    [envoye,
    Sa gloire et nostre joye.

Dans l'espoir d'un bonheur sans fin et sans defaut,
Celebrons ici-bas ses bontez paternelles,
A l'envy des esprits qui possedent là haut
    Ses graces eternelles.

Que le bruit des tambours, dont les cœurs transportez
Cherchent dans les combats la mort ou la victoire,
Ne soit plus employé qu'à chanter ses bontez,
    Qui nous comblent de gloire.

Mais, puisqu'un si bon roy nous regit sous ses loix,
Pour de son bruit guerrier adoucir la rudesse,
Qu'en quittant la trompette il s'accorde aux hautbois
    En nos chants d'allegresse.

Il est de ses eslus l'asyle et le conseil;
Ses graces ici-bas jamais ne les oublient,
Et preparent un throsne au-dessus du soleil
    A ceux qui s'humilient.

Là d'eternels rayons brillera la clarté
Des vertus seulement soigneuses de luy plaire,

Qui cachent leur éclat sous la simplicité
    D'une ame debonnaire.

Ceux qui de ce bon-heur sont dés-ja possesseurs
Les verront sans envie et sans inquietude
Partager avec eux la gloire et les douceurs
    De la beatitude.

De nos fiers ennemis, ces tyrans inhumains,
Leur vœux nous feront voir l'orgueil mordre la terre,
Nous donneront la force, et feront dans nos mains
    Trancher le cimeterre.

Ils ont les plus puissans à nos ames soûmis,
Ils nous donnent contre eux des secours invisibles;
Ils nous rendent par tout maistres des ennemis,
    Et par tout invincibles.

Ces rois dont nous faisons nos illustres captifs
Ont en vain contre nous leurs forces ralliées;
Ceux qui pour leur secours estoient les plus actifs
    Ont eû les mains liées.

Les amis du Seigneur dispensent par leurs mains
Les biens et les honneurs où notre espoir se fonde,
Et se font reconnoistre arbitres souverains
    Des fortunes du monde.

---

## LE CLe PSEAUME.

*Laudate Dominum in sanctis ejus, etc.*

Celebrons du Seigneur l'épouse legitime,
En un si beau sujet le silence est un crime :
Ses ans comme sa foy sont exempts du trépas;

C'est la seule beauté qui jamais ne se passe,
Et qui dans sa vieillesse augmente ses appas,
    Son merite et sa grace.

Honorons ces saints lieux où la toute-puissance
Fait luire des rayons de sa magnificence;
Le feu de son amour y purge nos défauts.
Admirons sa grandeur jusqu'au Ciel parvenuë,
Et la force du bras qui contre tant d'assauts
    L'a toûjours maintenuë.

Que l'airain recourbé, bruyant à nos oreilles,
Fasse en tous ses replis resonner ses merveilles,
Jusqu'à ce que l'epoux paroisse au firmament,
Et qu'on voye en ce jour glorieux et funeste
Les vivants et les morts entendre également
    La trompette celeste.

Lors que le souvenir de nos fautes passées
Dans ce juste remors entretient nos pensées
De voir un si bon pere irrité contre nous,
Pour témoigner l'ennuy dont nostre cœur soûpire
Joignons nos tristes voix au son plaintif et doux
    Du luth et de la lyre.

Qu'en leur rang le tambour, la fluste et les cymbales,
En chantant les bien-faits de ses mains liberales,
Fassent par tout ouïr le bruit de leurs accords;
Et, goustant les douceurs des graces qu'il envoye,
Que dans leur son confus s'expriment les transports
    De nostre sainte joye.

Que les claviers sacrez, où sous des mains adroites
L'air qui chante en sortant de leurs prisons étroites
Forme ces saints accords dignes de nos autels,
En leur docte harmonie honorent l'influence
Dont le divin rayon dans l'esprit des mortels
    Inspire la science.

Qu'un languissant archet, se traisnant sur la corde,

Fasse que la viole à l'espinette accorde
Ses sons tristement doux aux siens plus éclatans;
Que nos mains et nos voix, que nos soins et nos veilles,
Que nos yeux et nos cœurs, reverent en tout tems
    Ses divines merveilles.

Que nostre ame, à jamais de sa bonté ravie,
Ait pouvoir d'animer ce qui n'a point de vie;
Et vous, fer, vous, airain, vous, roseaux, et vous, bois,
Vous, corps sans mouvement qui naissez dans la fange,
Rendez grace au Seigneur, qui vous donne des voix
    Pour chanter sa loüange.

### FIN DES PSEAUMES.

# CANTIQUES, HYMNES
### ETC.

### LE CANTIQUE D'ÉZECHIAS (1).

Ego dixi : In dimidio dierum, etc.

J'ay dit, lors que j'ay veû que mon âge penchant
D'un cours précipité tomboit dans son couchant :
Il me faut donc quitter la lumiere du monde !
Une nuit sans matin, un dormir sans réveil,
Raviront à mes yeux la clarté du soleil,
Et les œuvres de Dieu sur la terre et sur l'onde.

Ces lieux où son amour a charmé tous mes sens
N'auront donc plus de moy d'offrande ni d'encens !
C'est inutilemeut que mon esprit se flate ;
Je ne serviray plus mon Sauveur et mon Roy ;
Ma lumiere est éteinte, et ce n'est plus pour moy
Que le soleil se leve aux rives de l'Eufrate.

Mon nom est effacé du livre des vivans !

---

1. Les cent cinquante psaumes viennent de finir. Ici commence une autre sorte de chants sacrés ; mais la couleur, en vérité, reste la même, et cela se conçoit aisément, d'après le système de traduction suivi pour les uns comme pour les autres.

Ma cour ne verra plus ces infames suivans
Dont la feinte amitié rend la foule importune;
Et je sors aussi nud de mes riches maisons
Que sortent les bergers de dessous les gazons
Où le ciel en naissant confine leur fortune.

 Mes jours sont achevez; un sevére destin
Approche de si prés leur soir de leur matin
Qu'à peine ma fusée est à demy retorse;
Un feu plus devorant qu'un lion affamé
Se nourrit de mon sang, et mon sang consumé
Consume aveque luy ma chaleur et ma force.

 C'est en vain qu'au pouvoir qui regne dans les cieux
J'éleve incessamment ma parole et mes yeux,
Dans la crainte qui tient ma raison asservie;
De ses graces en vain j'implore le support :
Luy qui si justement me condamne à la mort,
Pourroit-il justement me redonner la vie?

 Il a pû, son pouvoir n'a rien de limité,
Il a pû me sauver, et sans iniquité
Il a pû redonner ma vie à ma priere;
Pour marque que là haut mes vœux sont octroyez,
Et qu'il me rend les jours que j'ay mal employez,
Il veut que le soleil rebrousse sa carriere.

 De nos ennuis passez chassons le souvenir,
Et chassons avec eux la peur de l'avenir;
Il nous faut tout sujet d'amertumes éteindre :
Puisqu'un Dieu si benin tient luy seul en ses mains
Ce qui donne la vie et la mort aux humains,
L'on a plus de raison d'esperer que de craindre.

 Cet effet merveilleux, qui ne vient que de luy,
Doit rassurer ma peur et consoler l'ennuy
Dont la longueur rendoit mes plaintes legitimes :
Pour remettre en repos mon cœur triste et contrit,
Et guerir à la fois mon cœur et mon esprit,
Veut-il pas que son Fils se charge de mes crimes?

Seigneur, ceux qui seront dans la tombe reclus
Dans leur obscurité ne t'appelleront plus
Le soleil des esprits et l'auteur des merveilles;
Pour chanter tes bontez, qui prennent soin des rois,
Pour te voir en ton throsne, et pour ouïr tes loix,
Ils n'auront plus alors de voix, d'yeux ni d'oreilles.

Tandis que nous vivons, tu permets à nos sens
D'admirer les effets de tes bras tout-puissans,
Si cheris dans la paix et si craints dans la guerre;
Si les siecles passez les virent exalter,
Les futurs entendront tes merveilles chanter
Aux derniers des mortels qui peupleront la terre.

---

## LE CANTIQUE DE JUDITH.

### Incipite Domino in tympanis.

A ce coup, tambours et trompettes,
Temoignez au Dieu des combats
Que, si nos craintes sont muettes,
Nos triomfes ne le sont pas;
Poussez jusqu'au ciel notre joye:
L'assistance qu'il nous octroye
Par son équitable bonté
Rend à la pauvre Bethulie,
Dans la frayeur ensevelie,
Le courage et la liberté.

Aprés tant d'heureuses merveilles,
Que nostre voix et nostre luth
Consacrent nos airs et nos veilles
A l'auteur de nostre salut;
Chantons les grandeurs éternelles
De ce protecteur des fidelles;
De cet ennemi des tyrans,
Qui rend nostre armée invincible,

Lorsque sa presence invisible
Combat au milieu de nos rangs.

   Déja par tout la renommée
Du barbare et de sa fureur
Avoit devancé son armée
Et rempli nos cœurs de terreur,
Quand on vit fondre des montagnes,
Comme torrens, dans nos campagnes,
Maints formidables bataillons,
Brillans de piques herissées,
Plus nombreuses et plus pressées
Que les épis dans les sillons.

   Ils couvroient toutes nos prairies
De chariots et de chameaux,
Et dans nos rivieres taries
Campoient à l'abri des roseaux;
Dans nos fauxbourg, dans nos villages,
Les feux, les meurtres, les ravages,
Portoient l'effroy de toutes parts,
Et déjà leurs fieres machines
S'élevoient dessus les ruines
De nos tours et de nos remparts.

   Déjà se vantoient ces corsaires,
De sang et de larmes nourris,
De ravir les fils à leurs meres
Et les femmes à leurs maris;
Mais Dieu, qui fut nostre esperance,
Rendit la force et l'assurance
Aux plus timides combattans.
Son bras, qui peut tout mettre en poudre,
N'a pas toûjours besoin de foudre
Pour exterminer les Titans.

   Judith, qui d'un chaste veuvage
Vouloit honorer son trépas,
Comme un beau soleil sans nuage
Reprend l'éclat de ses appas,

De son sein découvre les roses,
Que son voile tenoit encloses,
Remet ses tresses et ses neux,
D'eau de parfum elle se baigne,
Et laisse accorder à son paigne
Les querelles de ses cheveux.

 La sainte veuve de la sorte
Contre le tyran s'apprestoit :
Elle se croyoit assez forte
Des armes qu'Amour luy prestoit.
Par son abord humble et modeste,
Par son discours et par son geste,
Meslez de crainte et de pudeur,
Elle amollit ce cœur de pierre,
Elle rend ce foudre de guerre
Sensible à l'amoureuse ardeur.

 A sa veuë il est tout de flame,
Et n'a plus d'autre ambition
Que d'embraser cette belle ame
Dans le feu de sa passion.
Mais, quand de la table en sa couche
Elle eut vû porter ce farouche,
De vin et de sommeil pressé,
Son bras seconda son courage,
Et le glaive acheva l'ouvrage
Que ses yeux avoient commencé.

 Le tyran et son esperance
Sont mis ensemble au monument ;
Bethulie est en assurance,
Ninive dans l'estonnement ;
Et ces engeances de l'Averne,
Qui pensoient avec Holoferne
Retourner couverts de lauriers,
Lors qu'ils manquerent de conduite,
Nos enfans donnerent la fuite
Aux plus braves de leurs guerriers.

Aprés cette insigne victoire
Qui nous rend la vie et l'honneur,
Celebrons à jamais la gloire
Et les merveilles du Seigneur :
C'est le support de l'innocence
Contre la rebelle licence ;
C'est luy qui nous comble de biens ;
C'est sa puissance qui tout donte,
Et que jamais rien ne surmonte,
Que l'amour qu'il a pour les siens.

Que donc tous les peuples du monde
Reverent sans fin icy bas
Cette Providence profonde
Qui donne l'estre et le trépas,
Qui des astres et des planetes,
Nos sourds et nos muets profetes,
Regle les mouvemens divers,
Qui fixe l'un et l'autre pole,
Et de qui la seule parole
Défait et refait l'univers.

Son regard calme les orages ;
Il fait les montagnes mouvoir,
Et donne à la mer des rivages
Qui la tiennent dans son devoir.
Les plus durs rochers de la terre
Sont de cire pour son tonnerre.
Egalement il a soûmis
L'Assyrien et le Barbare,
Et contre tous il se declare
L'ennemi de nos ennemis.

Malheur à ceux dont l'arrogance
Opprime nostre liberté !
Son foudre en sera la vengeance
Et rabaissera leur fierté.
Sans fin ils expîront les crimes
De leurs desseins illegitimes,

Sans estre ni vivans ni morts;
Et dans un ocean de flames
Leurs remords rongeront leurs ames,
Quand les vers rongeront leurs corps(1).

---

## LE CANTIQUE DES TROIS ENFANS

### QUI AVOIENT ESTÉ JETTEZ DANS LA FOURNAISE.

Vous tous qui sur la terre ou rampez ou marchez,
Vous tous que la racine y retient attachez,
Vous tous que dans les eaux on voit mourir et naistre,
Vous tous qui vous lancez où se forme l'éclair,
Louëz tous, dans les eaux, dans la terre et dans l'air,
Le seul Estre infini de qui tout prend son estre.

Esprits les plus parfaits et les plus glorieux,
Que la grace et l'amour élevent dans les cieux,
Admirez à jamais ces grandeurs sans pareilles,
Le seul maistre de tout, qui seul est vostre Roy,
Le seul qu'on ne connoist que des yeux de la foy,
Vous laisse posseder ces visibles merveilles.

Faites qu'en vos concerts son nom soit reveré
Sur le plus haut des cieux, où l'on n'est éclairé
Que du jour qui luisoit avant l'estre des âges;
Louëz-le, claires eaux, qui sur le firmament
Dans un calme éternel coulez si purement
Au dessus des broüillars qui causent nos orages.

1. Dans sa correspondance avec *Conrart*, *Ménage* et *Chapelain*, que nous publions pour la première fois, Racan parle d'un mémoire qu'il fait pour certains objets matériels, et du cantique de Judith : « J'y emploie, leur dit-il, toutes les forces de mon esprit, au mémoire pour l'intérêt du repos de ma famille, et à l'autre pour ma réputation. » En effet, l'on sent à la lecture de cette pièce que la versification, principalement, a été l'objet d'un soin tout particulier.

Vous que sa seule grace inspire en nos esprits,
Vertus de qui luy seul fait connoistre le pris,
La douceur de la paix, la terreur de la guerre,
Combatez pour la foy, révérez ses autels :
C'est par vous que l'on voit acquerir aux mortels
La gloire dans le ciel et l'honneur sur la terre.

Lors que, sortant des eaux, tu remontes aux cieux,
Soleil, ne fais-tu pas reconnoistre à nos yeux
Ce que l'obscurité nous cachoit dans son ombre ?
Et, quand ta sœur essaye à nous rendre le jour,
Qui n'admire la voute où la nuit à son tour
Va semant comme fleurs les lumieres sans nombre ?

Esprit par qui la terre a sa fecondité,
Qui redonnes aux fleurs l'odeur et la beauté
Et couvres de moissons les champs les plus arides,
Ren hommage à celuy dont tu tiens le pouvoir
D'animer la nature, et de faire pleuvoir
La rosée en nos prez comme perles liquides.

Toy qui du jour absent conserves les appas,
Et que, hors de ta sphere, on retient icy bas
Ou brillant dans la braise ou caché sous la cendre,
Fais fumer les autels de la Divinité,
Dont un jour la justice, égalant sa bonté,
Le fera tout en feu de son thrône descendre.

Loüez le Tout-Puissant, rigoureuse saison
Dont la neige et la glace, ainsi qu'une toison,
Conserve les moissons, les fleurs et la verdure ;
Loüez-le, ardent esté ; loüez-le, doux printemps,
Qui, redonnant là-haut le chaud et le beau temps,
Redonnez icy bas la vie à la nature.

Frimas, neiges, glaçons, vents, orages, éclairs,
Que produisent sur nous les caprices des airs
Pour nostre récompense ou pour nostre supplice,
Ou quand vous arrosez les moissons de nos champs,

Ou quand vous foudroyez l'audace des méchans,
Faites benir sa grace et craindre sa justice.

Soit que l'astre du jour sorte du sein des eaux,
Ou souffre, en son absence, aux timides flambeaux,
Dans l'ombre de la nuit de reprendre sa place,
Donnons à l'Eternel nos soins et nos propos,
Et que nostre travail, comme nostre repos,
Soit, veillant ou dormant, éclairé de sa grace.

Toy qui rens aux objets la forme et la couleur,
Que la nuit confondoit dans sa sombre pasteur,
Miroir du Createur, fille de sa parole,
Revien sur l'horizon tes barriéres ouvrir,
Afin que ta clarté nous fasse découvrir
Les œuvres du Seigneur de l'un à l'autre pole.

Assez l'obscurité nous a caché le jour ;
Dissipe les broüillars qui, craignant ton retour,
Vont sur l'aisle des vents te declarer la guerre.
Veux-tu toûjours céder ta place à ces éclairs
Dont le feu menaçant ne luit à l'univers
Que quand Dieu veut punir les fautes de la terre ?

Toy qui, donnant à l'homme et l'estre et le trépas,
Luy prestes et reprens ta matiére icy bas,
Et qui te dois toy-mesme à la toute-puissance,
Ren sur tes plus hauts monts, de ce que tu produits,
Des cédres, des sapins, et des fleurs et des fruits,
Des marques au Seigneur de ta reconnoissance.

Vous, ondes, la terreur des plus hardis nochers ;
Vous, ondes qui, roulant du sommet des rochers,
D'une marche superbe éloignez vostre source,
Soit que vostre canal soit doux ou soit amer,
En portant le tribut au sceptre de la mer,
Honorez l'Eternel en toute vostre course.

Vos eaux, qui goute à goute arrosent les graviers,
Se changeront en flots impetueux et fiers,

Dans une immensité sans fond et sans pareille ;
Et la lourde baleine, et les plus sourds poissons,
Non moins que les daufins, seront par vos chansons
Au nom du Createur attachez par l'oreille.

Ces vents tumultueux qui grondent dans les airs,
Dont la sedition étonne l'univers
Quand ils semblent vouloir les élemens confondre,
Ne doivent empescher le concert des oiseaux,
Ou volans dans les cieux, ou pendus aux rameaux,
D'entendre nos accords et de nous y répondre.

Animaux fugitifs, qui, dans votre fierté,
Possedez dans les bois l'heur de la liberté,
Benissez les bontez qui vous y firent naistre ;
Et vous qui sous nos toits demeurez avec nous,
Honorez le pouvoir, si prudent et si doux,
Qui vous donne la vie avec un si bon maistre.

Mais que l'homme sur tout bénisse l'Eternel :
Il témoigne à luy seul un amour paternel,
Dont il doit à jamais conserver la memoire ;
Il le rend sur tout autre heureux et glorieux ;
Pour luy seul il a fait l'air, la terre et les cieux,
Les uns pour son besoin, les autres pour sa gloire.

O Sion ! que remplit de graces et de biens
Le Seigneur, qui s'est fait le protecteur des tiens,
Et qui fus de la foy la premiere éclairée,
Dois-tu pas t'assurer en sa protection,
Et des bienfaits receus de son affection
En garder la memoire autant que ta durée ?

Esprits qui, dans l'espoir des celestes appas,
Vous estes détachez des plaisirs d'icy-bas,
Qui donnez aux autels vos ans et vos services,
Lors que vous élancez vostre ardente oraison,
Qu'un nuage nouveau voile nostre horizon
De l'encens que feront fumer vos sacrifices.

Vous, cœurs humiliez ; vous, dignes possesseurs

Du repos dont la gloire augmente les douceurs,
Sa bonté soit sans fin par vos voix exprimée;
Le feu dont son amour produit la charité
S'entretient dans vostre ame en une pureté
Qui ne produit jamais ni cendre ni fumée.

   Et vous dont l'on croyoit que l'injuste destin
Joindroit des plus beaux jours le couchant au matin
Par un supplice exempt d'infamie et de blâme,
Devez-vous pas tous trois admirer ses bontez,
Qui, vous sauvant des feux où l'on vous a jettez,
Ne vous laissent brûler que de sa seule flame?

   Confessez donc tous trois une Trine-Unité
Qui, devant tous les temps, dans son éternité,
Confond de tous les temps en un seul la durée;
Loüez de tous les trois l'égal et seul pouvoir,
Où les sens sans la foy n'ont pû rien concevoir,
Où la foy sans les sens rend nostre ame assurée.

---

## LE CANTIQUE DE ZACHARIE.

#### Benedictus Dominus, etc.

Benissons le Seigneur, qui son peuple visite,
Et qui veut d'Israël augmenter le merite
Pour donner à sa gloire un juste accroissement;
Toutes ses volontez sont enfin satisfaites,
Et ce qui fut predit par la voix des prophetes
Trouve au sang de David son accomplissement.

   Ce Dieu dont la parole est la verité mesme,
Egalant sa clemence à son pouvoir supréme,
Nous fait voir les effets de ce qu'il a promis;
Il nous rend à la fois le repos et la grace,
Et, de la mesme main qui nos crimes efface,
Combat, et loin de nous chasse nos ennemis.

Nous pouvons donc, chrestiens, et sans trouble et
   sans crainte,
Reverer la puissance, aussi grande que sainte,
De qui nous vient la gloire et la prosperité ;
Et qui veut que la paix que sa bonté profonde
Nous rend, selon nos vœux, en delices feconde,
Soit compagne à jamais de nostre pieté.

   Et toy qui de mon sang as pris ton origine,
Précurseur de JESUS, dont la grace divine
Consacre à ce vray Dieu ta plus jeune saison,
Tu viens comme au matin cette clarté premiere
Qui sert à preparer nos yeux à la lumiere
Devant que le soleil monte sur l'horizon.

   A peine ton enfance aura parfait un lustre
Qu'aux rives du Jourdain, où tu seras illustre,
Tes travaux paroistront necessaires et grans ;
Là tu rendras nostre ame aussi pure que l'onde
Qui lave le peché que l'homme apporte au monde
Dans le sang criminel de ses premiers parens.

   Tu combleras nos jours de bon-heur et de joye ;
Du haut du firmament, le Pere, qui t'envoye,
Témoigne à ses enfans son amour paternel ;
Par ta vie et ta foy nos mœurs seront reglées,
Et, dessillant les yeux des ames aveuglées,
Tes soins les conduiront au repos éternel.

---

## LE CANTIQUE DE SIMEON.

### Nunc dimittis.

Puis qu'avant que mourir l'Eternel a permis
   Que le Verbe incarné, qu'il nous avoit promis,
Fasse luire à mes yeux ses merveilles celebres,
Je verray sans regret mon âge qui s'enfuit
Finir mon dernier jour dans la fatale nuit
Dont jamais le matin ne chasse les tenebres.

La terre, en ses deux bouts, admire la bonté
De ce Dieu qui se joint à nostre humanité
Pour laver de son sang les ames criminelles ;
Pour tous diversement ses thresors sont ouverts :
Les graces qu'il répand portent, dans l'univers,
La lumiere aux gentils et la gloire aux fideles.

---

## LE CANTIQUE DE LA VIERGE

### Magnificat anima mea Dominum.

Certes c'est à bon droit que mon ame et ma voix
Vont publiant par tout le nom du Roy des rois,
Et mon ressentiment des graces qu'il m'octroye ;
Si-tost que ma raison fut soumise à ma foy,
Ce Dieu qui se fait homme et s'engendre dans moy
A ravi tous mes sens de merveille et de joye.

Tant plus je me soumets au pied de ses autels,
Tant plus je me rabaisse au-dessous des mortels,
Plus je voy ma grandeur estre au-dessus des anges ;
Lors que je veux cacher la gloire qui me suit,
C'est lors que la splendeur du Fils que j'ay produit
Fait par toute la terre éclater mes loüanges.

De quel comble d'honneurs inconnus aux humains
N'ont couronné mon front ses magnifiques mains ?
Est-il quelque faveur que ce Fils ne m'accorde ?
Non content d'exaucer mes legitimes vœux,
N'a-t-il pas pour jamais permis à nos neveux
De puiser au thresor de sa misericorde ?

Son bras victorieux, la terreur des combats,
Dont la force est fatale aux grandeurs d'icy-bas,
A terrassé l'orgueil des puissances profanes,
Et des superbes tours des royales maisons
Fait abaisser le faiste au-dessous des gazons,
Et contenir le throsne aux plus basses cabanes.

La justice du ciel comblera de bonheur
Ceux qui laisseront tout pour suivre le Seigneur,
Et dont le seul espoir est en sa providence ;
Mais ceux de qui l'esprit bouffi de vanité
Ne le recherche point en leur adversité
Reconnoistront l'erreur de leur fausse prudence.

Le peuple qu'il a pris en sa protection
Sait comment sa clemence et son affection
Ont pour tous les humains sa colere adoucie ;
Et, pour les secourir contre leurs ennemis,
Fait-il pas voir l'effet de ce qu'il a promis,
Que du sang d'Abraham sortiroit e Messie (1) ?

## LE CANTIQUE DE S. AMBROISE ET DE S. AUGUSTIN.

*Te Deum laudamus.*

Seul monarque des cieux, le seul et le vray Dieu,
Qui remplit toute chose et n'occupe aucun lieu,
Pour comprendre ton nom la terre est trop petite ;
Et quand l'Eglise veut celebrer ton honneur,
Ou comme son Epoux, ou comme son Seigneur,
Peut-elle rien chanter d'égal à ton merite ?

Ces esprits possesseurs des celestes appas,
De qui l'estre impassible est exempt du trépas,
Et par qui sont là-haut les vertus exprimées ;
Ces chantres glorieux, en leurs sacrez concers,
Ne font plus retentir en ce vaste univers
Que le nom trois fois saint du grand Dieu des armées.

Lorsque l'air, nettoyé par le vol des zephirs,

---

1. Notre vieux poète a été assez heureusement inspiré par le beau chant du *Magnificat* : sa paraphrase offre plusieurs stances remarquablement belles.

Nous découvre ton throsne, où brillent les saphirs,
Qui n'admire ta gloire et ta magnificence ?
Et, quand on voit partir d'un nuage enflamé
Les foudres éclatans dont ton bras est armé,
Qui ne craint ta colere et ta toute-puissance ?

    Dans ces grands ornemens de la terre et des cieux,
Où les plus ignorans s'instruisent par les yeux,
L'on connoissoit déja l'ouvrier par ses ouvrages,
Quand ces douze heros que l'amour et la foy
Forcerent sans contrainte à se donner à toy
Furent les truchemens de ce muet langage.

    Ceux qui, dans les replis des siecles à venir,
Lisoient ce que Sion a veû naistre et finir,
Et que dans Sion mesme à peine on a peû croire,
Demeurerent confus, voyant du Roy des rois
Les bras victorieux estendus sur la croix,
Le front couvert de bouë et couronné de gloire.

    Ils voyoient à leur suite, et combattre en leur rang,
Ces genereux martyrs, dont les pleurs et le sang
Ont l'erreur des gentils pour jamais étouffée ;
Ceux qui, recompensez des maux qu'ils ont souffers,
Quand la foy triomfoit des flames et des fers,
Sur leur supplice mesme élevoient son trofée.

    Nostre Eglise, brûlant du feu de ta splendeur,
S'efforce d'égaler en cette sainte ardeur
Celle qui dans le ciel ta presence possede,
Et confesse, en un temps qui du temps n'est préfix,
Que de l'amour du Pere et de l'amour du Fils
De toute éternité le Saint-Esprit procede.

    N'es-tu pas ce monarque aussi juste que doux,
N'es-tu pas ce vray Dieu qui verse dessus nous
Une source de biens qui n'est jamais tarie ?
Et, sans rien rabaisser de ta Divinité,
Ne t'es-tu pas vestu de nostre humanité
Afin d'estre homme et Dieu dans les flancs de Marie ?

On ne voit rien en toy que de miraculeux,
Ta mort mesme en la croix a des faits merveilleux
Qui peuvent s'égaler à ceux de ta naissance;
Dans la mort par ta mort les cieux nous sont ouvers,
De la mort par ta mort se sont rompus les fers,
Et la mort par ta mort a fini sa puissance.

Son empire abbatu cede au victorieux
Qu'elle voit triomfer en un corps glorieux
Sur le throsne eternel, à la dextre du Pere;
Et là, nous partageant ton cœur par la moitié,
Tu nous vois comme un Dieu sensible à la pitié,
Tu nous vois comme un juge équitable et severe.

Permets à ta bonté de se laisser toucher
Aux pleurs de tes enfans, qui te coustent si cher;
Tu sais qu'aveque nous l'amour t'en solicite;
Fay-nous part du thresor dont ta mort fut le prix,
Et fay que nous puissions des bienheureux esprits,
En augmentant leur nombre, égaler leur merite.

Rens-nous dignes, Seigneur, d'un bien si précieux,
Que la foy nous prepare au royaume des cieux,
Et dont ton équité doit faire le partage;
Fay-nous y voir l'effet de ce que tu promets,
Et fay qu'aveque toy nous soyons à jamais
Les justes possesseurs de ce saint heritage.

Soit que le jour se couche aux rives de Calis,
Ou qu'au bord du Jourdain l'aube étale ses lis,
Ta loüange est toûjours chere à nostre memoire,
Et l'astre dont le cours dispense les saisons
Cessera de nous luire en ses douze maisons
Que nous serons encore éclairez de ta gloire.

Si, dans l'obscurité de cette douce nuit,
Le demon tenebreux qui les hommes seduit
Nous a trouvez munis d'un courage inflexible,
Fay qu'à tous ces objets ou de haine ou d'amour

Que le soleil découvre en ramenant le jour
Nostre ame puisse encor demeurer invincible.

Que ta grace, Seigneur, soit encore aujourd'huy
Des pecheurs repentans le refuge et l'appuy,
Pour rendre à leurs esprits la force et l'assurance,
Et fay voir au besoin, ô grand Dieu des combats!
Que tu sais préserver des dangers d'ici bas
Celuy qui met en toy toute son esperance.

# HYMNES DE LA VIERGE

Monsieur DE RACAN a fait tous ces petits Hymnes suivants en son extrême jeunesse, mesme le *Quem terra, pontus*, et le sonnet du Bois de la vraye Croix, estant page de la chambre de Henri le Grand : c'est pourquoy il avoit resolu de les mettre à la teste de ses premieres œuvres; mais nous avons jugé à propos de mettre toutes les poësies pieuses en un seul volume, pour la commodité des personnes devotes.

(*Note de l'édition de* 1724.)

### L'HYMNE

Quem terra, Pontus, etc.

Celuy qu'on revere en tous lieux,
Que dans la terre et dans les cieux
L'on craint, l'on revere et l'on prie,
Celuy de qui le seul vouloir
Retient le monde en son devoir,
Repose au ventre de Marie.

Celuy qui mesure le cours
Des siecles, des ans et des jours,
Celuy qui jamais ne varie,
Par qui la lune et le soleil

Vont toûjours un chemin pareil,
Repose au ventre de Marie.

Heureuse mere qui conceut
L'enfant dont le monde receut
La gloire où nostre espoir repose!
Et qu'à jamais soit estimé
Le ventre auquel fut animé
L'estre éternel de toute chose!

Heureuse mere, dont le fruit
Que tes chastes flancs ont produit
Envers nous acquitte l'oracle,
Fay voir du Pere la pitié,
Fay voir du Verbe l'amitié
Et du Saint-Esprit le miracle.

Gloire soit à ce Dieu naissant,
Ainsi qu'au Pere tout-puissant,
Dont il est l'éternelle image!
Gloire au Saint-Esprit, qui fait voir
Que luy seul avoit le pouvoir
D'unir l'ouvrier à son ouvrage!

---

## L'HYMNE

O gloriosa Domina.

O tres-digne Reine des cieux,
Les astres les plus glorieux
Font luire sous tes pieds leurs clartez vagabondes,
Et toy seule te peux vanter
D'avoir eû l'honneur d'allaiter
Celuy seul qui rendoit tes mamelles fecondes.

Ce qu'une femme avoit perdu,
Une vierge nous l'a rendu,
Lors que la foy te fit concevoir par l'oreille;

Le Seigneur par tout triomfant
Est dans toy le pere et l'enfant,
De l'enfer la terreur et du ciel la merveille.

Par ton Fils les plus affligez
Verront leurs ennuis soulagez,
L'excés de leur bon-heur passera leur envie ;
Par toy ses liberales mains
Ouvrent des thresors aux humains
D'où leur viendront sans fin la lumiere et la vie.

Gloire soit au Verbe incarné,
Qui rend le ciel mesme étonné
De le voir à son Pere égal dés son enfance !
Gloire à l'Esprit, dont le pouvoir,
Qui passe tout humain sçavoir,
A produit cette chaste et seconde naissance !

---

## L'HYMNE

*Memento, salutis auctor, etc.*

Qu'il te ressouvienne, Jesus,
De ce moment où tu receus
Nostre robe mortelle au ventre de Marie ;
Conserve pour nous ton amour
Telle qu'en ce glorieux jour
Tu vois avecque nous ta mere qui t'en prie.

Et toy dont la foy nous valut
Le bon-heur de notre salut,
Qui nous donne là haut de si grans privileges,
Veille pour défendre icy bas
Nos ames, au jour du trépas,
Des ennemis couverts qui leur tendent des pieges.

Gloire soit au Verbe incarné,
Qui rend le ciel mesme estonné
De le voir à son Pere égal dés son enfance !

Gloire à l'Esprit, dont le pouvoir,
Surpassant tout humain sçavoir,
A produit cette chaste et feconde naissance!

---

## L'HYMNE

### Ave, maris stella.

O la plus claire des estoiles,
Qui parut au travers des voiles
Dont la nuit du peché nous offusquoit les yeux,
Reçoy nos vœux et nos suffrages,
Et nous sauve de ces orages
Au port que tes bontez nous preparent aux cieux.

Si la creance trop legére
Qu'eut Eve à la voix mensongére
Nous avoit tous rendus esclaves des enfers,
Ta foy, par un contraire échange,
Croyant aux paroles de l'ange,
Brisa de nos ayeux les prisons et les fers.

O bel astre! fay que ta flame
Puisse encor éclairer mon ame
Dans l'asyle où Jesus nous conduit au trépas;
Chasse l'ennuy qui nous menace,
Et fay que le fruit de sa grâce
Nous donne au ciel la gloire et la paix ici bas.

Si jadis tes chastes entrailles
Contenoient ce Dieu des batailles,
Dont le pouvoir s'étend du nord jusques au sud,
Usant de ton pouvoir de mere,
Appaise la juste colere
Du fils que dans tes flancs ta seule foy conceut.

Vierge chaste, Vierge feconde,
Fay que nous puissions en ce monde
Conserver la blancheur de nostre pureté,

Et qu'en suivant ta sainte vie,
Nostre ame, dans le ciel ravie,
Te puisse encore suivre en l'immortalité.

Gloire au Pere, dont la puissance
Est le support de l'innocence !
Gloire au Fils, dont le sang fut répandu pour nous !
Gloire à l'Esprit, qui nous inspire
L'amour dont nostre ame soûpire
Jusqu'à ce qu'elle soit unie à son épous !

# NOEL

## POUR CHANTER A LA MESSE DE MINUIT

### SUR LE CHANT

Que sous le concert des oiseaux (a)
La nymphe des bois et des eaux.

Maintenant que l'astre doré
Par qui le monde est éclairé
A cedé la place aux estoiles,

---

a. Ce Noël avoit huit strophes dans l'édition de 1621. Les deux suivantes étoient la deuxième et la septième.

*Celuy qui limite le cours*
*Des siecles, des ans et des jours,*
*Qui toutes choses délibère,*
*Se despouillant de sa grandeur,*
*S'est vestu de nostre misère*
*Pour nous vestir de sa splendeur.*

. . . . . . . . . . . . . . . . .
*De tous ces miracles divers*
*Dont les cieux parent l'univers,*
*Voit-on rien de tel en nature ?*
*L'homme s'allie à l'Eternel,*
*Le Créateur est créature*
*Pour estre juge et criminel.*

(Var. des Doc. sur Racan.)

Par un miracle nompareil,
La nuit au milieu de ses voiles
A veû naistre un nouveau soleil.

Un bienheureux enfantement
Remplit l'enfer d'estonnement,
Réjoüit les ames captives,
Et rend le Jourdain glorieux
De voir naistre dessus ses rives
Le Roy de la terre et des cieux.

Ce Roy des astres adoré
N'est point né dans un lieu paré
Où la pompe estale son lustre ;
Un haillon lui sert au besoin,
Et n'a pour dais ni pour balustre
Qu'une creche pleine de foin.

Ces petits bras emmaillotez
Sont ces mesmes bras redoutez
Du ciel, de l'onde et de la terre ;
Ils se sont à nostre aide offers,
Et ne s'arment plus du tonnerre
Que pour foudroyer les enfers.

Voyez que son divin pouvoir
Surpasse tout humain savoir
De quiconque le considere :
Dieu de son corps est createur (1),
Une vierge enfante son Pere,
Et l'œuvre produit son auteur.

1. Le quatriéme vers de la cinquiéme stance de ce Noël s'est imprimé et chanté depuis quarante ans ainsi : *Dieu de luy-mesme est createur.* Mais les reverends peres docteurs qui m'ont donné l'approbation l'ayant condamné, je l'ai changé comme vous le voyez, avec beaucoup moins de force qu'il n'estoit, et ai mieux aimé passer en cette occasion pour bon chrestien que pour bon poëte. Je conseille ceux qui le chantent et retiennent par cœur d'en faire de mesme et de suivre entierement les sentimens de l'Eglise.

(*Note de Racan.*)

O Dieu protecteur des humains,
Qui par de si puissantes mains
Nous as garantis du naufrage,
Sois à jamais nostre support,
Et ne laisse point dans l'orage
Ceux que ta grace a mis au port!

## SONNET

### SUR LE BOIS DE LA VRAIE CROIX.

Beau cedre aimé des cieux, dont l'heureuse memoire
Ne craint point de l'oubli les rigoureuses lois,
Ne blasme point le sort qui fit mourir ton bois,
Puisque le mesme sort a fait naistre ta gloire.

Celuy de qui le sang sur toi fut épanché,
C'est celuy dont la grace égale la justice,
Qui souffre injustement nostre juste supplice,
Et qui nous fait revivre en tuant le peché.

O nompareil ouvrier des œuvres nompareilles,
De qui tous les effets sont autant de merveilles,
Que ton amour est grand, que ton pouvoir est fort!

Mon Dieu, de quel miracle est ta bonté suivie:
Jadis un bois vivant nous apporta la mort,
Un bois mort aujourd'huy nous apporte la vie (1)!

1. L'un des sonnets irréguliers dont parle Racan dans la Vie de Malherbe.

# EPITAPHE

## Sur la mort de Honorat de Bueil,

Fils de l'auteur, qui mourut page de la Reine l'année 1652, âgé de seize ans ou environ (1).

Ce fils dont les attraits d'une aimable jeunesse
Rendoient de mes vieux jours tous les desirs contens,
Ce fils qui fut l'appuy de ma foible vieillesse,
A veû tomber sans fruit la fleur de son printemps.

Trois mois d'une langueur qui n'eut jamais de cesse
L'ont fait dans ce tombeau descendre avant le temps,
Lors que, sous les couleurs d'une grande princesse,
Son âge avoit à peine atteint deux fois huit ans.

Tout le siecle jugeoit qu'en sa vertu naissante
La tige de Bueil, jadis si florissante,
Vouloit sur son declin faire un dernier effort.

Son esprit fut brillant, son ame genereuse,
Et jamais sa maison illustre et malheureuse
N'en a receu d'ennuy que celuy de sa mort (1).

---

1. C'est assurément là un des morceaux les plus touchants de cette époque. Racan trouvoit au besoin les accents du cœur. L'opinion de ses premiers juges sur son aptitude à des genres de poésie très divers est connue. L'on peut voir aussi celle qu'ont émise, avec toutes réserves, plusieurs maîtres de la critique moderne, MM. Guizot, Saint-Marc-Girardin, Patin, Géruzez ; mais ce qui n'eût peut-être pas le moins touché notre vieux poète dans ces différentes appréciations, c'eût été de se voir désigner par ces simples paroles de M. Patin : « L'aimable Racan. »

FIN DU TOME II ET DERNIER.

# TABLE DES MATIÈRES.

## TOME Ier.

| | |
|---|---|
| Préface. | v |
| Notice sur la vie et les ouvrages de Racan. | xxiij |
| Appendice. | lvij |
| Les Bergeries. | 1 |

### ODES.

| | |
|---|---|
| A Monseigneur le cardinal de Richelieu. | 143 |
| Pour Monseigneur le duc de Bellegarde. | 148 |
| La venue du printemps, à M. de Termes. | 151 |
| Ode bachique, à M. Ménard. | 154 |
| A M. le comte de Bussy de Bourgogne | 155 |
| A M. de Balzac. | 157 |
| A M. de Balzac | 160 |
| Ode. | 164 |
| Au fleuve du Loir débordé. | 166 |
| Odes diverses | 168 |

### STANCES.

| | |
|---|---|
| Contre un vieillard jaloux. | 185 |
| A des Fontaines pour une absence. | 186 |
| Stances | 188 |

Pour un Ameriquain dansant à un ballet. . . . . . . 189
Le roy de Perse aux dames, pour un ballet. . . . . . 190
Stances diverses. . . . . . . . . . . . . . . . . . . 192
Stances sur la retraite . . . . . . . . . . . . . . . 196
Consolation à M. de Bellegarde, sur la mort de M. de
    Termes . . . . . . . . . . . . . . . . . . . . . . 200

### SONNETS.

A M. d'Armilly. . . . . . . . . . . . . . . . . . . 205
Autre . . . . . . . . . . . . . . . . . . . . . . . 205
Autre . . . . . . . . . . . . . . . . . . . . . . . 206
Autre . . . . . . . . . . . . . . . . . . . . . . . 207
Autre . . . . . . . . . . . . . . . . . . . . . . . 207
Autre . . . . . . . . . . . . . . . . . . . . . . . 208
Autre . . . . . . . . . . . . . . . . . . . . . . . 209
A son père confesseur . . . . . . . . . . . . . . . 209
Pour un More. . . . . . . . . . . . . . . . . . . . 210
A Monseigneur le duc de Guise . . . . . . . . . . . 211
Sur la mort de Monseigneur le cardinal du Perron. . . 211
Epitaphe de Louise de Bueil, abbesse de Bonlieu. . . 212
Epitaphe de feu M. le comte de Charny. . . . . . . . 213
A M. de Pisieux. . . . . . . . . . . . . . . . . . . 214
A Monseigneur le grand prieur de France . . . . . . 214
Epitaphe. . . . . . . . . . . . . . . . . . . . . . 215
Ode sur les œuvres de M. de Richemont-Banchereau. 216

### EPIGRAMMES ET CHANSONS.

A madame des Loges. . . . . . . . . . . . . . . . . 221
A la même. . . . . . . . . . . . . . . . . . . . . 222
Autres. . . . . . . . . . . . . . . . . . . . . . . 222
A M. Roger. . . . . . . . . . . . . . . . . . . . . 223
A la Polixène de Molière. . . . . . . . . . . . . . 224
Madrigal. . . . . . . . . . . . . . . . . . . . . . 224
Autre . . . . . . . . . . . . . . . . . . . . . . . 225
Autre, à la reine Anne d'Autriche. . . . . . . . . . 225
Epigramme pour un diable qui dansoit au même ballet. 226
Epigramme pour mettre au commencement du livre du
    père Garasse contre les impies. . . . . . . . . . 226
Pour un adieu (épigramme). . . . . . . . . . . . . . 227
Inscription pour mettre au-dessous d'un tableau où
    Alcidor est peint tenant Daphnide entre ses bras. . 227

Epigramme sur la mort du fils de M. de Termes... 228
Chanson... 228
Autre... 229
Pour un marinier... 231
La Nuit aux dames, pour un ballet... 232
Pour un capitan qui dansoit au même ballet... 233
HARANGUE PRONONCÉE A L'ACADÉMIE... 237
MÉMOIRES POUR LA VIE DE MALHERBE... 243
Appendice aux Mémoires pour la vie de Malherbe... 293

## LETTRES.

I. A **** (Garasse)... 301
II. A M. d'Armilly... 305
III. A madame Desloges... 309
IV. A M. de Balzac... 310
V. A Artenice... 314
VI. A la même... 314
VII. A la même... 316
VIII. Au chancelier Seguier... 318
IX. A MM. Chapelain, Menage et Conrart... 319
X. A M. Chapelain... 329
XI. Au même... 338
XII. Au même, touchant la poésie héroïque... 345
XIII. A M. l'abbé Ménage... 354

# TOME II.

## LES PSAUMES.

Avis... 7
Lettre à Messieurs de l'Académie françoise... 11
Response de Messieurs de l'Académie, par M. Conrart. 17
Lettre à Messieurs de l'Académie... 20
Ode au Roy... 22
Ode à la louange de la Reine... 28
Le libraire au lecteur... 31
Les Psaumes... 33

## CANTIQUES, HYMNES, ETC.

| | |
|---|---:|
| Le cantique d'Ezechias | 389 |
| Le cantique de Judith. | 391 |
| Le cantique des trois enfans qui avoient esté jettez dans la fournaise. | 395 |
| Le cantique de Zacharie | 399 |
| Le cantique de Siméon. | 400 |
| Le cantique de la Vierge. | 401 |
| Le cantique de saint Ambroise et de saint Augustin. | 402 |
| Hymnes de la Vierge | 405 |
| Noël pour chanter à la messe de minuit | 409 |
| Sonnet sur le bois de la vraie croix. | 411 |
| Epitaphe sur la mort de Honorat de Bueil, fils de l'auteur. | 412 |

FIN DE LA TABLE.

www.ingramcontent.com/pod-product-compliance
Lightning Source LLC
Chambersburg PA
CBHW052127230426
43671CB00009B/1151